中国领导力
提升系列

主编 胡月星

领导心理

胡月星◎著

中国出版集团 研究出版社

图书在版编目（CIP）数据

领导心理 / 胡月星著 . — 北京 : 研究出版社 ,
2017.1
ISBN 978-7-5199-0025-0

Ⅰ. ①领… Ⅱ. ①胡… Ⅲ. ①领导心理学
Ⅳ. ① C933

中国版本图书馆 CIP 数据核字（2016）第 311116 号

领导心理

作　　者 胡月星　著
责任编辑 陈侠仁
出版发行 研究出版社
地　　址 北京市东城区沙滩北街 2 号中研楼
邮政编码 100009
电　　话 010-63292534　63057714（发行中心）
63055259（总编室）
传　　真 010-63292534
网　　址 www.yanjiuchubanshe.com
电子信箱 yjcbsfxb@126.com
印　　刷 三河市金泰源印务有限公司
开　　本 710 毫米 ×1000 毫米　1/16
印　　张 22.25
版　　次 2017 年 1 月第 1 版　2017 年 5 月第 2 次印刷
书　　号 ISBN 978-7-5199-0025-0
定　　价 49.80 元

参与研究单位

国家行政学院
中国浦东干部学院
中国人事科学研究院
国家税务总局党校
北京行政学院
上海行政学院
黑龙江省行政学院
吉林省行政学院
广西行政学院
辽宁师范大学
宁夏行政学院

协助支持单位

国家行政学院中国领导科学研究中心
国家行政学院公务员培训研究中心
中国人才研究会领导人才专业委员会
西安思源学院新发展理念与领导力研究中心

提升领导力是聚焦点（代总序）

胡月星

领导科学研究告诉我们，组织发展与领导力提升并不是同步的。组织规模增大，并不意味着领导力随之提升。组织规模小，并不代表没有强大领导力。有的组织诞生时规模很小，但能够逐渐壮大，关键就在于其具有强大领导力。中国共产党诞生之初人数寥寥，但犹如喷薄而出的朝阳，光照四方。成功的秘诀在哪里？就在于党拥有强大的领导力，正是这一核心力量使党焕发出旺盛的生命力。今天，中国共产党是拥有436万多个基层党组织、8779万多名党员的大党，但规模越大并不意味着领导力就越强。加强和改善党的领导，必须把提升领导力作为聚焦点。

那么，领导力究竟是什么？以往人们通常把领导力等同于权力，认为有权力就有领导力。这种观点至今还停留在一些人的头脑中，限制了人们探索提升领导力的视野。领导力与权力确实有密切关系，但绝不是对等关系，有权力未必就有领导力，否则就难以解释个别领导“有权无威”甚至“众叛亲离”的现象。权力仅仅是领导力的一种重要资源，而不是领导力的全部。在领导科学研究中，领导力存在于精神信仰、思想观念、规章制度等方方面面，既包括组织领导力，也包括个体领导力。组织领导力是由个体领导力积极作用而成的合力，这就像百川终归大海一样。组织领导力与个体领导力相辅相成、高度融合，共同提升政党的领导力。我们讨论加强和改善党的领导，当然需要从组织领导力角度去分析，但领导科学研究表明，重视个体领导力对于加强和改善党的领导同样至关重要。因为组织领导力最终要具体落实到领导干部行为中，如果各级领导干部缺乏领导力所必需的知识、能力、品质以及积极行为表现等，组织领导力就会失去来源，组织就会变得软弱无力。可以说，领导干部的领导力直接决定着党的领导力。一个政党领导力的缺失，很大程度上是因为领导干部领导力的缺失。当前，从提升领导力入手加强和改善党的领导，需要把组织领导力与个体领导力紧密结合起来，从“领”入手，由“导”贯通，实现“心”与“力”的积极融合。

用信仰目标实现“领”。信仰就是希望，目标就是方向。没有信仰目标的政党是没有希望的，没有信仰目标的领导干部是难堪大任的。成立90多年来，我们党的领导之所以坚强有力，就是因为我们党有信仰、有目标，让广大党员有使命感，让人民群众有方向感。一个政党如果不能让自己的党员有使命感就无异于乌合之众，如果无法让群众有方向感就会失去号召力和凝聚力。新形势下，加强和改善党的领导，尤其需要把党的领导与党所坚守的崇高信仰、党所追求的远大目标紧密结合起来。要让广大党员和人民群众明白我们党究竟从哪里来、往哪里去，信仰什么、追求什么，党对人民群众来说有着什么样的功能和价值。把这些问题讲清楚，人民群众就会拥护党、追随党。

用科学理念实现“导”。信仰的追求、目标的实现都要有科学的理念。一个政党所坚持的科学理念凝聚着政党的智慧，能够引领人民群众的行动。从这个意义上说，理念科学，领导力就强。我们党一直强调用科学理念实现党的领导。习近平总书记在党的十八届五中全会上提出的创新、协调、绿色、开放、共享新发展理念，凝聚着全党的智慧，是统一全党思想和行动的指挥棒。领导干部能不能深入贯彻新发展理念，坚决纠正那些与新发展理念不相适应甚至背道而驰的错误观念与行为，直接关系我们党的领导力。领导干部要把学习贯彻新发展理念与提升领导力、加强和改善党的领导紧密结合起来。

用“心”与“力”的融合提升领导力。心为万力之本。提升领导力，从领导干部个体角度而言尤其要注重“心”与“力”的融合，具体而言主要包括以下几个方面：一是强调忠诚。忠诚是对“心”最重要的要求，是“力”的源泉。领导干部要对党忠诚，不论身在何方，不论处于何种境地，都要把对党忠诚作为自己的道德操守和行为准则，这样才能担负起组织重托。二是强调提升能力。有“心”无“力”，最终只能流于平庸。提升领导力，既要有“心”，也要有“力”。这就要求领导干部必须高度重视提升自己的能力。三是强调责任担当。责任是“心”，担当是“力”。当前，加强和改善党的领导特别需要领导干部有责任担当。有了责任担当，就能把“心”与“力”融合后的力量充分发挥出来，不断提升我们党的领导力。

原载《人民日报》（2016 年 04 月 15 日 07 版）

前言

在领导活动中，领导心理是最丰富、最诱人、最令人神往的话题之一。认识和把握领导者的成长发展规律，首先需要认识和了解领导心理。提升领导能力素质和领导水平，首要任务是揭示影响领导行为变化的潜在原因。只有深入认识和准确把握领导心理及行为变化特征，才能更好地培养选拔领导者，充分发挥领导影响力。

对于领导心理及其领导力，中外学者倾注热情，开展了大量富有成效、影响深远的探索研究。早在19世纪初，科学家们就提出了领导特质理论，认为“领导是天生的”，具有其他人所没有的独特个性心理特征和独特魅力，具有领导他人的特殊才能。随着时代的进步发展，特质论提出的许多观点受到质疑。20世纪开始，产生了新的领导理论，称之为领导行为理论。行为理论的一个重要的观点是领导非特质造就或先天而成，而是后天行为表现的成果，领导行为是决定一切的关键因素。在管理学中出现了观察行为、控制行为、测量行为的热潮。在有效领导行为当中，领导者的行为是可以观察和解释的。然而，行为理论只重视行为的观测，没有考虑组织文化、社会环境因素对领导心理行为的重要影响。人毕竟不是动物，更不是简单操作的机器，20世纪60年代出现了领导权变理论。权变理论看重外界环境因素，也重视内在因素的作用，认为领导心理行为与社会环境、组织文化等因素密不可分。领导权变理论拓宽了人们的视野，推动了领导心理研究的深入开展。在之后的数十年间，领导心理研究更加深入具体，成果更加丰富，领导价值论、变革理论、领导胜任力理论以及超领导理论相继诞生。当代领导心理研究的共同倾向是领导特质、领导行为、领导环境、领导价值诸理论观点相互融合，它们交织重叠、相互补充，呈现包容趋同的发展特征。

现代领导心理学研究认为，领导心理不是领导者所独有的心理活动，人人都具有领导影响力。领导力的本质是影响力，领导影响力既影响自己，也影响他人，还包括领导者与追随者之间的相互影响，领导力与领导心理互为表里，相互依存，共同作用于领导全过程。没有领导心理力量支撑的领导力是不存在的，没有领导力的领导心理更是虚无缥缈，只有了解和运用领导心理才能更好地发挥影响力。美国学者大卫·V. 戴和约翰·安东纳基斯在《领导力的本质》一书中指出，领导力要从以下两点来确定：一是领导者与追随者之间的相互影响过程以及产生的结果；二是通过领导者的性格特征与行为、追随者的认知与特质，以及影响过程发生时的情境来解释该过程。由此，领导者与追随者相互影响过程，实质上就是领导心理与追随者心理相互影响作用过程，在这一过程中，领导者的认知态度、观念行为、性格特征、情感体验以及能力水平决定领导影响力的大小强弱，进而影响到追随者的心理体验与评价。领导心理及其领导力犹如土壤与庄稼一样，共同构成了领导生涯丰富多彩的美丽图案。随着社会政治经济的快速发展，领导心理已突破的学术藩篱，深入社会生活领域，成为人们热心谈论的话题。领导力研究成果及其应用超出人们的想象，无论是在政府机构、社会组织、企业内部管理，还是社会行业、民间组织机构，都把领导力作为提升组织或行业竞争力的重要手段。拥有领导力似乎成为决定机构或组织生存发展的核心因素。被誉为“领导力之父”的沃伦·本尼斯指出，未来的新经济发展将主要依靠智力资本，领导心理品质和领导力这一重要智力资本是 21 世纪发展变革的显著特征。因此，探索揭示领导心理及其影响力已是现代领导科学面临的重要课题。

基于对领导心理及领导影响力相互依存关系的理解把握，《领导心理》将结合心理学基本原理，以领导心理内容为基本单元，把领导心理与领导影响力作为本书的重要内容进行阐述。其价值特色主要体现在以下方面：

一是立意准确。众所周知，领导力不是权力，权力只是领导力的一种重要资源。领导力的本质特征体现为心理影响力。领导影响力越大，号召力越强，追随者就越多。而追随者增多，表明领导者的威信威望就更高，所谓人多势众、一呼百应。本书围绕领导心理内容构成，结合领导心理发展趋势特征，通过对领导心理深层次因素的探讨，力求揭示领导影响力的内在成因，以期从心理层面阐述领导力及其内在特征，为领导力的产生提供理论依据。

二是内容充实。本书通过对领导心理基本原理及理论发展趋势探讨的同时，从认知心理、需要心理、沟通心理、动机情感、胜任特征、激励心理以及团队建设等诸因素上独立章节阐述，兼顾学术研究与实践应用，视野开阔，点面结合，兼收并蓄，内容新颖。

三是注重创新。《领导心理》的“创新”表现在以下几个方面：其一，视角新。从现实的角度出发，注重实际需要，瞄准现代领导心理研究的前沿问题予以探讨，立足于中国领导力本土化发展，把学科建设与实际需要有机结合起来。其二，内容新。以管理心理学原理为背景，领导心理影响力为抓手，吸纳心理学、政治学、领导科学、组织管理学方面的研究成果，学以致用。其三，体系新。全书章节内容不落俗套，语言风格轻松活泼，力求避免呆板单调。内容充实，自成体系，尤其是在篇幅上互相补充，拾遗补缺。其四，风格新。提倡学术性和可读性结合，章节内容贴近生活，贴近工作需要，读起来朗朗上口，引人入胜。

四是强调应用。围绕组织领导力提升和能力建设客观需要，从领导个体心理层面，集中就潜能开发、有效激励、自我认知、团队建设以及心态健康等予以阐述，着眼于领导干部队伍自身建设实际需要，着眼于推进政治生态文明建设，着眼于个体领导力提升，以期达到学有所获，学以致用，突出实效的目的。

本书适用于党校行政学院从事领导科学、管理科学和领导力等专业学科领域的学习探究，也适用于党政机关、企业部门培训机构以及社团组织的领导力提升培训，对社会生活中的人们提升领导力也具有启发借鉴意义。

胡月星

2016 年 11 月 20 日

目录

C H A P T E R 0 1

第一章

领导及其领导心理

领导及其领导心理，是探索领导成长规律、提升领导力的关键所在。领导力的实质是心理影响力，对领导者的态度、情感、行为、动机、需要、兴趣、能力、品行等心理因素的探索是哲学、政治学、管理学、社会心理学关注的重要话题，也是现代领导科学始终面临的现实课题。

一、领导及领导者

（一）内涵定义

在英语中“领导”（Leadership）与“领导者”（Leader）是两个词，很容易区别。但在汉语中，“领导”这个词既可以是名词也可以是动词，通常人们习惯把领导者称为领导，也把领导者的行为称为领导。而事实上领导者与领导是两个不同的概念。因此要回答什么是领导，必须先要明确领导是领导者的行为这个前提。由此，可以把领导表述为：领导是指引导和影响个人或组织，在一定条件下实现目标的行动过程，而致力于实现这个过程的人则是领导者。这个定义包括下面几个方面的含义：其一，领导是与某种目标的实现相联系的，领导的目的就是通过被领导者的努力来实现既定目标；其二，领导是一个行动过程，领导者通过运用职权或者自身的知识、能力、专长等对组织或个人产生影响，由他们按照要求去完成组织任务；其三，领导还是一个动态的过程，它由领导者、被领导者以及客观环境三个因素组成。由此，可以将领导这个动态概念用以下复合函数来表示：领导 =f（领导者・被领导者・客观环境）。

其一，领导者。领导者是指在一个组织中处于法定的领导地位，履行领导职责的人。领导者是组织意志的体现者和组织利益的集中代表者。在领导行为的三要素中，领导者是领导行为的主体，是起主导作用的因素，是领导行为的主要方面。有关领导者的内容我们在下面还要做详细的论述。

其二，被领导者。被领导者也是在领导活动中人的因素，是受领导者的领导和影响的个人或组织。被领导者在领导行为中具有双重性：相对于领导者来说，是领导行为中的客体；但在领导者与被领导者结合起来共同作用于目标任务时，又成为领导行为中的主体。被领导者的素质和能力，以及其对组织的关心程度、对完成本职工作的自学性与主动性等，从根本上说，决定着领导者的绩效。传统管理偏重于领导者，现在的人们越来越认识到取得被领导者的合作，才是实现组织目标的关键。

其三，客观环境。客观环境指的是领导者与被领导者共同作用的客观存在，亦即领导活动的客观条件。客观环境，有宏观和微观之分：微观环境是领导直接接触的工作环境，如组织或群体、共事者、上级等；宏观环境，包括社会政治、经济、文化、科学技术、地理条件、历史传统等。客观环境是领导活动的基础。客观环境不同，领导方法也不同。领导者除了必须遵循和掌握领导活动的一般规律、一般方法外，还必须遵循和掌握特定环境下领导活动的特殊规律、特殊方法，才能获得认识和发现世界的实践活动之最佳绩效。

在此，领导者作为实施领导行为的主体，在不同的行业和层次上有多种不同的理解：其一是 Leader，可以理解为领袖、领导人、首长和主将等，其主导内容是“领头人”，多用于党政领导人。其二是 President，含有总统、总裁、长官、主席、议长、会长、总经理的意思，一般指组织机构中的高层领导者。其三是 Director，是经理、指挥者、董事长、校长、社长的意思，多指经济组织、社会组织中的决策人物。其四是 Manager，含有经营者、管理者、经理人等含义，多指管理层、执行层中的领导者、指挥者、组织者等。领导者是实现领导行为的人，是在组织共同活动中组织、带领、引导、指挥、协调、控制被领导者实现一定目标的个人和集团。领导者和领导集团是个人和集体的关系，领导者个人不能脱离领导集团这个集体而单独发挥作用，实现领导任务。因此，领导者个人和领导集团同属于领导者范畴。领导者的基本内涵包括“权、责、服务”，权力、责任与服务三位一体的领导者概念是社会主义组织的基本领导观。一方面，领导者是具有法定地位和相应权力的人。领导者要担负起社会活动的组织、引导、管理、监督、指挥和协调的责任，必须具有组织授予的职位和相应的法定权力，否则就难以开展工作，也就不能成为名副其实的领导者。另一方面，在领导活动中仅具有法定权力是不够的，领导者还必须在工作中重视个人影响力，成为具有一定权威的领导者。

（二）职责与功能

领导者是负有一定领导责任的人。领导者的责任是由领导者的职位所确定的，这种责任也叫职责。凡领导者都有一定的职位，都要承担一定的工作任务，都要运用和行使相应的权力，也就要对由此带来的后果承担相应的责任，领导者的职位、权力和责任是一致的。

1. 领导者的职责

一是规划目标、设计任务。领导者在工作和行动之前必须预先为组织指明发展方向，提出任务和制定实现任务的步骤和方法，这就是规划设计。领导者作为群众实践活动的领路人，在工作之前的首要任务就是要制订正确的奋斗目标，明确奋斗方向，让组织成员知道要往哪里走，只有大方向明确才能激励群众，调动他们的积极性。目标规划的正确与否决定着一个组织的经营管理效果和领导工作效能。目标方向正确，工作效率越高，领导工作越有成效；目标方向错了，工作效率高，反而会给领导工作带来更大的损失。因此制订奋斗目标是领导者的首要任务，是实现对群众正确引导的核心。有了目标还不够，还必须要有明确的任务，要通过正确具体的任务让群众知道做些什么。同时还可以制定相应的步骤和方法，群众不但知道做什么，还知道怎么去做，把对群众的领导落到实处。

二是建立组织结构，制定规章制度。要顺利地实现目标就要有合理而有效的组织结构和健全的规章制度。组织结构应该是一个整体与各部分有密切分工，有信息流通和反馈能力的大系统，并形成输入—输出—再输入—再输出的相对封闭回路。除了合理有效的组织结构之外，领导者还必须制定各项规章制度，它是个人与部门办事的规定、准则和依据。领导者在制定各种规章制度时最重要的是抓好以下两种制度的建设与健全：其一是责任制，领导者必须使组织机构的每个岗位都有非常明确的互不矛盾的责任，这样才能推动组织内各项工作有条不紊地顺利进行。在制定责任制时不能各自为政，只有统观全局才能发挥各部门和个人的整体作用，才能知道每个人应负什么责任，彼此如何协调。其二是赏罚制，要使全体下属各司其职、各尽其责就必须建立赏罚制，对尽职尽责并做出成绩者给予奖励，对玩忽职守并造成损失者给予惩罚。但领导者要做到赏罚分明，公平合理，严格按章办事。

三是科学决策，调查研究。决策是领导者的一项经常性工作，无法决策就当不了领导者，犹豫不决也不能成为一个好的领导者。领导者不仅要对重大问题在依靠所属人员特别是智囊团的基础上及时做出决策，而且对于工作中的突发事件以及下级请示的重要问题也必须及时地拍板。无论是决策失败还是不能决策都将给工作带来损失。科学决策需要深入开展调查研究，尤其是在网络社会，各种信息传递快捷，社会组织变迁加速，创新社会特征日趋明显时期，深入开展调查研究，善于观察判断，整合信息资源，去伪存真，由表及里，透过现象看本质，对领导者调查研究能力素质提出了新的更高要求。只有善于开展调查研究，才能谈得上科学决策。毛泽东同志曾说，没有调查就没有发言权。调查研究是领导者做到主观符合客观、理论联系实际的基础和重要条件。领导者只有通过亲身调研才能了解到最鲜活的第一手资料和来自基层的具体情况，也才能及时地发现问题。通过调查研究得来的信息有利于领导者形成准确的决策，防止犯片面化的错误。

四是推进工作，选人用人。“为政之本在于任贤。”领导者的决策是通过别人实现的，选人用人就显得特别重要。选人要全面考察，不能观其一面，既要重德又要重才。但不能理想化和刻意追求人才的完美，要看主流，取人之长，把工作任务与所选人才的优势结合起来。领导者不仅要选好人还要用好人，要发挥其长处，并做到用人不疑、疑人不用，不因人设事。选人用人不仅是领导者的一项重要职责，同时也能体现领导者应具备的素质，正如邓小平同志所说：善于发现人才、团结人才、使用人才，是领导者是否成熟的主要标志之一。组织的发展，要靠组织成员来实现；经济的发展和社会的进步，要靠人来实现，靠干部队伍来保证。正确的用人导向，是搞好干部队伍建设的关键。党政机关中，干部队伍强，事业就兴旺发达；干部队伍弱，工作就受到严重影响。因此，只有不断推进干部队伍建设，着力造就一支思想过硬、素质过硬、作风过硬的干部队伍，才能为工作的推进和企业的生存发展提供强有力的人才保证和智力支持。

五是提升合力，建设团队。团队凝聚力就像太阳系的各星球对太阳的向心力（即太阳对各星球的吸引力），太阳一旦失去这一引力，就会在宇宙中消失。同样，团队失去凝聚力，也会很快地瓦解消失。因此，建设高效富有凝聚力的团队组织是提升领导力的关键因素。心理学家勒温（K. Lewin）曾经做了一个领导方式及心理效果的实验，发现不同的领导方式对团队的凝聚力有不同的影响。他将领导方式分为“民主”“专制”“放任”三种类型，实验研究表明，“民主”型的领导方式比其他两种更能提高凝聚力。在民主型领导方式中，群体成员具有较高的工作积极性，领导者不在场时也较少变化；在人际关系方面比较友好，具有集体主义精神，“我”字用得较少；成员的满意度较高；遇到困难时试图解决问题，表现出高水平的创造性；群体工作效率较高。建设富有凝聚力的团队，要注意以下因素：其一，团队在成员心目中的地位。团队成员如果把自己所在的团队放在一个不可替代的位置，成员自然就会关心团队，维护团队的形象和利益。其二，成员对团队的向往程度。团队成员渴望参加团队活动，团队的凝聚力就强。要是成员无心向往团队，团队的凝聚力就弱。其三，接受和执行团队任务时的态度和积极性。积极地接受任务，态度诚恳，团队的凝聚力就强。相反，成员不愿意接受任务，态度消极，这样的团队的凝聚力就弱。其四，团队成员相互间的态度。团队成员间相互尊重，互相关心支持，注意维护团队良好形象和利益，团队凝聚力就强。

2. 主要功能

领导及领导者的职责与功能是密不可分的，职责需要功能，功能体现职责。具体而言，围绕领导职责，领导者要努力体现以下功能作用。

一是组织功能。即建立组织管理机构，科学地组织生产，达成组织目标的功能。领导的组织功能是依靠组织管理机构去实现的。领导者在管理生产时对组织机构的总要求是：清晰的职位层次、畅通的信息沟通、有效的协调合作系统、有力的指挥中心、高效的执行机构和准确的信息反馈。实现组织目标，是领导的最终目的。围绕这个目的，领导者还必须：（1）对环境进行科学的分析，根据组织内部和外部条件、需要和可能制订目标和决策；（2）为实现组织目标和决策，合理地组织、使用人财物；（3）建立科学的管理系统，如组织机构、工作中的各项规章制度等；（4）通过组织机构对企业或组织的活动过程进行有效的控制与及时的信息反馈，为新的组织目标、战略决策做准备。

二是激励功能。激励就是调动人的积极性、主动性、创造性的过程。激励功能是领导的主要功能，由领导者在特定环境中实施。一个领导者，即使本身欠缺足够的技术性知识和能力，但只要充分发挥激励功能，将被领导者的积极性调动起来，就可以借助他人的知识能力来弥补自己的不足，他仍不失为一个好的领导者，能够制订出良好的目标和决策，合理组织、使用人财物，建立起科学的管理体系，实现有效的领导。激励功能，主要包括三个方面：第一，提高被领导者接受和执行组织目标的积极性和自觉性。人的行为由需要引起，由动机激发。被领导者的个人目标与组织目标，存在着正相关：统一程度越高，个体行为的积极性也越高；统一程度越低，甚至发生对抗，个体行为的积极性也相应越低。领导的功能就在于领导者把组织目标的实现和满足被领导者的需要统一起来，创造出一种环境，使被领导者增强对组织目标的感受性，从而提高被领导者接受和执行组织目标的自觉性。第二，激发被领导者实现组织目标的热情。领导者在领导的动态过程中占主导地位，满足被领导者的各种需要，尤其是心理需要，这是实现激励功能的关键。这里需要领导者对被领导者的心理感染力，要充分了解并尊重被领导者。第三，提高被领导者的行为效率。被领导者的行为效率，是指为实现组织目标所做贡献的大小，它是鉴定领导激励功能优劣的直接依据。被领导者接受和执行组织目标的自觉性和实现组织目标的热情，固然是构成被领导者行为效率的因素，但不是有效行为，只是为有效行为提供前提或条件。有效行为还有赖于被领导者的需要结构、知识技能、组织内人际关系、规章制度、领导作风与方式等。领导的功能，就是从各方面为被领导者创造有利于提高行为效率的物质环境和心理气氛，如采取措施鼓励被领导者自学成才，为被领导者提供表现才能的平等机会等。

三是协调功能。协调关系是领导的重要职能。领导者在组织结构中担任一定的职位，这一职位是根据组织结构的性质和工作目标而设计的。领导职位不仅反映领导者个人的角色，而且还体现出职位的社会角色，具有社会期待价值。

领导的所有组织管理活动都要围绕工作目标展开。在实现组织目标当中，领导者的个人力量是远远不够的，需要组织机构成员、社会相关部门、领导集体之间通力合作，群策群力，共同努力完成。有时，协调关系比工作本身更加重要。如果领导班子之间存在隔阂，上下级之间难以沟通，相关单位左右牵制，要完成组织目标几乎是不可能的。如果领导者的职位较高，负责的工作较多，协调的任务将更加繁重。比如一项工作的完成，涉及规划、土地、财政、银行、税务、环保、质量检测等多个部门参与。如何与这些单位和个人打交道，既体现出领导者的工作作风，也体现出领导者的能力素质。为此，协调关系，调动各方面的力量共同参与，是组织目标实现的关键。协调作为一项重要的任务，伴随领导活动始终。

四是宣传功能。领导者要善于宣传自己的主张为群众所接受，并使之化作群众行动的推动力。领导者应当清楚地认识到，每一项目标的组织实现让大家完全心悦诚服地接受是需要一个过程的，由于人们的认识水平高低、理解能力不同，有时操之过急反而欲速则不达。在大家都不能完全理解接受的情况下，领导者有时还要忍受不被众人理解和支持的委屈与痛苦。为此，宣传自己的观点主张为群众所接受，是学会当领导者的一项基本任务。尤其是在着力推进国家治理能力治理水平现代化的新时期，领导者的宣传发动工作更加重要。每一项政策的颁布实施，首先要进行宣传教育，做到心中有数。因此，领导者既是实践的引路人，也是理论的宣传者，领导者的宣传能力、教育水平，是衡量领导影响力的重要指标。在抗日战争和解放战争时期，我们的领袖毛泽东同志亲自撰写了大量脍炙人口的名篇，对号召人民抗日爱国，推翻“三座大山”的反动统治，起到了“四两拨千斤”的神奇功效。党的十八大以来，习近平总书记提出的一系列治国理政新思想和“创新、协调、绿色、开放、共享”五大发展理念，凝聚了全党智慧，集中体现了党对新的发展阶段基本特征的准确把握。“五大发展理念”不仅对各级领导者的贯彻执行能力明确了目标任务，而且对领导力提升提出了新的更高要求。

五是创设组织文化的功能（如图 1-1 所示）。领导者的主要作用之一，还在于为组织和团队创造和发展一种组织文化。美国学者安弗莎妮·纳哈雯蒂在《领导力》一书中这样讲道：“领导特别是组织的创始人会给组织留下不可磨灭的印记，并代代相传。因而，组织事实上反映了创办人的性格。”[①] 领导者是组织中其他成员的表率，领导现象就是组织文化的集中体现，下属的行为都与领导行为有关。如果一个组织中的领导者对下属漠不关心、态度粗暴，下一级领导者将会模仿他的行为，冷淡对待其下属。反之，如果领导者关心重视下一级管理者，下一级管理者也将会更加关心和重视其下属，领导者对他的行为负责是发挥表率作用的关键。领导者的权力和地位来自他对自己的决策敢于负责，对组织的行为后果敢于负责。这是塑造组织文化的重要因素。

在组织管理中，对薪酬制度的选择和薪酬标准的控制是领导者造就组织文化的一种重要手段。[②] 高层领导者有权对组织中的其他管理者做出选择，由于被选择者可能符合目前领导者的理想模式，为领导者造就组织文化提供了机会。另外，领导者对组织结构和组织战略的决定权也是造就组织文化的有效途径。安弗莎妮·纳哈雯蒂强调，管理者通过决定层次、控制、报告关系以及规范化和专业化程度，造就组织文化。一个分权的组织机构可能是开放参与式组织文化的产物，而集权组织结构的形成也可能与官僚主义色彩的组织文化有关。一个采取主动扩张战略的领导相对于一个采取选择收缩战略的领导而言，由于创新和风险较高，将形成风格迥异的组织文化。

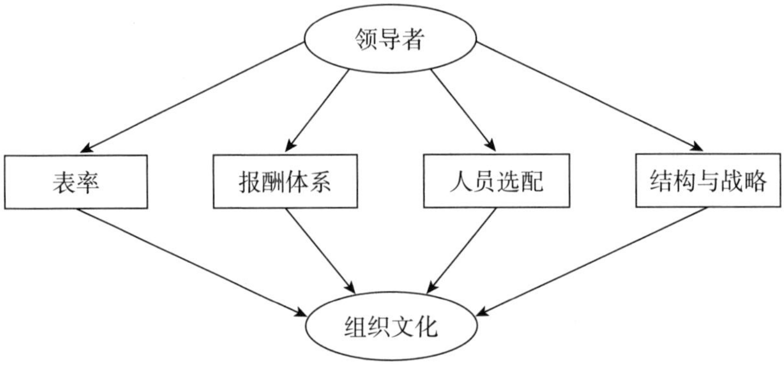

图 1-1 领导者在形成组织文化中的作用[③]

① [美] 安弗莎妮·纳哈雯蒂著，王新译:《领导力》，机械工业出版社，2003 年版，第 19 页。
② [美] 安弗莎妮·纳哈雯蒂著，王新译:《领导力》，机械工业出版社，2003 年版，第 20 页。
③ [美] 安弗莎妮·纳哈雯蒂著，王新译:《领导力》，机械工业出版社，2003 年版，第 19 页。

《华为基本法》——对制度文化的不懈追求

《华为基本法》分为宗旨、经营政策、组织政策、人力资源、控制政策、修订法六部分103条。其中第一条就是华为公司的核心价值观——目标追求。

一、核心价值观（追求）

第一条　华为的追求是在电子信息领域实现顾客的梦想，并依靠点点滴滴、锲而不舍的艰苦追求，使我们成为世界级领先企业。为了使华为成为世界一流的设备供应商，我们将永不进入信息服务业。通过无依赖的市场压力传递，使内部机制永远处于激活状态。

二、基本目标

第八条　我们的目标是以优异的产品、可靠的质量、优越的终生效能费用比和有效的服务，满足顾客日益增长的需要。质量是我们的自尊心。（质量）

第九条　我们强调人力资本不断增值的目标优先于财务资本增值的目标。（人力资本）

第十条　我们的目标是发展拥有自主知识产权的世界领先的电子和信息技术支撑体系。（核心技术）

第十一条　我们将按照我们的事业可持续成长的要求，设立每个时期的合理的利润率和利润目标，而不单纯追求利润的最大化。（利润）

二、领导心理

领导心理是一个综合指标体系，是由各种心理活动及其要素构成的整体概念。它包括领导者在领导过程中的认识活动、情感活动和意志活动。领导心理是领导者与社会政治体制、经济文化、组织环境交互作用产生的，受客观环境因素的影响与制约。

（一）价值意义

领导心理是在领导活动中产生的。无论何种类型的领导者，也不论从事何种领导活动，都会产生各种心理现象。领导者的所思所想、所困所念，一言一行都体现着领导心理的变化特征。领导者作为公共人物，其行为和心理过程既有一般心理的普遍性，也有政治文化心理的特殊性，更多地具有社会价值。具体而言，其价值意义体现在以下几个方面。

1. 领导心理活动贯穿于领导活动始终

领导活动有其自身规律，这种规律概括起来就是领导者与被领导者在具体领导环境下相互依存、联系、制约和作用的规律。既有贯穿于领导活动全局的基本规律和一般规律，又有存在于领导活动的某一层次、领域、阶段或环节的特殊规律，其中包括领导过程中的心理活动规律。任何领导活动中所包含人的因素，都是通过领导者和被领导者共同实现的。不论是领导者还是被领导者，在实现领导目标中自始至终都有各自的心理活动。

领导者最基本的工作职能就是决策和用人。要形成正确的决策就需要不断地提高自己的抽象思维能力、创造力和丰富自己的想象力。既要及时地做出决策，又要有判断、应变能力；在督促群众实现决策方案的过程中，还要有坚韧不拔的意志品质；在实施追踪决策的过程中，要充分考虑群众的心理承受能力等问题。领导者在选人用人过程中也一直贯穿着心理活动，如对被选者的洞察力，对其今后发展的预见能力等。同样被领导者在接受上级领导过程中，也始终具有自己的心理活动。认同领导目标需要积极思维和批判；实现领导目标需要积极自觉的态度和良好的技能技巧；建立与工作伙伴的和谐人际关系需要良好的性格和深厚的情感等。这些都说明，领导活动与心理活动是密不可分的，心理活动贯穿于领导活动始终。

2. 运用心理活动规律提高领导活动效能

一是探寻领导者实现领导职能应具备的心理品质、优化领导班子的心理结构。由于人们在社会生活中充当着不同的社会角色，面临着不同的生活环境和工作条件，这就形成了不同的心理特征。同时社会也向在社会生活中充当不同角色的人提出了特定的心理要求。在绝大多数部门中，领导者并不是个体的存在，而是由若干个分担不同职责的人组成的领导集团，也称为领导班子。为此，要发挥领导班子的整体领导效能就必须研究心理结构的优化问题，依据领导者的社会角色对领导者心理方面的修养提出的要求以及对领导班子心理结构方面提出的要求，提示领导者完善自己的心理品质，探索建立领导班子优化心理结构的途径和方法。

二是揭示领导过程的心理机制，为在领导过程中提高领导效能提供心理基础。以心理学的基本理论和方法为指导，对领导过程这个特殊的领域进行心理分析，提示领导过程心理活动的特殊规律。任何领导过程都离不开领导者与被领导者，都是领导者与被领导者相互作用的过程，其间他们都受各自心理活动的支配，这是存在着心理活动的规律。一般来说，领导过程是由领导者和群体中其他成员的交往，领导决策和为实现领导目标而进行的控制这三个相互联系制约的环节构成。领导者通过和群体成员之间的交往来收集信息、了解情况、发现问题，然后通过决策确定领导目标，拟订和选择具体方案，并通过对群体成员的控制，使整个群体成员能够为实现领导目标而一致行动。我们就是要提示领导者与群体成员相互交往，决策过程和为实现目标进行控制的这一心理机制，以提出领导整个效能。

3. 领导过程就是提高人的心理素质的过程

领导活动离不开人的心理活动，而人的心理素质又只能在领导实践中得到提高。比如说，领导者通过对被领导者的激励，也不断实现着自我激励，领导者与被领导者在实现领导目标的过程中，通过彼此认知、情感交流、协调行为，会激发各自的健康情感和积极态度，通过生产和工作实践，会培养人们的优秀品德和良好性格，锻炼坚强的意志，训练和提高技能、技巧和工作能力等。

（二）性质区别

领导心理研究就是运用普通心理学所揭示的心理活动之一般规律，来解决领导活动中存在的心理学问题，并在领导活动中把普通心理学的知识具体化。因此，在领导心理研究中要以心理学基本理论和基本方法为指导。社会心理学、管理心理学基本理论对领导心理学尤其重要。例如，决策是领导的一个重要职能。一个特定组织的领导者是否能做出科学的、行之有效的决策，对该组织的发展具有极其重要的意义。在有些关键时刻，一个领导者所做的决策正确与否，往往关系到他所在组织的兴衰成败。从管理心理学的观点来看，领导决策过程主要是思维心智操作的过程和意志决断的过程。如果领导者决策过程中能正确运用思维操作和意志决断的基本规律，就能够为正确的决策提供心理基础。同样，领导心理学的研究成果又可以进一步补充和丰富普通心理学的理论框架。

作为管理心理学和领导科学的交叉学科，领导心理同领导科学也同样有着千丝万缕的联系。二者都是研究领导活动的，目的都是改进领导工作，提高领导效能。但是，领导科学的研究对象是领导工作及其发展的一般规律，是领导者、被领导者和客观环境这三个要素相互结合相互作用的问题。领导科学研究的主要内容有：领导活动的本质；领导职能的内容及其实现的条件；领导组织结构的科学化和基本的领导方法；领导者的素养、作风和效能；揭示领导者提高素养、改进工作绩效的途径以及提高领导效能的途径与方法等。而领导心理是研究领导聚焦与领导活动心理深层方面，它所要揭示的是领导工作中心理活动的规律以及如何利用这些规律的途径和方法。例如，领导科学和领导心理学都要研究决策问题。领导科学对决策问题的研究，主要是研究决策的分类、决策中必须遵循的原则，决策在领导工作中的地位和作用以及科学决策的制定过程和实施过程，而领导心理对决策的研究，不是停留在对决策过程的一般描述上，而是要研究决策中的心理问题。它要揭示决策过程心理活动的特点、内在的心理机制以及影响决策优化的心理因素等。再如，领导者的素养问题是领导科学研究的一个重要内容。领导科学研究领导者的素养，是研究领导者各方面的素养，其中有政治思想素养、文化业务素养、组织管理素养和道德品格素养；领导心理也要研究领导者的素养问题，但是，它只研究领导者心理学方面的素养，即心理品质。

由此可见，领导心理有自己特定的研究领域和研究内容，管理心理学和领导科学都不能代替领导心理学。对领导活动中心理现象的研究是一项特殊的任务。当然，在领导心理研究中，必须同时吸收社会心理学、发展心理学、管理心理学、政治学、文化学和领导科学等各学科研究成果并加以综合运用，领导心理及行为是领导文化、组织环境、价值理念、发展目标、能力素质的综合体现。

（三）内容构成

对领导心理及其内容的探索，是领导力研究永恒的话题。领导心理内容的构成，突出体现在以下几个方面。

1. 基本原理

原理是领导心理研究的主导思想，它向人们阐述领导心理的含义、内容、体系、研究方法、基本原则和未来发展，起着提纲挈领的作用。原理当中重点介绍的中外领导心理研究的理论成果，为解析领导心理过程，应用领导心理研究成果奠定了坚实的理论基础。在中外学者、领导者的倾心研究和不懈努力下，领导心理研究的长廊里涌现出了大量优秀成果，为深入开展领导心理研究提供了丰厚的土壤和养料。

2. 要素

领导思维特征、情感体验、兴趣导向、价值取向、自我认知、成就欲望等都是领导心理的重要构成，领导的能力、品质以及领导风格魅力作为领导个性心理特征的重要内容，也是领导心理研究重点探索揭示的领域。所有领导活动都离不开这些心理内容，领导者首先要具备发展动机与成就取向，这是胜任领导职位要求的前提。同时，领导者还必须有能力品格，具备影响他人的核心素质，在领导工作当中，一个优秀领导者还必须重视研究追随者的心理特征，讲究方法艺术。在此，除了关注个体心理因素，还要关注领导心理环境。领导心理行为与领导岗位职责、组织关系、环境氛围密切相关。

3. 过程

心理是客观现实作用的结果，也是一个社会文化心理现象。领导心理的产生作用过程，其实就是社会政治心理因素交互作用的过程。政治目标、组织要求对领导心理的产生具有重要影响，突出表现在领导者的目标愿景、观念变革、思想意识、领导行为等方面，体现在组织行为中的育、选、用、留等各个环节，透过这些环节因素的考察，将会深刻感受到领导心理变化特征及作用过程。

4. 应用

领导心理研究价值聚焦于领导力提升。领导力是近年来崭新而热门的研讨课题。领导力本质上是一个心理影响的过程，是领导者利用自身的领导资源与具体形势有机结合而形成的能力激发，引导被领导者跟随自己，以实现组织的共同目标的合力。社会心理学理论认为，每个人对于周围的人都是一个“影响源”，一个积极强大的“影响源”，会如磁石一般吸引周围的人，产生强大的“磁场效应”，必然有一种“向心力”和“凝聚力”，这时就表现出一种领导力。反之，下属对管理层不信任，必然出现“离心力”和“疏散力”。从特质角度考察领导力是指领导力是人们在不同程度上所具备的某种或是多种特性，其中包括领导者的智商、情商和政商等。无论是从特质角度还是从过程角度来考察，研究领导心理，探索领导行为规律，归根结底都是提升领导影响力。

（四）主要方法

领导心理研究既有定性分析研究，也有实证调查研究。归纳起来，主要有调查访谈法、档案履历分析法、心理与行为测量及实验法等。

1. 调查访谈法

调查访谈法主要有问卷调查和人物访谈两种。

问卷调查法指通过问卷这种为了调查研究而设计的问题表格来收集资料进行研究的方法。问卷一般包括封面信、指导语、问题、答案、编码等几个部分。形式有开放式问卷、结构式问卷、半结构式问卷几种。它可以通过个别发送、邮寄填答、集中填答、电话访问等形式进行。问卷调查法由于它的种种优点，在领导心理科学研究之中，甚至在社会科学研究之中都得到了大量的应用。问卷调查法的优点主要是节省时间、经费和人力。它可以在很短的时间内对大量的研究对象进行调查，十分省时省力。而且在大量调查的过程之中，由于不用逐一与研究对象进行交谈。相对来说，研究对象具有更高的心理安全感，有些条件允许研究对象匿名参与研究，可以大大减轻研究对象的心理压力，有利于他们如实填答问卷，进而收集到客观真实的资料。并且问卷调查法收集的资料更为容易整理和量化。问卷调查法的局限是问卷回收率有时难以保证。如果研究对象对于调查兴趣不大、态度不积极、责任心不强，问卷的有效回收率常常会受到影响。而且问卷法对于研究对象的文化素质有一定的要求，要求研究对象能够准确理解问卷题目含义。

人物访谈法是通过训练有素的研究人员同研究对象进行交谈，利用面对面的交互刺激的作用，以期了解研究对象的行为、特征、动机以及有关事实真相的一种方法。访谈法是一种使用非常广泛的方法，也是一种十分有力的调查方法。根据访谈法在访谈之前的准备程度，可分为有结构访谈和无结构访谈。无结构访谈又叫深度访谈，它并不依据事先设计的固定程序，而是只有一个访谈的主题和范围，由访谈员与被访者围绕这个主题或范围进行比较自由的交谈。结构访谈要求在访谈过程、访谈内容、访谈方式等方面都尽可能统一，做到标准化。实地法是研究者亲自到调查研究的现场或一线进行调研，取得第一手的资料进行研究的一种方法。根据调研者是否参与被观察者的社会环境和社会活动，实地法可分为参与调研和非参与调研。访谈法的最大特点在于访问是一个面对面的社会交往过程。这就让研究人员在研究过程中不仅能收集别的研究方法所收集到的一些资料，而且能收集到别的研究方法不易收集到的一些资料。访谈法在进行前，要预先通知谈话的对象——领导者。访谈法的效果取决于实验者的组织与引导能力，因此对调研人员的要求比较高。

2. 档案履历分析法

履历档案是国家机构和社会组织以及个人从事政治、军事、经济、科学、技术、文化、宗教等活动，直接形成的具有保存价值的各种文字、图表、音像等不同形式的历史记录。履历资料分析法是对领导个人档案资料进行整理、分析、处理的一种研究方法。通过对领导人的从政经历、职务调整变化、业绩贡献、考核评定、重要事件回忆来分析领导者的人格特征或能力特征等。根据研究的具体方法和所用资料类型的不同，可能将履历研究划分为若干个不同的类型。履历分析研究要求研究者有较高的分析与综合能力，对资料进行定量和定性的分析。最常用的有内容分析、二次分析和现存档案统计资料分析。履历分析法显著优于其他研究方法之处在于研究者不用直接与被研究者进行接触。相比其他研究方法，成本低，省时省力。因为它所用的资料往往只需要通过借阅、复印等形式就可得到。研究者能对一些难以接触或不可能接触的研究对象进行研究，比如对于身份地位悬殊的研究者或将要提拔重用的被考察者进行识别研究。而且履历档案要进行重复研究也相对比较容易，只要对所用的资料重新进行编码或进行统计处理，而不用一切都从头开始。履历档案分析法的局限在于很多资料档案的质量难以保证。很多文献资料受到社会事件或当事人偏见的影响，不能做到准确、全面和客观。这是研究人员在用履历分析法进行研究时特别要注意的。

3. 心理与行为测量及实验法

心理测验是主要借助量表对心理特征和行为进行观察和描述的系统心理测量。它实质上是对行为样本的客观和标准化的测量。心理与行为测验有许多类型，按目的划分，可分为智力测验、个性测验、兴趣测验、成就测验、诊断测验等。按测验的形式划分，可分为投射测验、问卷测验、操作测验等。心理测验要特别重视项目的难度、区分度、信度和效度。心理与行为测验只能在专家的指导下，按照测量手册严格地进行，不然难以保证它的信效度。这大大限制了这种研究方法的应用。目前在社会上，出现了心理测验被滥用的现象，无论什么样的情况都不加节制、毫无规范地进行心理测验，严重地损害了心理测验的声誉。这是领导心理学的研究人员在研究过程之中应该注意的。

实验法是实验者有意操纵某种条件，使一定的心理现象产生，从而探索心理活动规律的一种研究方法。在领导心理学中，实验法一般包括自然实验和情景模拟实验两种形式。

一是自然实验。自然实验是在日常生活的情境中，适当地控制条件，并结合经常性的业务工作，从而研究心理现象的规律性。我们可以结合领导者的经常性业务工作，在适当控制的条件下，进行有目的的实验研究。自然实验法的优点，是领导者处于自然状态中，因而反映的心理活动规律比较真实。同时，它把心理学研究同日常的实际工作结合起来，研究的问题来自实际，具有直接的实践意义。但是，这一方法的主要缺点是不能排除意外条件的干扰，不容易精密地控制实验条件。

二是情景模拟实验。在研究工作中，由于对研究对象不能或不允许进行实验，为了取得对研究对象的认识，根据已知的事实、经验和一定的科学理论，设计和构想出研究对象的“替代物”，通过对替代物的实验，以获取研究对象的信息和资料，这种实验就叫模拟实验。例如，在研究领导过程中心理活动的规律时，就可以采取体察模拟的方法，根据对研究对象及其所处条件的了解，建立相应的领导模型，研究者进入角色站在研究对象的角度亲身进行体验，并对体验中自身的心理活动进行自我观察，从中探索心理活动的规律。其优点在于，通过模拟获得的心理活动的材料比较真实。因为，人的心理和行为往往也有不一致的时候，这样单靠从外部观察一个人的行动往往是不够的。但是，模拟实验也有其明显的局限性，那就是模拟和原理之间不可能完全相似，有时还可能歪曲原型，从而失去准确性。

三、领导心理的重点领域

（一）聚焦领导力

近二十多年，人们对领导力的研究探索长盛不衰，领导力始终是政府部门、企业共同关注探讨的热门话题。在西方国家，领导力已纳入国家核心竞争力的重要范畴，围绕提升领导力，美国、英国、澳大利亚、荷兰等国家都纷纷建立了公务员核心能力框架结构，并以此标准选拔考核国家公务员。芬兰、瑞典、波兰等国家不仅建立了国家公务员领导力标准，还把领导力作为国际合作交流、展示国家形象的品牌课程。芬兰公共管理学院高度重视战略管理、领导学等领域的培训，认为在市场经济和激烈的竞争中，领导力是首要因素。瑞典在促进国家经济和社会健康发展中，特别注意培养领导力。要求中央和地方政府公务员必须具备出色的领导力和执行力。波兰将领导力建设视为国家行政管理和国民经济方面的主要组成部分，依据是 2011 年波兰总理颁布的《波兰公务员条例》，具体要求包括高尚无私、开放客观、诚实可信、领导力等。现代领导科学研究认为，领导力的实质是领导影响力的作用过程。提升领导力是组织发展的根本保证。不仅领导者个人要提升领导力，而且，政府作为一个有机的组织也应当提升其整体的领导力。领导力及其功能作用，直接影响且决定着组织建设能力。组织建设能力的削弱，实质上是领导影响力的缺失。

（二）领导行为风格

领导行为研究一直是组织行为研究中的一个核心问题。领导行为，是指组织中担负领导职务的人，为达到团体组织的目标，在一定条件下进行的一切引导、影响和协调组织成员的活动。领导行为所涉及的内容十分广泛，通常所说的决策、授权、激励、沟通等都是直接影响领导有效性的行为内容。

在组织运作过程中，良好的领导行为有助于培养并增强组织的凝聚力，使组织成员共同获得适当的满足，维系组织的完整统一，保持组织对社会环境的适应，并促使组织达到目标等。所谓领导风格，是指在各种领导场合里，激励领导者个人行为的基本需求结构及具有倾向性的思考和行为方式。也就是说在不同的领导场合，领导者的内在需求及思考和行为方式的一致性。领导风格从领导方式的角度来定义领导者，集中反映领导者在不同情境下做什么以及如何做，包括领导者在不同情况下对下属的行为。领导者的所作所为无不体现其领导风格。

当前领导行为的研究有两个趋势：

第一，日益向全面性和综合性的方向发展。领导行为研究的初期，研究者仅从领导者的个人品质或行为上探索，目前则倾向于考察影响领导行为的全部因素。领导行为理论有一种综合的倾向，后期的理论往往是综合了以前的研究结果提出的。这种全面和综合的理论使得对复杂的领导行为的解释更为有效。

第二，预测性提高，实用性下降。初期的特质理论和行为理论预测能力不高，原因在于个人特征和行为与领导之间的相关性并不显著。而应变理论在某些情境中判断领导行为是否有效虽有一定的预测水平，但在实际生活中难以满足理论提出的实际要求，即领导行为有效的前提是情境因素与领导者个人特质、领导作风相匹配。因此，应变理论的应用较为困难。相反，特质理论与行为理论在企业界和行政部门大受欢迎，因为它们为培养和选拔有效领导者提出了一套简便的标准和方法。增强实用性和预测性，也是今后领导行为研究的一个发展趋势。

（三）领导胜任特征

胜任特征是指“能将某一工作（或组织、文化）中有卓越成就者与表现平平者区分开来的个人的深层次特征，它可以是动机、特质、自我形象、态度或价值观、某领域的知识及认知或行为技能，任何可以被可靠测量或记数的并且能显著区分优秀与一般绩效的个体的特征”。在过去的几十年里，胜任特征研究从寻找个人绩效的原理发展到聚焦改进组织绩效的方法，强调优秀绩效者的个人特质是大多数胜任特征研究中的主要目标。毕竟关键的胜任特征是辨别职位任务的成分，要把胜任特征整合到更广的组织分析发展中有助于组织解决所面临的新问题上，最终目的是把人的精力转到更有生产率的方向上。新时代的工作不再是联系到职位，而是建立在以人和组织为中心的新胜任特征系统。今后的胜任特征研究将会是：一是聚焦于组织。传统分析时，需要花很长时间分析工作职位，以至于模型还没用就已经过时了。未来将为整个组织辨别胜任特征，给每一个个体和团队创造现行工作的有效模型，并且当条件、客户需求、策略变化时能够迅速地调整。二是偏重于应用。未来的全球化趋势要求花较少的时间去做胜任特征分析，而花较多的时间在组织中应用。不管聚焦于职位、小组、团队，或整个组织，胜任特征分析都是快速的，几乎是即时的，并且已经成为策略计划程序的一部分，能够迅速地把人们的需要和职位要求连接起来。每个人的实践通过现代胜任特征方法得到改变，花很长时间和上百万美元来做胜任特征分析的时代已经过去了，将来的胜任特征菜单和模型将成为日常工作的一部分。三是灵活多样，更易于操作。借助于先进的调查工具和分析技术，所有的组织包括个体都能构建出它们自己的胜任特征模型，因为胜任特征模型必须适应不断变化的客户需要、组织结构和进步，专家的责任是帮助组织或个人发展独特的胜任特征模型，并由此开发应用。

（四）领导心理健康

积极心理因素既是领导者能力得以充分发挥的前提条件，也是直接影响和感染群体的基础条件。若心理不健康转化为心理障碍或心理疾病，不仅会严重影响领导者的身心健康，还会给其工作、生活带来消极影响。领导者是一个特殊的群体，是领导工作成败的决定因素，除了要与普通人一样承受各种紧张与压力，还必须在工作和生活中率先垂范、做出榜样。通常，当领导者遭遇挫折时产生的心理问题，容易得到关注和排解，而处于顺境时出现的心理问题，却往往在忽略中日趋严重。因此，领导者只有了解自己的心理健康状况，积极应对各种心理健康问题障碍进行疏解调适，才能更好地发挥领导作用，最大限度地实现自身价值。2016 年 8 月 20 日全国卫生与健康大会上，习近平总书记强调指出，要加大心理健康问题基础性研究，做好心理健康知识和心理疾病科普工作，规范发展心理治疗、心理咨询等心理健康服务。当前，随着社会变迁的加速、经济的快速发展以及在推进国家治理能力现代化进程中，领导的组织环境、工作环境、生活环境都发生了影响力重大变化，领导的认知心理、适应心理、发展心理上存在的各种矛盾冲突日趋严重，对心理健康的维护调适需求更加迫切。为此，重视对领导者及领导干部群体心理健康领域的探索研究，将是领导心理科学面临的现实课题。

（五）领导心理研究本土化

在中国民族历史文化遗产中，蕴藏着丰富的领导智慧思想。中国古人强调领导者要从“人心”入手进行领导活动，领导的最终目标是“得民心”，以使领导者与被领导者之间形成和谐的人际关系，这可以说这是中国领导智慧的最大特色。《韩非子·功名》说：“明君之所以立功成名者有四：一曰天时，二曰人心，三曰技能，四曰势位。……逆人心，虽贲、育不能尽人力，……故得天时，则不务而自生，得人心，则不趣而自劝，……人主者，天下一力以共载之，故安；众同心以共立之，故尊。”《吕氏春秋·顺民》说：“先王先顺民心，故功名成。夫以德得民心以立大功名者，上世多有之矣。失民心而立功名者，未之曾有也。……得民心则贤于千里之地。”在中国古人看来，领导者只有施行正确的治国安邦之策，才能使领导者与被领导者之间关系和谐，上下齐心，则国家自然强盛。治国如此，在组织管理中，又何尝不是如此呢？在领导活动中，领导者的智慧品行对领导者事业的兴衰成败具有决定性的作用。领导智慧体现在尚道、厚德、崇法、公正、养气、选贤、诚信、勤政等各个方面。“凡治天下，必因人情。”这是中国人的一大管理智慧。它告诉人们，在领导过程中，无论是领导思路还是领导方法都要依靠人们的心理发展规律来进行。同时，这一管理智慧还告诉国人，不能盲目引进西方的领导模式，因其不一定合乎中国人的心理与行为模式。国家行政学院中国领导科学研究中心主任刘峰教授强调指出，中国的领导科学要把领导观与领导力结合起来进行研究，这就如同哲学上把世界观和方法论结合起来进行研究一样重要。中国的领导科学需要更多的理论自信、理论自觉，而不是对西方领导理论的照搬照抄。国外的领导科学理论重视领导力和领导效能的研究是很有道理的，但研究中国领导力更多的是如何“接地气”。所谓“接地气”就是本土化的中国领导观，中国文化智慧和领导心理，是推进中国领导科学事业发展的内核和基石。

C H A P T E R 0 2

第二章

领导心理基本理论

领导心理是研究领导心理现象及其行为活动规律的基础学科。领导心理学是现代领导科学的重要分支，也是领导力始终关注的重点领域。随着社会政治经济的快速变迁发展，领导心理的重要性更加紧迫，研究内容具体深入，研究方法不拘一格，研究成果丰富多样，为深入探索领导力及其内在特征，推进现代领导科学发展注入了旺盛的生机活力。

一、领导心理研究的基本理论

自 20 世纪 30 年代起，特质理论渐渐受到人们的怀疑。许多西方学者在调查研究中发现，领导活动的效能与领导者在领导过程中所采取的领导行为存在着密切联系。从 20 世纪 40 年代起，关于领导行为有效性的研究，便转向了行为理论，集中研究领导者的工作作风和行为对领导有效性的影响，即从领导者的行为方式来探索成功的领导模式。较有影响力的代表理论有领导特质理论、领导行为理论、领导权变理论、领导变革及价值理论、领导胜任力理论以及东方管理理论等。

（一）领导特质理论

领导特质理论主要研究有效的领导者应该具有什么样的个人特征，它阐述的重点是领导者与非领导者之间在个人特征方面的差异。半个世纪以前，许多学者坚持把领导者个人品质特征作为描述和预测领导成效的因素，对领导者的研究多着重于探索在有效领导者与无效领导者之间、高层领导者与基层领导者之间是否存在着个人特质上的差异。但是经过多年的研究，多数研究人员仍未能在有效领导者应该具有的不同才智、个性、身体等方面的特征上达成共识。特质理论经历了传统特质理论与现代特质理论两个阶段。

1. 传统特质理论

传统理论认为领导者生而具有领导的特质，天生没有这种特质的人不可能成为领导者。早在 20 世纪 30 年代，心理学家们就进行了大量的研究，希望发现领导者与非领导者在个性、社会、生理或智力因素方面的差异。不同的研究者提出了不同的领导者特质：

美国心理学家吉伯（C. A. Gibb）在 1969 年的报告中指出，领导者应该具有 7 项天生的特质：善言辞、外表英俊潇洒、智力过人、具有自信心、心理健康、有支配他人的倾向、外向而敏感。

心理学家斯托格迪尔（R. M. Stogdill）于 1948 年和 1970 年全面总结了领导特质方面的文献并对领导者的特质进行研究之后，将领导者的特质归纳为 6 类：领导者的身体特性（如充满活力、有干劲、仪表整洁等），社会背景（如受过高深教育、良好的社会地位等），智慧和才能（如专业知识、沟通技巧等），性格（如自信心、喜欢支配别人、进取、独立、创造性、能控制情绪等），工作方面的特点（如渴望取得成就、追求责任感、事业心等），社交能力（善交际有行政能力、能与人合作等）。

美国普林斯顿大学教授鲍莫尔（W. J. Bandmal）提出，企业领导人应具有的十大条件包括：合作精神；决策能力；组织能力；精于授权；善于应变；敢于创新；勇于负责；敢担风险；尊重他人；品德高尚。

德鲁克（Peter Drucker）认为，一个有效的领导者，必须具备以下 5 项主要学习习惯：善于利用时间；注重贡献，确定自己的努力方向；善于发现和用人之所长；分清主次，集中精力；做有效的决策。

邓哈托（Den Hartog，1999 年）指出，对至善至美的追求是成功领导者的必备品质。追求完美一般表现为：领导首先对自己的形象和品格严格要求，即值得信赖、公正、诚实。许多学者的研究表明这些要素对于改造型领导来说是重要的。杰出的领导者一般具有魅力、启发性和愿景型领导的特征。

2. 现代特质理论

现代特质理论认为领导者的特质是在实践中形成的，可以通过训练和培养加以造就，这就否认了领导特质生而具有的观点，现代特质认为成功的领导者可以通过后天塑造，从这个意义上讲，它比传统素质理论更进了一步。

现代特质理论研究者，密切联系管理实践，改进研究方法，这样可以从动态的角度深入研究领导者的特质。1971 年美国心理学家吉色列（Edwin E. Chiselli）在其《管理才能探索》一书中发表了自己的研究成果。他在研究中选择了一个在美国具有代表性的样本进行试验。其中年龄在 26 ～ 42 岁的中级管理人员 306 名，分布在包括交通、制造业、通信、财政金融、保险业、公共事业等 90 个不同企业的组织中，受试人员 90% 是大学程度，或受过同等学历的教育。吉色列在研究中采用自我评价量表要求受试者来完成，并在对试验结果的处理上应用了因子分析法。他的研究将领导特质分为三类，13 个因子：能力因素，其中有管理能力、智力、创造力；个性品质因素，其中有自我督导、决策、成熟性、工作班子的亲和力、男性的刚强女性的温柔；激励因素，包括职业成就需要、自我实现需要、行使权利需要、高度金钱奖励需要、工作安全需要。

近 20 多年来，人们对特质理论的研究表现出复苏的兴趣，以罗伯特·豪斯（Robert House）为代表的一批学者集中于研究领导魅力理论（Charismatic leadeeship Theory）。领导魅力理论虽然属于领导特质理论的范畴，但这种领导理论包括了领导特质、领导行为、影响过程及情景变量，有融合行为领导理论和权变领导理论的特点。这种理论认为领导者是以个人的号召力来影响下属的行为，其才能是可以通过培训获得的。尽管仍然有少数人强调领导魅力不可能被习得，但是大多数专家认为个体可以经过培训而展现魅力型领导的行为，并因而享受到“魅力型领导者”所自然得到的效益。

大部分领导魅力的研究是确定魅力型领导者与非魅力型领导者之间的差异。一些研究者都试图确认魅力型领导者的个性特点。豪斯确立了三项因素：极大的自信、支配力以及对自己信仰的坚定信念。瓦伦·本尼斯（Warren Bennis）研究了 90 位美国最杰出和最成功的领导者，发现他们有 4 种共同的能力：有令人折服的远见和目标意识；能清晰地表述这一目标，使下属明确理解；对这一目标的追求表现出一致性和全身心的投入；了解自己的实力并以此作为资本。[①] 不过在此方面最全面的分析，一个是由加拿大麦吉尔大学的康格和凯南格（J. Conger & R. Kanungo）进行的，他们的结论是，魅力型领导者的关键特征是：自信，有远见，清楚表述目标的能力，对目标的坚定信念，不循规蹈矩的行为，激进变革的代言人，环境敏感性（见表 2–1）。另一个是哈依（J. Hay）进行的有效领导者应具有的特征分析，应变力、责任感、影响力、概念化、多视角、预见性、尊重和敏感、沟通、自知之明是有效领导者应具备的 9 项核心特征。[②]

关于魅力型领导者对下属之影响的研究越来越多地表明，魅力型领导者与下属的高绩效和高满意度呈显著正相关，为魅力型领导者工作的员工受到激励而付出更多的工作努力，而且，由于他们喜爱自己的领导，也表现出更高的满意度。

表 2–1　魅力型领导者的关键特点

自信　魅力型的领导者对他们的判断和能力充满信心
有远见　他们有理想的目标，认为未来定会比现状更美好。理想目标与现状相差越大，下属越有可能认为领导者有远见卓识
清楚表述目标的能力　他们能够明确地陈述目标，使其他人都能领会其意图。这种清晰的表达表明了对下属需要的了解，然后，它可以成为一种激励的力量
对目标的坚定信念　他们被认为具有强烈奉献精神，愿意从事高冒险性的工作，承受高代价。为了实现目标能够自我牺牲
不循规蹈矩的行为　他们的行为被认为是新颖、反传统、反规范的。当获得成功时，这些行为令下属们惊诧而崇敬
激进变革的代言人　他们被认为是激进变革的代言人而不是传统现状的卫道士
环境敏感性　他们能够对需要变革的环境加以限制和对资源进行切实可行的评估

传统特质理论概括地描述了领导者的许多特质，认为有效领导与某些特质之间有联系，这无疑是一种进步。但是这种理论在观点上与方法上都存在片面性与不足之处。在观点上，过分强调领导者的天生特质，这就有可能导致遗传

① 斯蒂芬·P. 罗宾斯著，孙健敏、李原等译：《组织行为学》（第七版），中国人民大学出版社，1997 年 12 月第 1 版，第 338 页。

② 李随成、樊相宇：《领导理论的新进展》，西安邮电学院学报，1998 年第 2 期，第 61 页。

决定论，而忽视教育、环境等因素在形成、培养、发展和造就领导者中的作用。在研究方法上，只是罗列各种特质：① 没有指出各种特质的重要程度，以确定它们对有效领导的贡献有多大；② 所列举的各种特质中有许多重叠的部分；③ 对个人特质的分析，没有指出哪些重要特质是谋取领导者地位所需要的，哪些特质是保持或维护领导者地位所必需的；④ 有时只能测出领导者与被领导者、有效领导与无效领导之间在特质上存在量的差别，而看不到有质的差异；⑤ 对领导特质的理论假定，认为有效领导者的特质是各种毫无关联的品质之混合物，而不是在必要性和作用两方面都不断发展、变化的品质所结合成的一个有机的统一体。

现代特质理论认为成功的领导者可以通过后天塑造，可以通过训练和培养加以造就，否认了领导特质生而具有的观点，从这个意义上讲，它比传统特质理论更进了一步。但现代理论如同传统特质理论一样脱离了被领导者的特质与工作环境的特质，孤立地研究领导者个人特质对领导工作效能的影响。因此，其结论不可避免的也是片面和不符合实际的。

尽管特质理论存在很多的片面性，但是我们仍应当看到：特质理论为选拔与培训领导者提供了依据，但现在还没有研究证实哪些特质是成为成功领导者所必需的条件。以上理论只是说明一个领导者具备哪些特征会有较大的机会有效地领导下属，领导的成败除了受领导者的特性影响外，还受各种环境因素的影响。

（二）领导行为理论

随着研究的深入，许多西方学者发现，领导活动的效能与领导者在领导过程中所采取的领导行为存在着密切的关系。于是，从 20 世纪 40 年代起，领导有效性的研究，便转向了行为理论，集中研究领导者的工作作风和行为对领导有效性的影响，即从领导者的行为方式来探索成功的领导模式。

1. 领导行为四分图

行为理论来自 20 世纪 40 年代在俄亥俄州立大学进行的研究。亨普希尔希教授采用问卷调查，通过下属对领导行为的描述收集数据，列出了 1000 多个因素，经过不断的提炼概括，最后归纳为“关心人”和“抓工作组织”。“抓工作组织”包括组织结构的设置、明确职责和相互关系、确定工作目标、设立意见交流渠道和工作程序等；“关心人”包括建立相互信任的气氛、尊重部属的意见、注重部属的感情和问题等。通过领导行为问卷调查结果发现，两种行为在不同的领导者身上高低强弱并不总是一致，由此认为领导行为是两种行为的具体结合，并用“四分图”的形式将这一概念加以表示（如图 2-1 所示）。这是以二度空间表示领导行为的首次尝试，为领导行为的研究开辟了一条新的途径。之后，密执安大学的心理学家也提出了领导行为的两个方面：员工导向和生产导向。员工导向的领导者（employee-oriented leader）重视人际关系，他们会考虑下属的需要，并承认人与人之间的差异。而生产导向的领导者（production-oriented leader）则更强调工作的技术或任务事项，主要关心的是群体任务的完成情况，并把群体成员视为达到目标的手段。研究得出的结论对关系导向的领导十分有利，关系导向的领导与高群体生产率和高工作满意度呈正相关关系。而任务导向的领导与低群体生产率和低工作满意度联系在一起。

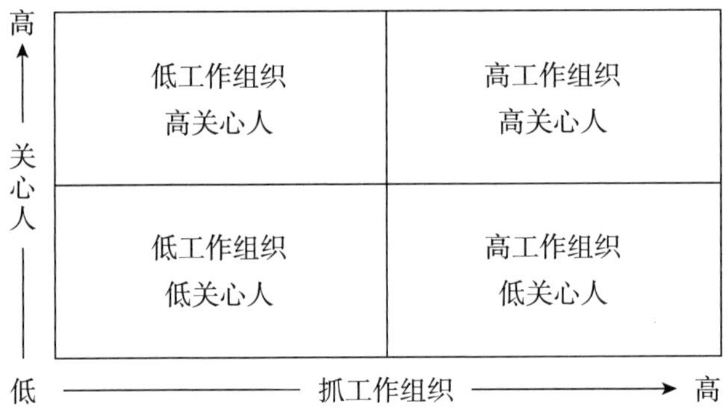

图 2-1 领导行为四分图

2. 管理方格理论

美国得克萨斯大学管理心理学家罗伯特·布莱克（Robert R. Blake）和简·莫顿（Jane S. Mouton）提出了领导风格两维度研究观点，在“关心人”与“关心生产”的基础上提出了管理方格理论，以图示和量表方式来衡量一个企业领导人的管理方式是否高效率。布莱克和莫顿在 1964 年出版了《管理方格》一书，论述了他们的管理方格理论，该书于 1978 年再版，改名为“新管理方格”。管理方格理论认为，最有效的领导者应该是一位既关心工作，同时又关心工作人员的人。由此制订了管理方格图（如图 2–2 所示）。管理方格图以坐标的形式来表示，因此又叫管理坐标图。图中横坐标为关心生产这一要素，纵坐标为关心人这一要素，而且又将这两个坐标轴分别划分出了 9 个等级，从而生成了 81 种不同的领导类型。在评价管理人员的工作时，按照其两方面的行为，在图上找到交叉点，这个交叉点就是领导风格类型。

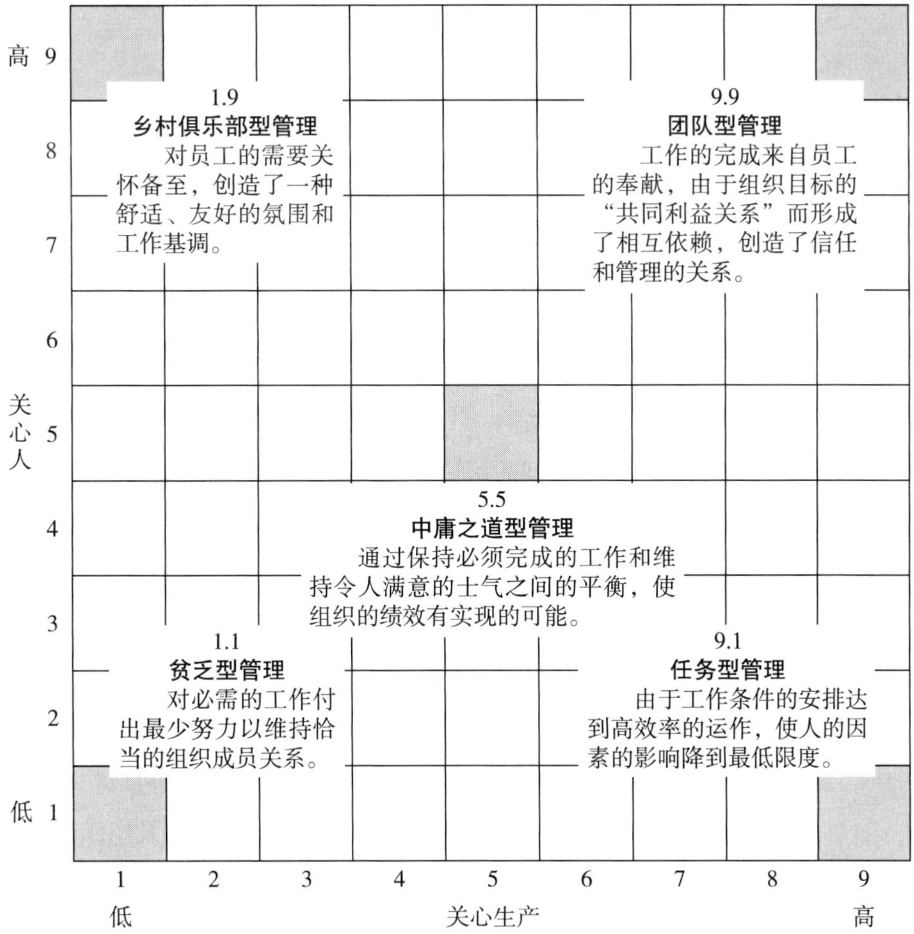

图 2–2　管理方格图[①]

布莱克和莫顿在管理方格图的基础上，提出了 5 种典型的管理方式。[②]

① 斯蒂芬·P. 罗宾斯著，孙健敏、李原等译：《组织行为学》（第七版），中国人民大学出版社，1997 年 12 月第 1 版，第 323 页。

② 俞文钊：《领导心理学导论》，人民教育出版社，1993 年 9 月第 1 版，第 236 页。

（1）1.1 型管理方式。这种类型的领导者既不关心生产，也不关心人。其特征是躲避责任，回避个人义务，这种人与人与事无争，所求不多，但所给也甚微。因此又称为“贫乏型管理”。它必将导致一蹶不振的最低生产效率。

（2）9.1 型管理方式。这种类型的领导者非常关心生产，但不关心人。搞好生产是这类领导者取得成就的手段。因此为了克服人们对生产所造成的不利影响，就要行使控制、统治、支配等权利形式。因此又称为“任务型管理”。这种管理方式在短期内可能会取得较高的生产效率，但是由于不关心人，不讲究提高职工的士气，因而它的消极作用是在长期内慢慢发生的，可以使生产效率真正下降。

（3）5.5 型管理方式。这种类型的领导者既要完成必要的任务，又要保持必要的士气。管理者的目的在于采取一种适中的“胡萝卜加大棒”的政策，既严厉又公平，并且要相信下级完成任务的能力。这种管理方式又称为“中庸之道型管理”。这种类型的领导者推崇对问题的“折中”处理，追寻一种平衡的解决方式，而不是采纳恰当的方法。

（4）1.9 型管理方式。这种类型的领导者只强调关心人，而不驱使人去生产，高度估价温暖和友好的关系，在他看来要多结友少树敌，故很少引起冲突。因此这种管理方式又称为“乡村俱乐部型管理”。这种管理方式无益于生产效率，并且妨碍了生产率。在这种管理方式下，生产率不管是从长期或短期看都不可能是高的。

（5）9.9 型管理方式。这种类型的领导者既十分关心生产，又十分关心人的因素，而且认为这两者并不是水火不容的，生产与工作人员是可以协调起来的。这种管理方式的目标，就是使组织形式不断地得到改善，以及组织中的人不断发展。领导者要努力去发现最好和最有效地解决问题的方法，实现最高生产目标。而且所有有关的人都会为这个目标尽心尽力，每一个人都会在这个目标中发现自己的成就感。因此这种管理方式又称为“团队型管理”。

布莱克和莫顿根据自己的研究得出结论，9.9 风格的领导者工作效果最佳。但遗憾的是，管理方格理论只是为领导风格的概念化提供了框架，未能提供信息以消除领导方面的困惑，并且也缺乏实质证据支持所有情境下 9.9 风格都是最有效的方式。

3. PM 领导类型理论

PM 领导模型是美国学者卡特莱特和詹德（Cartwright & Zander，1953 年）等人提出的，该模型在日本得到的研究与实践最多。日本大阪大学的心理学教授三隅二不二，在领导行为的理论与量表调查的基础上，研制出国际上具有一定影响的 PM 调查表。

领导行为的 PM 类型是指，可将领导方式分为两类：一类是以执行任务为主的领导方式（Performance-Direcyted），简称 P 型；另一类是以维持群体关系为主的领导方式（Maintence-Directed），简称 M 型。取两个英文名词的第一个字母 P 与 M，简称 PM。P 类型的行为特征，是将组织中的每一个成员的注意力引向目标，使问题明确化，以制定工作程序，运用专门的知识评定工作的成果等。M 类型的行为特征，是维持和睦的人际关系，调解成员之间的纠纷，为少数派提供发言的机会，促进成员的自觉性和自主性，增进成员之间的相互了解和交流。

对领导行为的这种分析方法，就称为 PM 分析。三隅二不二认为，提出 PM 概念至少有以下优点：PM 是一个群体机能概念；PM 概念的可操作性更为明确；PM 概念不包含先验的社会价值规范；PM 机能概念是能用两种维度解析的概念；PM 容易进行实验研究，调查测定。

领导行为的 PM 类型可以分为 4 种，即 PM 型、P 型、M 型、pm 型，可用图 2-3 来表示。

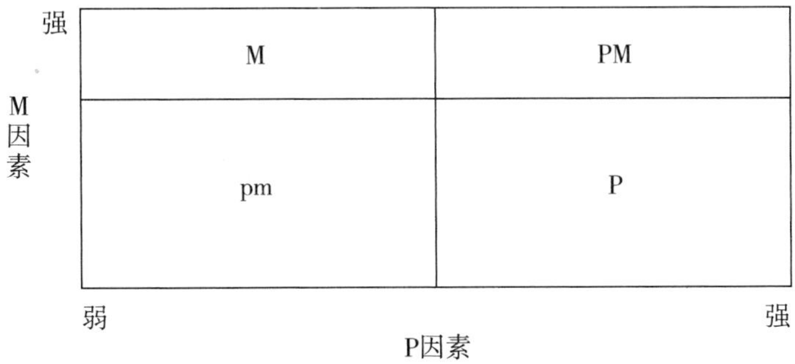

图 2-3 PM 领导模型

这 4 种领导类型的效果是不同的。表 2-2 列出了各种领导行为的效果。可以看出：

PM 型的领导行为，其管理效果最好。用此种领导方式可得到最高的生产效率，下属对领导者的信赖度也最高，领导者与下属之间的亲和力也最高。

P 型领导与 M 型领导都只能取得中等的生产效率，对组织的信赖度与亲和力各占第二位或第三位。

pm 型的领导行为，其管理效果最差。因为，用此种领导方式只能导致最低的生产效率，下属对领导者的信赖度最低，领导者与下属之间的亲和力同样最低。

表 2-2 四种领导行为的 PM 类型的管理效果①

领导行为的 PM 类型	生产效率	组织信赖度	团结力
PM	最高	最高	最 高
P	中间	第二位	第三位
M	中间	第三位	第二位
pm	最低	最低	最低

中科院心理科学徐联仓教授曾经对 PM 分析法进行了修订，并结合我国国情制定了一套企业领导行为调查表。这套量表包括 10 个因素分类量表，61 项问卷调查题目和一个 PM 领导类型坐标图。该研究得出的结论表明，中国的全国标准低于日本全国标准，我国属于 PM 类型的企业尚不到一半，pm 型也占相当比例。毋庸置疑，PM 分析法是企业管理状况的诊断方法与工具之一，特别是诊断领导行为的两个维度——工作行为与关系行为是较好的。

目前在许多国家和地区，如日本、美国等国家以及中国香港地区等都有人利用 PM 量表进行领导行为的研究，成为一种跨文化比较管理研究的方法。一些学者在研究了中国的实际情况后，发现了道德因素在中国领导中的重要地位，所以在这一理论基础上加入了 C 维度（Moral character dimension）。中国的有效领导者必须是在 3 个维度上得分都比较高的领导者。

4. 勒温的风格理论

勒温（K. Lewin）的领导行为方式实验结果表明，存在着三种不同的领导风格：独裁式、民主式和放任式。

① 俞文钊：《领导心理学导论》，人民教育出版社，1993 年 9 月第 1 版，第 247 页。

一般认为，考虑工作为重的领导，是独裁式的领导；考虑关系为重的领导，是民主式的领导。在独裁式领导下，所有政策都是由领导者决定，在民主式领导下，政策可以公开地讨论、制定。并且三种管理方式的效果也存在着差异，见表 2–3。

表 2–3　勒温三种领导方式的效果

	独裁式领导	民主式领导	放任式领导
团体方针的决定	一切由领导者一人决定	所有方针由团体讨论决定，领导者给予激励与协助	完全由团体或个人决定，领导不参与
团体活动的了解与透视	分段指示工作的内容与方法，因此无法了解团体活动的最终目标	职工一开始就了解工作程序与最终目标，领导者提供两种以上的工作方法供职工选择	领导者提供工作上需要的各种材料，当职工前来质询时，即给予回答，但不做具体指示
工作的分工与同伴的选择	由领导者决定后，通知职工	分工由团体决定，工作的同伴由职工自己选择	领导者完全不干预
工作参与及工作评价的态度	除示范外，领导者完全不参与团体作业。领导者采用个人喜欢的方式评价职工的工作成果	领导者与成员一起工作，但避免干涉指挥。领导者依据客观事实评价职工的工作成果	除成员要求外，领导者不自动提供工作上的意见，对职工的工作成果也不做任何评价

李克特（Rensis Likert）对领导行为进行了长期的研究后，于 1961 年在《管理的新模式》一书中，提出了领导方式的四体制说。这种理论认为，领导方式可以分为 4 种类型：剥削式的集权领导、仁慈式的集权领导、协商式的民主领导、参与式的民主领导。李克特认为，采用参与式的民主领导效果最好，因为这能促进生产的高效率、能实现广泛的个人参与、能产生更佳的上下级关系。剥削式的集权领导效果最差。

现在对领导行为理论的另一热门研究是将领导风格分为赋权领导（empowerment leadership）和原则中心领导（principle-centered leadership）。赋权是指给予下属更大的自主权，面向完成所委派的工作，而非办事的方法，不惜改变企业既定的规则来办事。被赋权的下属会感到有信心，有毅力，工作有意义，有较大的满足。而原则中心领导更重视办事的规则，而不是成果。

领导行为理论是在特质理论受到质疑的情况下形成和发展起来的，与特质理论相比，它无疑有进步之处。行为理论突破了特质理论仅从领导者稳固的个人特质方面研究领导行为的束缚，给研究者指明了一个新的方向。研究也表明，领导者的行为确实影响成效，并且每一个领导者在大多数场合中往往表现出同样的行为风格，行为理论的贡献之一就是用调查和实验方法证明和指出了这一点。但是它本身也存在着难以克服的缺点。领导行为理论一般都是在两个维度上（关心人与关心生产）来研究与考察领导理论，把众多的、复杂的领导行为归结为两个范畴未免太过粗糙；另外，行为理论也存在倾向于单方面强调领导作用而忽视下属特质和情景要素的弊端。因此领导的行为理论并没有找到一种适用于所有环境所有人的最佳的领导方式。

可以说这种理论只是泛泛地涉及了领导行为，而没有深入本质。它仅把领导者的一些行为进行归类。仔细分析领导过程，可以发现，领导行为均属于领导过程的强化因素，而非动力因素，行为理论只是观察了有效的领导行为，对于领导行为背后的动力因素，并未做深入探究。尽管有上述缺陷，但行为理论仍不失为一种有重要价值意义的领导心理理论。它区分了几种典型的领导行为类型和方式，并大致找出了领导行为与组织成效之间的关系。

（三）领导权变理论

行为理论盛行的时代，人们总是在努力寻找一种适合于所有人的最佳的领导方式，但是这种愿望始终没有实现。于是人们渐渐地认识到，情景因素对于领导有效性起着重要的作用，领导的各种权变理论便应运而生了。这是西方目前占统治地位的一种领导理论。领导权变理论所关注的是领导者与被领导者的行为与环境的相互影响，特别是各种领导方式如何适应各种不同的环境条件。权变理论研究的重点是分离出影响领导有效性的情境因素。权变理论的代表性研究有：菲德勒（F. Fiedler）的领导权变模型、弗罗姆和耶顿（V. H. Vroom & P. W. Yetton）的领导者—参与模型等、罗伯特·豪斯（Robert House）的路径—目标理论、乔治·格里奥（George Graeo）的领导者—成员交换理论、保罗·赫赛（Paul Hersey）和肯尼斯·布兰查德（ Kenneth Blanchard）的情境理论等。

1. 菲德勒权变模型

菲德勒（F. Fielder）的权变模型（Contingency Model，1964 年）指出，有

效的群体绩效取决于以下两个因素的合理匹配：与下属相互作用的领导者的风格；情境对领导者的控制和影响程度。菲德勒开发了一种工具，叫作最难共事者问卷（Least Preferred Coworker Questionnaire，LPC），用以测量个体是任务取向型还是关系取向型。另外，他还分离出 3 项情境因素——领导者—成员关系、任务结构、职位权力，他相信通过操作这 3 项因素能与领导者的行为取向进行恰当匹配。

菲德勒相信影响领导成功的关键因素之一是个体的基础领导风格，为此，他设计了 LPC 问卷。问卷由 16 组对照形容词构成（如快乐—不快乐，高效—低效，开放—防备，助人—敌意）。菲德勒让作答者回想一下自己共事过的所有同事，并找出一个最难共事者，在 16 组形容词中按 1 ～ 8 等级对其进行评估。菲德勒相信，在 LPC 问卷的回答基础上，可以判断出人们最基本的领导风格。如果以相对积极的词汇描述最难共事者（LPC 得分高），则回答者很乐于与同事形成友好的人际关系，也就是说，如果你把最难共事的同事描述得比较积极，菲德勒称之为关系取向型。相反，如果你对最难共事的同事看法比较消极（LPC 得分低），你可能主要感兴趣的是生产，因而被称为任务取向型。另外，有大约 16%的回答者分数处于中间水平，很难被划入任务取向型或关系取向型中进行预测，因而对此模型的分析讨论都是针对其余 84%的人进行的。

菲德勒认为一个人的领导风格是固定不变的，这意味着如果情境要求任务取向型的领导者，而在此领导岗位上的却是关系取向型领导者时，要想达到最佳效果，则要么改变情境，要么替换领导者。菲德勒认为领导风格是与生俱来的，个人不可能改变自己的风格去适应变化的情境。

用LPC问卷对个体的基础领导风格进行评估之后，需要再对情境进行评估，并将领导者与情境进行匹配。菲德勒列出了 3 项维度，他认为这是确定领导有效性的关键要素。它们是领导者—成员关系（Leader-Member Relations）、任务结构（Task Structure）和职位权力（Position Power），具体定义如下：

领导者—成员关系：领导者对下属信任、信赖和尊重的程度。

任务结构：工作任务的程序化程度（即结构化或非结构化）。

职位权力：领导者拥有的权力变量（如聘用、解雇、训导、晋升、加薪）

的影响程度。

菲德勒模型的下一步是根据这 3 项权变变量来评估情境。领导者—成员关系或好或差，任务结构或高或低，职位权力或强或弱。他指出，领导者—成员关系越好，任务的结构化程度越高；职位权力越强，则领导者拥有的控制和影响力也就越高。比如，一个非常有利的情境（即领导者的控制力很高）可能包括：下属对在职管理者十分尊重和信任（领导者—成员关系好），所从事的工作（如薪金计算，填写报表）具体明确（工作结构化高），工作给他提供了充分自由来奖励或惩罚下属（职位权力强）。相反，如果成员不喜欢他们的领导则为不够有利的情境，此时，领导者的控制力很小。总之，3 项权变变量综合起来，便得到 8 种不同的情境或类型，每个领导者都可以从中找到自己的位置。

了解了个体的 LPC 分数并评估了 3 项权变因素之后，菲德勒模型指出，二者相互匹配时，会达到最佳的领导效果。菲德勒研究了 1200 个工作群体，对 8 种情境类型的每一种，均对比了关系取向和任务取向两种领导风格，他得出的结论是：任务取向的领导者在非常有利的情境和非常不利的情境下工作更有利。如图 2-4 所示，Ⅰ，Ⅱ，Ⅲ，Ⅶ，Ⅷ类型的情境下，任务取向型

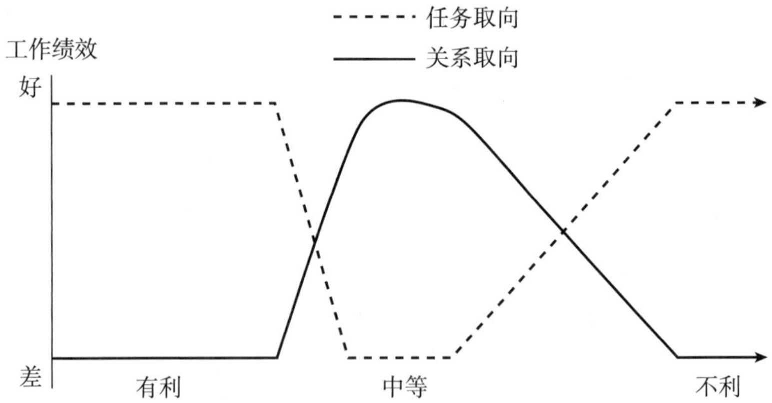

类型	Ⅰ	Ⅱ	Ⅲ	Ⅳ	Ⅴ	Ⅵ	Ⅶ	Ⅷ
领导者—成员关系	好	好	好	好	差	差	差	差
任务结构	高	高	低	低	高	高	低	低
职位权力	强	弱	强	弱	强	弱	强	弱

图 2-4 菲德勒权变模型

的领导者干得更好。而关系取向型的领导者则在中等有利的情景下，即Ⅳ，Ⅴ，Ⅵ的情景下干得更好。

大多数研究对菲德勒模型的总体效度进行了考察，并得出了十分积极的结论。但是，该模型也还存在一些缺陷，可能需要增加一些变量来进行改进和弥补。另外，在 LPC 量表以及该模型的实际应用方面还存在一些问题。比如，LPC 量表的逻辑实质尚未被很好地认识，一些研究者指出回答者的 LPC 分数并不稳定。最后，3 项权变变量对于实践者进行评估来说也过于复杂、困难，在实践中很难确定领导者—成员关系有多好，任务的结构化有多高，以及领导者拥有的职权有多大。

2. 领导者—参与模型

这是由管理心理学家弗罗姆（Victor Vroom）和耶顿（Phillip Yetton）于 1973 年提出的。这一模型将领导行为与参与决策联系在一起。这一模型认为，由于不同的工作对任务结构的要求不同，因此领导者的行为必须加以调整以适应不同的任务结构的要求。这一模型是泛化的，它提供了根据不同的情景类型而遵循的一系列规则，以确定参与决策的类型和程度。这一模型提出在进行决策时，根据不同的情况，可以有 5 种不同的领导方式：

（1）领导者运用手头的资料，自己解决问题，做出决策。

（2）从下级得到必需的情报资料，然后自己做出决定。在向下级要资料时，可以向他们说明问题，也可以不说明。下级只是向你提供必要的资料，并不提供或评价解决问题的方案。

（3）以个别接触方式，让下级知道问题，取得他们的意见或建议，随后由领导者做出决策。决策可以反映下属的意见，也可以不反映。

（4）让下级集体了解问题，集体提出意见和建议，随后由领导者做出决策。决策可以反映下级意见，也可以不反映。

（5）让下级集体知道问题，并一起提出和评价可供选择的方案，争取获得解决问题的一致意见。

弗罗姆和亚瑟·加哥（Arthur Jago）后来对模型进行了修订。新模型包括了与过去相同的 5 种可供选择的领导风格，但将权变因素扩展为 12 个。该模型认为，对于某种情景而言，5 种领导行为中的任何一种都是可行的。他们还运用计算机程序简化了新模型的复杂性。不过在应用这种模型时，如果变量十分清晰，能够以“是”或“否”准确回答，没有严格的时间限制，并且下属在地域上也不分散时，管理者依然可以运用决策树来选择他们的领导风格。如图2–5所示描述了其中的一种决策树。

QR 质量要求：这一决策的技术质量有多重要？

CR 承诺要求：下属对决策的承诺有多重要？

LI 领导者的信息：你是否拥有充分的信息做出高质量的决策？

ST 问题结构：问题结构是否清楚？

CP 承诺的可能性：如果是你自己做决策，你的下属肯定会对该决策做出承诺吗？

GC 目标一致性：解决此问题后所达成的组织目标是否是下属所认可的？

CO 下属的冲突：下属之间对于优选的决策是否会发生冲突？

SI 下属的信息：下属是否拥有充分的信息做出高质量的决策？

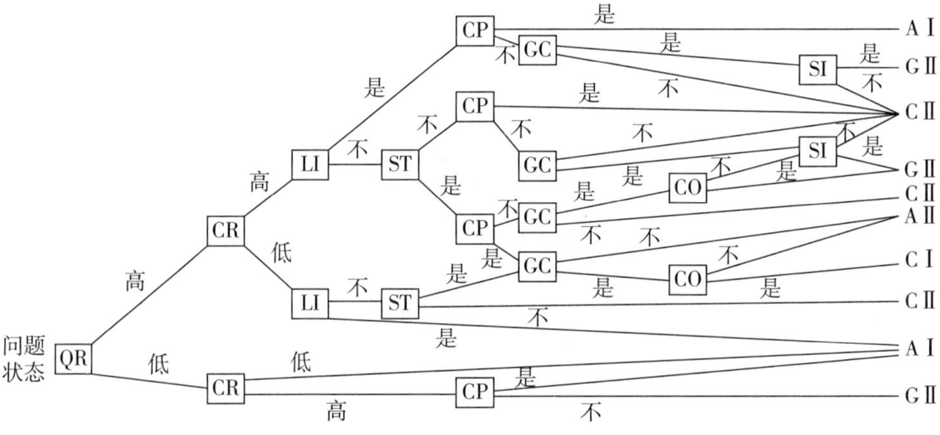

图 2–5 修订的领导者——参与模型

3. 路径—目标理论

路径—目标理论（path–goal theory）是罗伯特·豪斯（Robert House）开发的一种领导权变模型。与菲德勒的理论不同，豪斯认为领导者的风格是灵活的，同一领导者可以根据不同的情景需求选择合适的领导风格。该理论的核心在于，领导者的工作是帮助下属达到他们的目标，并提供必要的指导和支持以确保他们各自的目标与群体或组织的总体目标相一致。

按照这一理论，领导者的行为被下属接受的程度取决于下属将这种行为视为获得满足的即时源泉还是作为未来获得满足的手段。领导者行为的激励作用在于：第一，它使下属的需要满足与有效的工作绩效联系在一起；第二，它提供了有效的工作绩效所必需的辅导、支持和奖励。为了考察在这些方面的作用，豪斯确定了 4 种领导方式，指导型领导方式：让下属知道领导者对他们的期望，以及完成工作的时间安排，并对如何完成任务给予具体指导；支持型领导方式：支持型领导十分友善，并表现出对下属需求的关怀；参与型领导方式：鼓励下属参与决策，并在决策之前充分考虑下属的建议；成就取向型领导方式：设置有挑战的目标，并期望下属实现自己的最佳水平。

路径—目标理论将环境和下属作为领导行为与结果之间关系的中间变量，如图 2-6 所示。

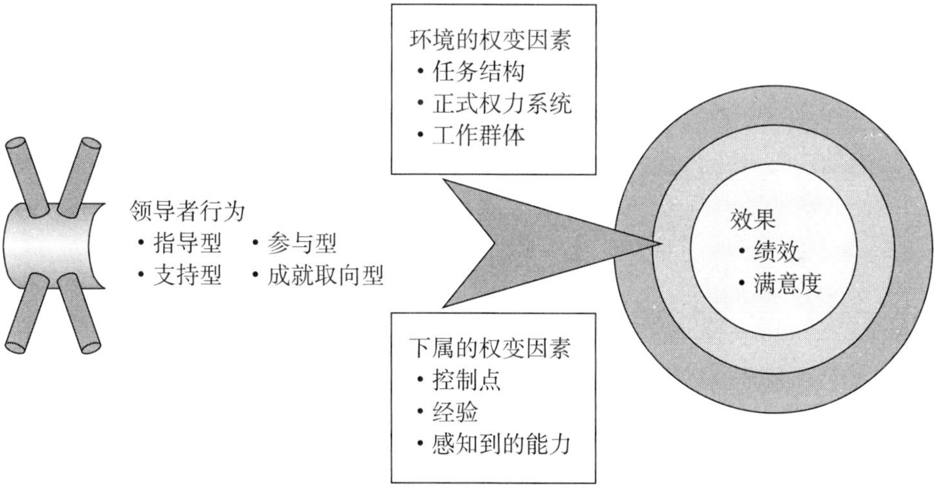

图 2-6　路径—目标理论

这个模型说明，要想使下属的产出更多，环境因素决定了领导行为类型，而下属的个人特点决定了个体对环境和领导者的行为特点如何解释。当环境结构与领导者行为相比重复多余或领导者行为与环境特点不一致时，都不会有好的效果。

4. 领导者—成员交换理论

领导者—成员交换理论（leader-member exchange theory，LMX），是由乔治·格里奥（George Graeo）和他的助手们发现的。这个理论认为，由于时间的原因，领导者只是与下属中的一小部分人建立了关系。这一小部分人就成为领导者的圈内人士，他们会更受领导者信任，得到的照顾更多，因此，更可能享有特权。而其他没有与领导者建立关系的大部分下属则成为圈外人士，他们占用领导的时间较少，获得满意的奖励机会也较少，他们的领导—下属关系是以正式的权力系统为基础的。

领导者—成员交换理论指出，当领导者与其某一下属进行相互作用的初期，领导者就暗自将其画入圈内或圈外，并且这种关系是相对稳定不变的。领导者是根据什么标准将某人画入圈内或圈外尚不清楚，但有证据表明领导者倾向于将具有下面这些特点的人员选入圈内：个人特点（如年龄、性别、态度）与领导者相似，有能力，具有外向的个性特点，如图 2–7 所示。LMX 理论预测，圈内位置的下属得到的绩效评估等级更高，离职率更低，对主管更满意。这种理论在以后的考察研究中得到了一些支持性的证据。

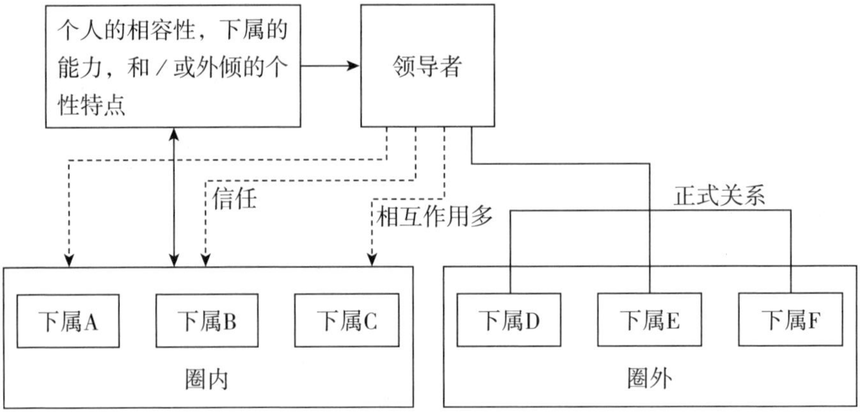

图 2–7　领导者—成员交换理论

5. 情景理论

情景理论（Situational Leadership Theory）是由美国学者保罗·赫塞（Paul Hersey）和肯尼斯·布兰查德（Kenneth Blanchard）提出的。情景理论是一种重视下属的权变理论，这一点与其他的领导理论有所不同。在这个理论中，将被领导者的成熟度作为一项权变变量来考察。这个理论的要点是领导者的行为要与被领导者的成熟度相适应才能取得有效领导的效果，即随着被领导者成熟度的逐步提高，领导方式也要做出相应的转变。

在情景理论中，赫塞和布兰查德认为，个体完成某一具体任务的能力和意愿的程度就是成熟度。在一个组织中，工作人员成熟度的平均水平有它的发展过程：由不成熟—初步成熟—比较成熟—成熟。在这四个阶段中，领导方式不是一成不变的，而是随之改变的，否则就会影响到领导的效果。情景理论也是以任务行为和关系行为两个维度对领导风格进行划分的，他们认为这两个维度中每一个维度都是有高有低的，这样就组成了 4 种具体的领导风格，如图 2–8 所示。

不同风格的领导者的行为是不同的：

指示型：领导者定义角色，告诉下属做什么、怎么做以及何时何地去做，它强调指导性行为。

推销型：领导者同时提供指导性行为与支持性行为。

参与型：领导者与下属共同决策，领导者的主要角色是提供便利条件与沟通。

授权型：领导者提供极少的指导与支持。

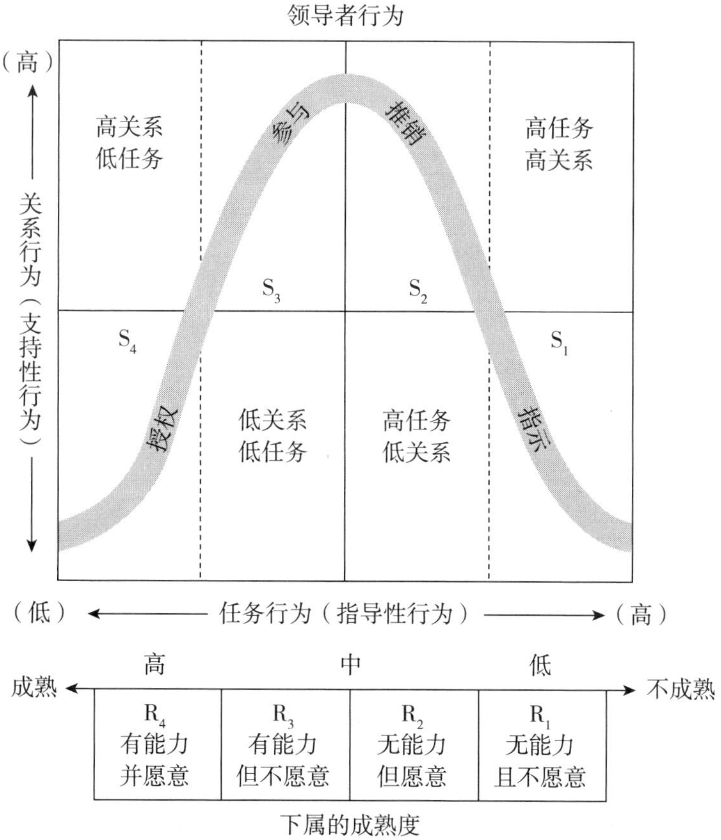

图 2–8　情景模型

领导权变理论所关注的是领导者与被领导者的行为与环境的相互影响，特别是各种领导方式如何适应各种不同的环境条件。当然，这一理论也有局限性。首先，过分强调差别性，否认共同性。领导者的才智不同，所处的情景不同，采取的领导方式也不同，这种差别是存在的，但是才智不同的领导者在不同的情景中也可能采取相同的领导方式而取得成效。差别性要求领导者在处理问题时因地制宜，因势利导，不能照抄照搬别人或过去的经验；共同性则要求在研究领导方式时找出共同的规律。其次，权变理论就考虑了一部分的情景因素，如菲德勒的权变模型中的三个条件，情景理论中的成熟度，而这些仅是领导者以外所有情景因素的极小的一部分。最后，权变理论认为领导的有效性依赖于情景因素，而且这些情景因素是可以被分离出来的，这是领导学研究领域的一大进步，但是仅仅将下属状态和下属价值观当作领导者面临的情景，仍然没有把下属当作可以改变的个体来看待，未能反映下属的可塑性。

（四）领导变革及价值理论

1. 交易型领导和变革型领导

伯恩斯（Burns）将领导行为分为交易型的（transactional）和变革型的（transformational），这一分类为领导的研究开辟了新思路。交易型的领导行为是领导者以奖赏方式来领导下属工作，当下属完成特定的工作后，便给予承诺的奖赏，整个过程好像是一个交易。这种类型的领导是通过明确角色和任务要求而指导和激励下属向着既定的目标活动。变革型的领导除了引导下属完成各项工作外，还会以领导者的吸引力，通过对下属的激励和对他们的关怀来刺激他们的思想，改变他们的工作态度、对工作的信念和价值观，使他们为了组织的利益而超越自身利益，从而更加投入工作。变革型的领导方式可以使下属产生更大的归属感，满足下属高层次的需求，从而获得高的生产率和低的离职率。

交易型和变革型领导理论有机地融合了行为理论和权变理论的研究成果并对其进行了必要的扩展。在领导行为方面，交易型领导和变革型领导承认领导者是可以培养的，尤其在领导行为方式和领导方法方面；在权变理论方面，这两种理论也根据不同情景模式开发了相应的领导方式与行为。而且，这两种理论的提出，突破了传统领导学理论研究仅停留于静态因素或单方面因素的局限，将领导作为一种由领导者、被领导者及情景要素三方互动的过程，是巨大的进步，特别是变革型领导理论与日益发展的社会、经济潮流相一致，在很大程度上揭示了成功领导的实质。

2. 以价值为本的理论

以价值为本的领导是罗伯特·豪斯和他的同事们根据以往的领导学理论和多年的实证研究提出的。它的定义是：被领导者所信奉，并已被融入企业文化中的价值的坚定共享和强烈认同，也就是，持有明确价值观的领导者，通过明确表达愿景，向组织和工作注入自己的价值观，从而唤醒跟随者对集体和集体愿景的认同，促进被领导者自我价值的提高。

以价值为本的领导理论认为，有一系列行为对于形成组织共同的价值非常有效，组织成员在对领导者所信奉的价值强烈认同从而内化为自身的价值后，将得到强烈的激励效果，这些行为也就称为以价值为本的领导行为，它们分别是：① 清楚地表达组织的愿景；② 向员工展示自己的良好素质，自己对愿景的不懈追求和牺牲精神；③ 传达对职工的高层期望，表达对他人的高度信心；④ 用智慧的手段将富有创造性的人团结在自己的周围。

以价值为本的领导理论与以往的许多领导理论有很大的不同之处。它衡量激励效果的标准是下属的归属感、他们眼中的高层管理者的有效性、工作积极性和满意程度（CEMS，Commitment ，perceived top management team ，Effectiveness，Motivearousal and Satisfaction）。以往的领导理论，在激励效果衡量方面要么是以任务或工作为导向的，要么是以员工的满意度为导向的，而以价值为本的领导理论则更加全面，这种理论认为：上述以价值为本的领导行为将与员工的 CEMS 呈高度正相关。为了验证这个理论所提出的领导行为的正确性和操作价值，一项全球性的领导行为调查正在展开。国内有研究发现，以价值为本的领导行为对于增强员工对领导者和企业的认同度，激励他们为了实现组织目标而付出更大的努力是有效的。领导者通过建立愿景，展示自信、正直，表达自身对完美的追求，对下属表示信任，并通过鼓舞人心的行为、调动和激励，启发行为和展现公平，可以起到良好的激励效果。

3. 自我领导理论

自我领导理论是理查德·J. 里德（Richard J. Lider）于 20 世纪 90 年代提出

的一种领导理论。这种理论认为，我们生活在一个变革的时代，在这样一个时代，人们不会接受被动的重新安排，领导者不可能强迫人们去创新或变得更加勇敢，也不可能使人们采取自己不熟悉或不满意的行为。任何人都是自己的主导者，由于所有的变化都属于自我变化，只有个人才有权力去选择确定新的方向或拿自己已经取得的荣誉做赌注以求达到新的目标。所有的重新组合主要还是依赖对自我领导的选择。未来的趋势是我们每个人有很大的自主权去支配自己的生活。领导者必须考虑人们需要什么，这些价值多少以及为什么我们能够鼓足勇气在这一领域做出决策。里德断言，从职业的相互依赖到职业的自我领导这一变化不仅是必要的，也是不可避免的。现存的公司中需要一种新型的“职业契约”，在这一契约下，领导者帮助追随者发展和掌握21世纪需要的各种职业技能，帮助人们树立竞争和学习观念。自我领导是新的职业契约建立的核心。它包括个人目的、价值、想象力和勇气。里德进一步指出，自我领导是所有个人、团队、组织变革的源泉。领导者可以挥舞自我领导的金丝带贯穿于他们全部的变革思想、过程、计划和手段中，并为“自我领导”提出建议。知识经济时代人的自主性很强，他们更愿意自己决定做什么，良好的教育和职业训练使他们有能力自我领导，全面发展的特征使他们不再是只懂业务而不懂管理的人。

（五）领导胜任力理论

领导胜任力是领导者的基本素质，是衡量领导者的领导水平、领导绩效的主要指标体系。胜任力/胜任特征研究和实践起源于美国，20世纪80年代，英国以MCI为代表在政府支持下开始胜任力/胜任特征的研究和应用。

1. 胜任力概念的由来及研究现状

胜任力（Competence）的概念是由美国心理学家戴维·麦克莱伦（David McClelland，1973）首先提出的。在其发表于*American Psychologist*杂志上的名为《测试胜任力而非智力》（*Testing for Competence Rather than for Intelligence*）的论文中，麦克莱伦指出，“单凭学术能力倾向测验以及以知识为内容的测验并不能预测工作中的高绩效和在生活中取得成功，而一些个人特征和胜任力可以鉴别高绩效者”。不久之后，以胜任力来鉴别高绩效者和优秀员工的方法逐渐在西方人力资源管理领域流行起来。那些把优秀者和一般者区分开的特性

（即胜任力）正在诸如招募、遴选和培训等人力资源管理活动中发挥着积极的作用。

胜任力的概念提出后，受到西方企业界和学术界的极大关注，胜任力研究成为全球管理界注视的焦点。许多学者认为对胜任力进行广泛、深入地研究将为新经济时代的人力资源管理开辟新途径。在传统人力资源管理向基于胜任力人力资源管理转变的过程中，员工的胜任力正日益成为组织核心竞争力的关键，成为组织竞争优势的来源。对胜任力的合理利用和有效开发被视作保障组织发展的战略武器。胜任力概念已经对当代的人力资源管理实践产生重大的影响，而且必将在今后的数十年里继续在这一领域内产生影响。在胜任力思路的指引下，人们对企业经营者、高层管理人员进行了大量的研究，也根据不同的背景构建了很多企业经营者管理胜任力模型。

麦格雷根（Patricia Mclagan）的前沿性工作：1970 年，麦克伯公司（McBer）和美国管理协会（AMA）开始了第一次大型的胜任特征项目研究。研究的关键是强调回答这样一个问题：什么样的胜任特征是一个成功的管理者能展示而不成功的管理者所不能展示的？美国管理协会花了 5 年时间研究了 1800 名管理者，第一次通过比较绩效优秀者和一般者的表现，抽取出 5 个重要项胜任特征：专业知识、心智成熟、企业家成熟度、人际间成熟度、在职成熟度。

在麦克伯公司和美国管理协会胜任特征研究之后，胜任特征开始被作为整合组织人力项目改进的干预方式。麦格雷根的胜任特征模型重点强调计划、组织，整合和改进人力资源管理系统的所有方面：招募和挑选，评价，个人发展计划，培训课程设计，指导、咨询；持续计划和高的潜能辨别，职业路径。

成熟的胜任特征模型：1982 年，理查德·鲍伊兹（Richard Boyatzis）对大量的资料进行了全面深入的实证研究和分析，出版了著作《胜任的管理者：有效的绩效模型》，将麦格雷根的工作向前推进了。该书认为，要取得良好的绩效，经理人需要具备目标和行动管理（关注影响、概念的使用、效率导向、倡导发起行动能力）、领导（概念化技能、自信、演讲）、人力资源管理（管理群体过程、使用社会权力）、指导下级的技能（培养他人、自发性、使用单方面的权力）、其他（客观知觉、自我控制、持久性、适应性）和特殊知识（经理及其特殊社会角色的特殊知识）6 个方面的胜任特征。

胜任特征模型的传播：20世纪80年代，麦格雷根积极投身于胜任特征模型的培训和发展。他成为最广为人知的实践理论家，事实上《完美的模型》（Patricia Mclagan，1983）和《人力资源实践的模型》（Mclagan，1989）的出版通过实践者的培训和发展的例子引起了对胜任特征模型的广泛关注，麦格雷根的1989年的胜任特征研究是美国胜任特征模型中最为著名的。

斯班瑟（Lyle M. Spencer和Signe M. Spencer）等人在1993年代表麦克伯公司（Mcber）出版了一本书：《工作中的胜任特征》，这本书可能是最有研究倾向，为胜任特征模型提供深入的理论背景。建立在前人工作的基础上，这本书为怎样开发胜任特征模型实现组织目标提供了指导。

20世纪90年代，普莱何莱（C. K. Prahalad）超越了个体绩效的领域而进入了组织绩效领域，是组织胜任特征的启蒙者，荷默尔（Gary Hamel）提出了团队核心胜任特征，其本质是使组织在环境中有竞争力。他们把个体层次的胜任特征概念置于"人—职位—组织"匹配的框架中。此后的二十多年里，胜任特征研究与人力资源管理结合越来越紧密。

尤迟（David Ulrich）扩展了普莱何莱的组织胜任特征（Ulrich，1997），组织的竞争潜力建立在过去成功和未来机遇的基础之上，他用组织能力来描述组织能够做什么，应该怎么做，能力代表了组织内集体技能、能力和经验。胜任特征模型是用来发展组织竞争优势的工具。

盖瑟（Gasse et al）1997年对加拿大47家不同发展阶段和规模的中小企业进行了研究，得出企业家胜任的要素主要包括：明晰的公司愿景、使命（设定使命）、战略规划、人际技能、领导力、授权和指导、多方法培训、系统组织能力、直觉管理、决策制定、认知和信息处理、行业和企业背景知识、理财能力、专业技能、企业家精神、创新等。

卡瑞斯（Caress）和奥伍德（Allwood）1997年对澳大利亚大多数管理咨询机构的管理咨询活动进行研究，发现他们在运用评价中心技术评定管理人员的工作胜任特征时，基本的评定内容为：决策能力、人际技能、计划能力和组织能力。

亨特（Hunt）1998年对5位美国家族企业的高级领导者运用关键事件访谈

法进行研究，得出经营者胜任特征要素主要包括避免冲突、角色差异感知、灌能与授权、参与、经营风格、对事业执着感的维系、工作生活的平衡和持续工作的能力等。

都乐维茨（Dulewicz）和赫伯特（Herbert）1999 年对大不列颠和爱尔兰的总经理职业生涯进行了 7 年的跟踪实证性研究。由经理的老板们根据经理的表现对 40 个胜任特征行为表现条目进行重要性评价，采用 5 点记分（1 为绩效突出，远远超过要求；5 为没达到可接受标准），经理们自己对 40 个胜任特征行为表现进行自评，也采用 5 点记分。通过分析得出 12 大类胜任特征要素（战略眼光、分析与判断、计划与组织、管理员工、说服、坚持性与果断、人际敏感性、口头沟通、毅力和适应能力、精力与主动性、成就动机和商业意识）。

韩国的钟秀亚（Kyoo Yup Chung）2000 年对韩国酒店经理胜任特征进行了实证研究。主要采用小组讨论法收集项目编制问卷，效标为自评职业成功。通过因素分析，得到 6 个酒店经理胜任特征要素：管理分析技术、适应环境变化和获得知识、管理员工、问题识别和沟通、操作技术和知识及创新。

康哥（Jay A. Conger）和瑞迪（Douglas A. Ready）2004 年对企业经营者管理胜任特征模型的开发运用进行了总结。他们认为有 7 种核心胜任特征要素是每一个经营者应该具备的，主要包括建立公司价值导向、创造拓展点、预见并把握未来的变化、优秀的执行力、带领大家达成目标、评价与行动和分享学习。他们提出，在运用管理胜任特征模型的时候要注重转化，就是把模型与企业实际和经营者情况紧密地结合起来。

从 20 世纪 80 年代开始，中国科学院心理研究所分别从管理者、员工素质评价和培训的角度，探索管理者的素质指标及测评方法。徐联仓等人首先将领导行为 PM 评价模式引入我国的管理者素质测评，考察了工作绩效和人际关系两个维度与情境因素的关系。自 20 世纪 80 年代以来，对于传统的职务分析（Job Analysis）的最大挑战，是强调对关键素质分析的胜任特征测评方法（Competence Assessment Method）。随着国外胜任特征研究的不断升温和中国入世的成功，胜任特征研究也引起了我国高校的学者、研究人员、管理人员以及企业越来越广泛的重视，有关胜任特征的介绍和应用主要是从心理学和人力资源管理两个方面进行的。

中国科学院的时勘教授（1999）的课题小组主要是采用BEI行为事件访谈技术探讨了我国通信业高层管理者的胜任特征模型，具体方法和程序是：根据行为事件访谈的要求，先由专家小组确定效标样本的选择标准，然后提名参加行为事件访谈的优秀组人选和普通组人选，根据标准在全国电信系统挑选了陕西、湖北、安徽、北京等地20名通信业高层（局级）管理干部，然后根据所设计的“行为事件访谈纲要”，由经验丰富的心理学工作者对被测试者进行了行为事件访谈，并对访谈内容进行录音。访谈采用双盲设计，即被访谈者只知道自己被选来进行访谈，并不知道在样本选取时的优秀/普通的区别；访谈者事先也不知道被访谈者究竟是属于优秀组，还是普通组。每人的谈话最长有3.5小时，最短有1.5小时，平均2小时。研究结果表明：我国通信业高层管理者的胜任特征模型包括影响力、组织承诺、信息寻求、成就欲、团队领导、人际洞察力、主动性、客户服务意识、自信和发展他人。

我国管理心理学家俞文钊教授在调查研究的基础上，确定了我国企业领导干部的胜任能力指标为：进取心，分析综合能力（条理性、逻辑性、概括力、判断力），敏感性，专业能力，口头表达能力，相容性，自学能力，讲究工作效率，谋策能力。这9项指标可以作为评价后备干部潜在能力的主要指标。进一步的调查研究表明，这9项指标中有5项：进取心、分析综合能力、相容性、专业能力、自学能力是较重要的。当然，其他4项也是不可缺少的。后来，为了满足实际工作的需要，又对我国中层领导者的特质进行调查研究，研究结果表明我国中层领导者的特质由4个维度构成，即能力维度、智力维度、知识维度和修养维度。能力维度主要包括8个要素：用人授权能力、决策能力、社会活动能力、计划实施能力、组织能力、交涉能力、口头表达能力、文字表达能力；智力维度包括4个要素：记忆、创造性、思维、观察与注意；知识维度包括4个要素：专业知识、政策水平、学历、基本理论知识；修养维度包括4个因素：组织纪律性、民主性、事业心、群众威信。

国家行政学院胡月星教授集中对国家公务员通用胜任特征模型进行了深入的探索。访谈了98位党政公务员，获得50多万字的访谈材料，在前期访谈成果编码处理的基础上，通过编制调查问卷，对2506个公务员进行问卷调查，由此确立了中国公务员通用胜任特征模型结构主要由知识维度、能力维度、品质要素维度三大要素构成。

（1）公务员知识维度主要由公共管理、业务管理、领导科学、国情国力、经济管理、党史党建、政策法规、文秘工作、哲学、人文科学 10 项要素构成。其中必备知识 5 项，分别是：政策法规、领导科学、公共管理、业务管理、经济管理。

（2）公务员能力维度主要由合作共事能力、政策贯彻能力、危机管理能力、政治鉴别能力、追求结果能力、信息整合能力、环境适应能力、战略思维能力、激励能力、综合分析能力、公共服务能力、业务才干、变革创新能力、解决实际问题的能力、依法行政能力、语言表达能力、协调能力、选人用人能力、时间管理能力、调查研究能力、应变能力、组织实施能力、人际交往能力、心理调适能力、学习能力、执行能力、联系群众能力、决策能力 28 项能力要素构成。其中核心能力 7 项，分别是：解决实际问题的能力、政策贯彻能力、政治鉴别能力、合作共事能力、综合分析能力、协调能力、决策能力。

（3）公务员品质要素维度主要由进取心、自信、严谨、务实精神、自律、敬业乐群、诚信、廉洁、责任心、宽容、果断、服务意识、成就动机、勤奋、幽默、胆略、坚忍、灵活、同情心、正直、事业心、公道正派、大局意识、前瞻性、独立、遵从 26 个要素构成。其中，关键品质要素 7 个，分别是：务实精神、责任心、廉洁、进取心、大局意识、公道正派、诚信。

2. 胜任力的发展趋势

目前，胜任力研究和应用主要表现出以下五大趋势。

第一趋势是胜任力研究将更加透明。学术界一直就是否采取透明的方法来研究胜任力争论不休。胜任力模型建立在控制组和实验组对照的基础上，被定为高绩效组成员的行为将和一般组成员的行为进行对比。随后，对两个组别的行为频率进行统计学上的差异显著性检验，最后就成为高绩效者独一无二的胜任力模型。很明显，今后的胜任力分析研究的方向将趋向采用更透明和更具参与性的方式。例如，从设计熟练管理者职责到自我管理团队再到软件应用的不断增加，拓宽了胜任力研究工具的使用和信息的获取渠道。因此未来的人力资源管理实践很有可能不再关注胜任力的精确定义，而是重视确保直接获得胜任力的方法和对胜任力方法的恰当使用。

第二趋势是发展胜任力模型的过程将加快。传统的胜任力建模需要确定高绩效组和一般组，还需要进行行为访谈，并对访谈进行内容分析，最后进行统计检验。这样做虽然提高了鉴别高绩效者胜任特征的信度，但是极其费时费力，而且常常不能和那些工作结构和绩效结构快速变化的组织匹配起来。出于提升竞争力和降低成本的压力，许多组织极大地缩短了新产品和新服务推向市场的周期。这种情况反过来也迫使技能获取和发展的周期必须缩短，组织必须加速胜任力策略以适应日益加速的变化。为此，许多组织正变得更灵活，在这种情况下，基于计算机系统的胜任力将能对变化的需求做出快速反应。根据公用胜任力数据库管理者和员工可以使用自动化的胜任力计算机系统来迅速勾勒出新的绩效要求，并且获得必要的信息和培训以强化必备的知识和技能。计算机胜任力系统加速了组织中具备不同胜任特征的人员被鉴别和配置到相应的项目和工作中去。尽管计算机系统在进行深度研究时在精确性上存在不足。但是计算机系统可以帮助组织快速鉴别、发展和配置胜任力，这一点足以弥补精确性上的不足。随着计算机系统变得越来越“聪明”和“友好”，计算机胜任力系统将成为标准。

第三趋势是越来越强调面向未来的胜任力。传统的胜任力建模方法通常更关注描述过去的行为而不是预期未来会出现的绩效要求。这是因为胜任力模型是通过把人们以当前的标准区分为高绩效者和一般绩效者并对他们的行为差异进行比较而获得的。尽管这种方法在一些应用中是可以接受的，但是有可能出现两个潜在的问题。

其一，胜任力分析关注人们在过去获得结果的绩效。例如，在胜任力分析中常使用的关键行为访谈方法就要求人们回忆导致高绩效或低绩效的过去事件或关键事件，这种方法只是对过去取得的成功进行了详细描述，但很少对人们应该做出什么样的变化以适应未来需求而有所洞悉。

其二，胜任力通常受到现存的关于高绩效和一般绩效的标准和价值观的微妙影响。这些标准和价值观直接影响了对成功的定义和对高绩效者与一般绩效者的判定。因此许多胜任力模型把更多的注意力放在那些受到管理者奖励的正确行为上而不是那些在未来将带来高绩效的行为。由于现代组织的变化步伐加快，能够预测未来的胜任力要求，并变革旧的思维和行为方式，将会给组织带来重大的竞争优势。

第四趋势是进一步强调团队和工作过程中的胜任力。胜任力研究的基本原则强调个人的学习能力和绩效。这种观点基于麦克莱伦和其他发起胜任力研究的专家所倡导的学习和绩效研究的心理学方法。这种观点背后存在着这么一种假设：个人是组织绩效分析的基本单位。因此，在过去几十年出现的胜任力模型大都把注意力放在探索个体间绩效的差别上。在“职务（Job）”依旧是分析“工作（Work）”的基本单位之时，个人层面上的胜任力发展已经很好地服务于人力资源管理实践。但是随着时代的变化，这种观点正在发生着变化。

其一，组织正快速从阶层管理结构变成更扁平、运作驱动（Process-Driven）的结构。从生产线到董事会会议室，正越来越多地出现临时性的、功能交叉的团队。了解功能交叉的团队和发展工作中的能力是获得工作结果的关键变量，明白这一点正变得越来越重要。这意味着，人力资源工作者将用胜任力来理解和提高团队绩效和工作过程中的绩效。

其二，组织对掌握重要技术和知识的人员的需求，已超越了物理和地理位置的限制。这种需求导致了“虚拟团队”的出现，其成员拥有不同背景，跨越了地理位置、时区和文化的差异。因此，有必要对个人、团队和组织胜任力进行定义以便在新环境中实现成功的管理。

第五趋势是过渡到组织学习的观点。胜任力的概念和方法推动了人力资源管理的发展，而且胜任力理论在这一领域中的应用反过来还促进了该理论本身及其研究方法的发展。但是关于胜任力的价值和研究方法在未来不会只停留在人力资源管理领域，在倡导学习型组织的今天，这种价值将体现在更为广泛的组织学习上。胜任力方法在组织学习上的应用为人力资源管理实践带来了启示。首先，它启发人们从研究微观层次的个体技能和行为的分析，转变到关注诸如问题解决能力等高层次的组织能力上。构建组织和工作中的胜任力将促使人们结合在一起并提升他们个人的知识在获取组织竞争优势的作用。其次，这一趋势将会促进一些新方法的发展，以加速整个组织的知识共享和创新。最后，传统人力资源管理者使用学习策略是为了“推动”人力资源管理的效果，在组织学习的策略中，组织的各级成员将自觉运用学习策略，因而使之成为“拉动”人力资源管理的力量。在使用胜任力方法的同时，人力资源管理的角色也将因此发生演化，成为工作过程中的推动者和顾问，以加速个人、团队和组织的变化。

（六）东方管理理论

东方管理文化源远流长，影响传播海内外。虽然它曾经在历史上一度沉寂，但在已经过去的几个世纪里，海内外的专家学者和企业家们又重新发掘了它的内在价值，将其中的许多重要思想应用于企业管理并取得了极好的效果，众多的学者和企业家已经撰写了大量的有质量的东方管理文化方面的研究文章和书籍，如此丰厚的文化积累为东方管理的诞生与发展奠定了坚实的基础。其中代表人物是复旦大学首席教授苏东水。苏东水提出的东方理论可以高度概括为“以人为本、以德为先、人为为人”，其中“人为为人”是东方管理思想的核心。

“以人为本”既要重视人在管理中的基础性、根本性作用，同时也要重视和尊重组织员工在组织管理过程中的主体地位。这种重视首先就必须是：在领导者的观念中，不能把组织的员工当成组织生产经营过程中的简单要素之一，以类似于管理财务的方法来管理员工。不能简单地把组织与员工的关系维系于经济利益或社会利益这种过于现实以至于十分脆弱的丝线上，而应该充分地考虑到员工独立完整的个性和人格，尊重、关心和爱护员工，在企业中营造一种“平等、友爱、互助”的家庭式氛围，如果组织领导者不承认和不尊重每位员工在管理中的平等主体关系这一事实，不能以一视同仁的态度来处理其与员工的关系，不去尊重、关心员工，那就无法对组织实施有效管理。“以人为本”的另一层含义是必须选人用才，培养和造就人才来管理企业。我们中国的企业尤其是民营企业中有很突出的一个特点是“亲人”管理，这里的亲人既包括血缘上的亲人，也包括关系上的亲人，当然古人也说过“举贤不避亲”，但是我们应该注意到的是古人并不是说要“举贤唯亲”，“举贤不避亲”的意思是无论是亲或不亲，“唯贤是举”。对于一个组织来说，经营成败的关键也在于选拔和任用人才。而且，从发展的观点来看，组织不仅应该选拔、任用人才，而且要不断从组织内部开发、培养人才，从企业外部引进、吸收人才，以实现企业人力资源的可持续发展与利用，这也是企业可持续发展战略中关键性的一部分。

“以德为先”要求企业管理者必须有健全、良好的品格，以作为企业员工的表率。所谓“德”，在这里是指人的品德、修养。“以德为先”另一表述是“修己安人”。“修己安人”这简单的四个字对管理者个人品德修养提出了相互联系的两个方面要求。首先，对于一个企业领导者来说，他最基本的“德”应该是带头遵守组织的纪律。制定组织规章制度的目的是为组织成员提供一个行为规范，以使整个组织处于有序状态，保证组织活动顺利进行，从而保障组织目标的实现，从这个意义上讲，组织纪律的产生是源于组织成员的意愿，而非组织领导者个人决定的，组织领导者在制定组织规章制度时，应该是代表组织成员的共同意愿，而非由某个人随心所欲而产生，因此要求组织领导者也必须与组织员工一样地遵守组织的规章制度，而不能凌驾于组织的规章制度之上。虽然从理论上说，组织成员有义务接受组织规章制度的约束，但是，规章制度能否被认真地遵守和执行，取决于规章制度的严肃性和权威性，关键是作为规章制度的制定者和执行者的组织领导对他们所制定的规章制度的态度，如果他们本身并不尊重和遵守这些规章制度，那么他们所制定的规章制度的严肃性和权威性就会受到员工的质疑，从而也就会动摇企业员工对组织规章制度遵守和执行的信心和决心。另外，现代组织管理理论要求管理者们不仅能用组织的规章制度来规范组织员工的行为，同时还必须能对他们进行有效的“激励”。不仅要从物质上，还要从精神上进行激励，领导者在人格平等的基础上，依靠自己良好的道德修养而形成的个人魅力来促进被领导者主动自觉地提升自己的人格，从而自觉服从组织规范，并自愿积极为组织的发展做贡献，就是一种有力的精神激励手段，这是现代西方管理学中的“领导者魅力”激励理论，也是组织管理者“修己安人”的另一表现。

“人为为人”要求领导者必须深刻理解和把握管理的本质，与组织中的每一位员工平等相待，尊重员工，重视对员工行为以及行为背后的需求、动机等的研究，同时注重自身行为的修养，以自己的行为影响、激励、引导企业的员工为实现组织目标努力。人为具有广义与狭义两种含义，广义的“人为”指的是人的心理和行为。人作为个体存在，具有非常复杂的心理现象以及由一系列动作和活动构成的行为反应。人的心理支配行为，通过行为表现出来，一般意义上的“人为”就是人的行为。狭义的“人为”指道德水平发展成熟的个体表现出来的符合社会期望、有助于自我发展和组织利益的各种行为。由于个体社会角色、生理和心理特征不同，“人为”表现各种各样，但都表现为提高自我修养的积极行为倾向这一共同特征。我们这里所讲的“人为”指后一种含义。“为人”指具有“人为”表现的个体的各种鼓励、帮助、关心、激励他人的行为。例如，各种管理、指挥、指导、劝告、教育、帮助、同情、支持、尊敬、信任、赞扬、同意、合作、亲善、友好行为等。“人为”与“为人”的统一就是“人为为人”。从“人为”和“为人”的概念分析中不难看出，“人为”与“为人”是高度统一的集合体。先有“人为”，然后才是“为人”。“人为”与“为人”具有辩证关系，互相联系并且互相转化。对任何管理者或者被管理者，都有一个从个人行为逐步向他人服务转变的过程。“人为为人”事实上代表了一种高度的道德境界——有理性的利他行为。这样的人具有比较稳定的道德准则，其行为以是否服务于他人并提高整个组织的工作绩效为依据。“人为为人”的个性模式表现为自我导向和他人导向的高度融合和有机统一：作为生活在复杂的社会关系中的个体，既要按照自身的价值准则行事，不被外在的力量左右，同时又能够迅速适应环境的变化，对所在群体或组织的需求做出迅速响应，而不是墨守成规。

在此，“以人为本”强调管理活动中人的极端重要性，任何管理行为的出发点是人，最终归宿也是提高人的生活质量，促进人类社会的发展进步。“以德为先”突出了德治和软约束的作用，只有法治是不够的，必须注重道德教化和道德约束的作用。“以人为本”限定了“人为为人”的基本前提，而“以德为先”规定了“人为为人”的立足点是一种基于关系型的管理行为。

二、领导心理理论研究的发展趋势

（一）面临的挑战

当前，我国正处于深化体制机制改革，走向国家治理能力现代化的变革时期，体制机制变革的成功与否直接关系到组织的生存发展前景。而在管理体制变革中，对领导方式的选择问题是一项十分重要的任务。研究我国领导者领导方式，既要引进和吸收西方先进的理论和经验，又要立足于本国国情。要从我国的具体实际出发，结合西方领导行为理论，慎重选择领导方式。选用领导方式的原则应该从实际出发，从本组织的工作任务、下属的情况、领导者影响力的特点，以及环境的需要出发，并根据组织所处阶段的不同及时的转变领导方式。如果说有最好的方式，那它就应该是最为符合下属的特点，最能发挥领导者的特长，最为适合工作任务和环境需要的方式。是否善于选用恰当的领导方式，是一个领导者领导能力强弱的重要表现，是提高领导效能，更好地完成组织任务的重要保证。人们在实际工作中所经常运用的领导方式和由此表现出来的领导风格，常常是一个人的习惯模式，是部属的感受，不完全是自觉采用的。所以研究各种领导方式的特点和适用范围来分析自己的领导方式，总结经验，了解部属对于自己领导方式的感受，改变某种不科学的习惯模式，使领导方式科学化，这是研究管理学、领导学的重要目的，是提高组织效能的重要途径。

具体而言，领导心理研究面临的现实问题，主要表现在以下几个方面。

其一，领导者的问题。长期以来，现存的组织结构提供了人们寻找领导者的外在框架，对高层领导者的关注几乎左右着领导科学的发展。随着信息化、知识化和全球化时代的到来，组织的权力结构已经发生了变化，权力的重心在下移，领导的作用渗透于组织的各个层次，高层领导者已不再是组织变革的唯一发动者了。领导者不仅包括处于组织高层的领导者，而且包括处于组织底层的领导者。每一个人都需要贡献自己的创造力，每一个人都必须成为领导者。

其二，超级领导理论的提出。以前的领导理论，无论是行为理论还是权变理论都是建立在“领导者—被领导者”这个二元结构之上的，它们将领导者如何影响员工、如何使这一影响更为有效置于核心地位，而把被领导者的自身潜能的开发、潜在领导者的培养等许多问题都排除在外。所以，以前的领导者都属于强权领导。而超级领导理论则使人们对领导的解释为之一变。超级领导理论对被领导者的理解不是工具式的，它将积极开发下属的能力放在首位。强权领导理论着眼于如何塑造拥有追随者的领导者的能力和魅力，而超级领导理论着眼于如何使追随者成为自我领导者。强权领导对人的理解基本上是工具式的，而超级领导对人的理解则是价值性的。所以，如何以价值领导超越传统的技术领导，如何以超级领导超越传统的强权领导，成了领导科学界的热门话题。超级领导的诞生首先依赖于领导观念的变革，即强有力的领导不是统治别人和让别人去做你想让他们做的事，它是一种激发部属无穷的才智并使他们成为自我领导者的过程。这一观念的转变是实施超级领导的关键。

其三，从领导他人到自我领导的转变。从领导他人向自我领导的转变是领导理论获得突破性进展的一个重要标志。自我领导塑造的是这样一种局面：在领导者的作用下，被领导者受到鼓舞而变得生机勃勃，充满创造性。他们尽情地发挥聪明才智，并能以明确的目标指导自己的行动；他们成为有能力的自我领导者，这些自我领导者是以主人翁的姿态去完成任务的，而不是被动地为了顺从某个领导者的个人想法才去这样做的；他们成了组织赖以生存的支柱，有了他们，甚至在领导者离开组织的情况下，组织也能够照常运转。领导者之间必须相互鼓励，各取所长。领导者必须自愿地将主动权让于他人，使他们也成为领导者，以有效地领导自己的组织。

其四，从个体领导者到领导群的转变。所谓“群”，实际上就是由各种要素聚集而成的一个网络。个体领导者不过是组织内部的领导群（cluster of leaders）的一个构成要素而已。群理论是建立在“创新相互依赖”这一假设之上的。其主要观点是：创新是一种交互过程，也是一种社会过程。它的成功需要一种网络环境。领导作为一种变革的力量，其核心在于为组织和社会注入创新和变革的动力。显然，在知识、全球的信息化时代，个体领导者会逐渐隐退。因为组织形态的网络化使得任何一个组织的变革，必然会依赖于由多重角色组合而成的领导群。领导群使得多种角色和多种力量被整合到领导这一丰富多彩的过程之中。只有从这一理论出发，我们才能理解“人人都可能是领导者”等口号的含义。总之，突破传统领导理论的个体化取向，把领导从单个人的垄断中解放出来，已成为 21 世纪领导理论变革的总体特征。因此，从个体领导者到领导群，反映了领导理论在 21 世纪初已经发生了革命性的变化。

其五，方法内容创新。随着互联网技术特别是大数据和云计算的运用，领导理论的研究方法和研究内容越来越趋向于动态化和综合化。在特质理论阶段，对领导的研究多是描述性的。在领导行为理论阶段，问卷调查研究应用普及起来。到情境理论和变革型领导理论阶段，研究者就能够将访谈研究与问卷调查有机结合起来，并对领导者进行长期跟踪研究，这使得领导学研究能够实现从“点”的研究扩展开来，研究结果也更加准确而生动，研究方法的进步在很大程度上促进了领导学的实证研究进展。但是领导心理理论研究发展到现在，仍然面临两个重要问题：一是领导者作为组织影响力的来源，需要改变下属的态度、认知模式、需求和价值观，但领导者靠什么影响和改造下属？二是领导者也是人，在影响和激励他人的同时，客观上没有人激励他，那么驱动领导行为、激励领导者的因素究竟是什么？因此，提出新的理论，解决领导研究的这两个基本问题，是领导学发展的需要。

另外，时代的发展也在呼唤领导理论的进一步发展。交易型和变革型领导理论自 20 世纪 70 年代提出以来，世界经济形势和经济格局发生了翻天覆地的变化，企业性质、企业构架方式和管理方式也随之改变，特别是知识经济的到来，使得这种变化的速度更快。事实上，在过去的 10 年中，企业的领导实践已远远超过了领导学理论的发展。首先，人力资本在企业资源中的地位日益受到重视，传统领导理论忽视组织成员的能动性，这与人力资源开发的要求背道而驰；其次，日趋激烈的市场竞争、文化的交融和不断进行的组织变革，组织成员面临不稳定的环境，导致组织成员产生焦虑、紧张和对管理层及领导的不信任，员工满意度、归属感都在逐步下降。如何建立新型的上下级关系，以减轻组织焦虑，帮助下属重建信心，恢复员工归属感，都是新领导理论需要解决的问题。

（二）趋势特征

领导心理理论经历半个多世纪的演变，从特质理论、行为理论、权变理论、价值理论以及胜任力理论，现代对领导理论的研究，这些理论无一不在试图探索领导者必备素质，以及解释领导者怎样带领和组织下属完成组织任务、实现组织目标，揭示有效领导背后的真正原因。但通过对这些理论的分析，在揭示领导本质方面，无不存在着这样或那样的缺陷。特质理论由于陷入“按图索骥”的僵化模式，一直就不被理论界认可。现代特质理论特别是领导魅力理论的提出，因融合了行为理论和情境理论而受到重视（Conger &

Kanungo，1994），但这一理论已大大超出特质理论而成为综合性领导理论。行为理论提出领导行为方式和领导方法可以通过培训而获得，但忽视了领导将面临的情境因素，而且没有能够探究领导行为背后的动力及领导行为在领导过程中的真正作用。权变理论将影响领导效能的情境因素单独剥离出来，将研究注意力转向下属特性、工作结构及组织环境等因素，但权变理论将这些情景因素作为既定的前提条件而不是可以改造的因素，所以仍有明显缺陷。领导特质理论、行为理论和权变理论没有真正揭示领导是为一个领导者、下属与环境三方互动的过程，研究重点均停留在静态层面。在以往理论基础上提出的交易型和变革型领导理论，包容了各种研究方法和内容，使得领导学研究从静态的"点"的研究延伸，事实上，交易型领导和变革型领导理论都属于追踪性研究，即从领导绩效反过来分析领导行为。这两种领导理论将领导作为一个互动过程看待，而且认为领导者能够改造下属、工作乃至环境，是在以往领导理论上的巨大进步。但交易型和变革型领导理论的所有发现均属追溯性的，即对过去已经发生了的事情给予解释，其缺陷在于没能明确指出领导者究竟用什么改造下属，对于改造下属的原动力认识不清、解释不足。并且，所有这些传统理论由于没能在理论构架中纳入领导动机，对于解释领导行为和领导自身激励的动力问题方面均存在不足。

面对市场的全球化和多元化趋势，社会的不断变革，组织要求更高的弹性、信息爆炸等，必须要求强有力的领导。正因为如此，领导理论的研究显得更为重要。未来领导心理理论的研究将呈现以下发展趋势：

一是各理论学派的融合。例如，领导特质对领导行为的影响，领导特质、行为与领导权力运用之间的影响关系，领导特质、行为与情境因素的互动关系等。这种融合最终形成完善的现代领导理论架构，用于指导领导的选拔、培训、行为改善、方法与技巧运用等。

二是领导理论与组织理论、激励理论的融合。已有的研究结果显示，人们倾向于追随那些向他们提供满足自身要求的手段的领导者。显然，研究领导更需要激励理论和组织理论的配合。

三是领导与组织效能关系的影响。杰出的企业与高层主管的领导有密切关系，研究领导与组织效能结合起来是今后在该领域应注重的一个方面。

C H A P T E R 0 3

第三章

领导能力素质

领导者的能力素质是执政党执政能力得以表现的关键指标。加强领导人才资源能力建设，提高领导人才能力素质，对于加强党的建设，提高党的执政水平，推进中国社会经济的现代化建设，关系重大。

一、关于能力素质概述

（一）能力素质及分类

1. 能力素质

“素质”一词，有狭义和广义之分。狭义的素质是指人先天具有的某些解剖和生理特性，主要是感觉器官、运动器官和神经系统方面的特性。这种素质是人的知识发展的自然前提和基础。广义的素质不仅是指上述生理特性，还指人后天所具有的知识结构、个性品质、思想道德、心理健康等各个方面。心理学研究对于能力素质的探讨始于20世纪初，英国科学家斯皮尔曼（Spearman）最早对能力进行了研究，提出了著名的二因素学说。他认为，构成能力结构主要有两个因素：其一是一般因素，又称“g”因素，它可以渗透于所有的智力活动中，每个人都具有这种能力，但在发展水平上存在差异；其二是特殊因素，可用“s”表示，这种因素种类多，与特定的任务存在着密切关系。其后，许多心理学家开始了这一领域的深入探索。伯特（Burt）、阜南（Venon）和艾森克（Eysenck）等人逐渐发展了能力理论。美国心理学家瑟斯顿（Thurstone）、卡特尔（Cattell）、吉尔福特（Guilford）等人相继发表自己的研究观点，提出了多因素学说，形成了能力结构体系的基本理论。

能力是指人们成功地完成某种活动所必须具备的个性心理特征。能力和活动紧密联系着。一方面，人的能力是在活动中形成、发展和表现出来的；另一方面，从事某种活动又必须以一定的能力为前提。掌握活动的速度和成果的质量被认为是能力的重要标志。苏联心理学家克鲁捷茨指出，如果一个人能迅速和成功地掌握某种活动，比其他人较易于得到相应的技能和达到熟练的程度，并且能取得比中等水平优越得多的成果，那么这个人就被认为是有能力的。能力有两种含义：其一是指个人现在实际“所能为者”；其二是指个人将来“可能为者”，也就是实际能力与潜在能力。所谓潜在能力，不是指已经发展或者表现出来的能力，而是指可能发展的潜在的完成活动所必须具备的个性心理特征。实际能力和潜在能力并不相互冲突，它们是紧密联系的。潜在能力是实际能力形成的基础和条件，实际能力是潜在能力的展现。

2. 能力分类

人的能力有很多种，可以从不同的标准对能力进行分类。按照能力的倾向性，能力可以分为一般能力和特殊能力。一般能力又称普通能力，是指在很多种基本活动中表现出来的能力，是人所共有的最基本的能力，如观察力、记忆力、抽象概括能力等。特殊能力又称专门能力，是出现在某些专业活动中的能力。它只在特殊活动领域内发生作用，是完成活动必不可少的能力，如数学能力、音乐能力、专业技能等。特殊能力是一般能力获得充分发展的某种特殊的心理活动系统，而一般能力则是在某种特殊能力基础上发展起来的。

（1）按照能力的功能，能力可以分为：

① 心理能力。心理能力即从事心理活动所需要的能力。心理能力中包括 7 个维度，即算术、言语理解、知觉速度、归纳推理、演绎推理、空间视觉以及记忆力。

② 体质能力。在信息加工的复杂工作中，心理能力起着极为重要的作用，同时，对于那些技能要求较少而规范化程度较高的工作而言，体质能力是十分重要的。在体力活动方面包括 9 项基本能力，力量因素：动态能力、躯干力量、静态力量、爆发力；灵活性因素：广度灵活性、动态灵活性；其他因素：躯体协调性、平衡性、耐力。

③ 情绪智力。情绪智力包括准确地觉察、评价和表达情绪的能力，接近并产生感情以促进思维的能力，理解情绪及情绪知识的能力，调节情绪以帮助情

绪和智力发展能力。这种能力包括 4 个方面：第一，情绪的知觉、鉴赏和表达的能力；第二，情绪对思维的引导和促进能力；第三，对情绪理解、感悟的能力；第四，对情绪成熟的调节，以促进心智发展的能力。

（2）按照能力参与其中的活动的性质可以分为模仿能力和创造能力。

① 模仿能力是指模仿他人的言行举止而引起的与之相类似的行为活动的能力。例如，成年人学画、习字时的临摹、儿童模仿父母的说话表情等。美国心理学家班图拉指出，通过模仿能使原有的行为巩固或改变，使原来潜伏的行为表现出来，从而习得新的行为动作。

② 创造能力是指产生新思想，发现和创造新事物的能力。创造能力是成功地完成某种创造性活动所必需的条件，在创造能力中创造思维和创造想象起着十分重要的作用。一般认为，创造能力包含独特性和价值性两个基本特征。

（二）领导者能力素质基本维度

领导者能力素质是由胜任领导的能力、胜任领导的个性以及领导有效性的个人因素所共同构成的整体。

1. 胜任领导的能力

领导者需具备业务能力、人际关系能力和概念形成能力三种不同类型的能力。第一，业务能力，包括运用所在行业的专门知识或技能的能力。外行领导内行的时代已经一去不复返了，很难想象一个不熟悉专业知识、不具备专业技能的领导者能形成正确的决策，能在组织中形成影响他人的能力，业务能力对领导者来说是三类能力中最具体的。第二，人际关系能力，这是指与人共事、理解他人、激励他人的能力。许多人在业务上是出色的、但在处理人际关系方面却有些欠缺。例如，不善于倾听，不善于理解别人的需要，不会处理人际冲突。由于领导者是通过别人来做事的，因此他们必须对人们的态度、感情、需要等心理状态反应灵敏，必须具备良好的人际关系能力，才能有效地沟通、激励和授权。第三，概念形成能力，领导者需具备心智能力去分析和诊断复杂的情况，去进行广泛而系统的思考和规划。这些能力包括分析能力、逻辑思维能力、创造力、感受现实和发展趋势的能力。领导者可能在业务和人际关系方面很出色，但若不能理性地加工和解释信息，他的工作照样难以成功。

2. 胜任领导的个性

主要包括：第一，领导欲望，这是有成就的领导者的基本要求之一。领导者的个性中应该具有较强的支配欲，同时愿意承担责任。喜欢领导工作，有影响他人的欲望，也有与他人共同努力取得成果的欲望。领导者必须具备“从事领导工作的志愿”，而这意味着个人努力，充沛的精力和甚至牺牲一部分个人利益。第二，正直诚信，一个好的领导者应是值得信任的，在同他人交往中是诚实的，坚持真理原则、意志坚强、行为符合道德伦理标准。第三，情绪成熟、愉快，情绪成熟体现了坚定、稳健、冷静、自信，而情绪愉快则表现出同情、合作、热情的特点。有效领导者无论对自己还是对他人，都有良好的情绪，他们既不颓废，也不轻狂，更不会总是在发脾气。这对领导者是一个重要的品质。第四，善于移情，在心理学中移情是指个人将自己的意识想象性地投射于他人身上。而领导行为中我们把它通俗地解释为将自己置于他人的位置，设身处地领会他人的感情、好恶与价值观等。善于移情的领导者会真诚而努力地去了解下属，经常通过心理换位思考。第五，坚定的信念，对自己做出的决策充满自信，不因情况的变化而朝令夕改，并具有强烈的奉献精神，愿意从事高冒险性的工作，承受高代价，为了实现目标不惜自我牺牲。第六，敏感性高，领导者应有迅捷的反应力，能对需要变革的环境、约束和资源进行切实可行的评估。第七，高智商与高情商，有效领导者的智力水平大都较高，包括丰富的想象力，较强的好奇心，缜密的思维力和快速的反应能力。但一个高智商的领导者并不一定能成功，相反智力平平的领导者有时也能成功，因为他们的情商高于常人。情商高的领导者在这几项上较为出众：对情绪的自控性、人际关系的处理能力、挫折的承受力、自我的了解程度以及对他人的理解和宽容等。

3. 领导有效性的个人因素

这些因素既包括领导者身上还不具备或尚未得到发展的能力，也包括那些阻碍领导潜能得到实际发挥的个性特点。主要有：第一，成就需要。成就动机不强的领导者对自己的事业缺乏长远的打算，宁愿维持现状而缺乏冒险精神，对新环境、新事物缺乏激情，敏感性较低。第二，变革创新。不善于做出非标准化的决定，没有革新、发明的能力，缺乏创新意识，思维定式。解决问题缺乏新意，缺少在风险条件下做出有效决定的魄力，处理问题方法单一。第三，教育他人的能力。缺乏帮助他人发展的愿望，不具备一个领导者的品质，如宽容、耐心、真诚，不能对下属的工作质量做出及时反馈，即使进行沟通和评价也只是形式和表面上的。第四，组织群体的能力。这一能力的缺乏将不能统一群体思想，难以建立和睦、团结、工作高效的团队，不能使群体成员在工作中得到满足，实现自我价值，更不善于营造和谐的工作环境。第五，影响力。缺乏影响力的领导者将不善于暗示他人，不能使周围的人追随自己，在争论中常倾向于妥协，与之相处困难，不可信赖，也很少能得到来自每个成员的协助和参与，不能使组织内人们的行动指向目标。第六，价值取向。价值取向不适当的领导者表现为对个人和社会价值观缺乏非常明确的认识，或表现为缺乏信念和自我意识，甚至出现与社会价值的冲突。第七，自我发展与管理。自我发展停滞不前，表现为不能克服自己的弱点和战胜自己，对尖锐的矛盾倾向于逃避，而不善于自我管理的人仅能充分地利用自己的时间精力和技能，但不善于应付现代领导条件下的突发事件。

东方管理理论研究认为，不同等级的领导者所需要的能力素质是不相同的，一个完整的能力要素结构至少要包括以下三方面的内容：技术技能、人文技能、观念技能。①

技术技能（Technological Skill）也称业务技能，该种技能对于组织中实际创造产品和提供劳务的基层或一线领导者和管理人员来说最重要的，这种能力包括了方法、程序和技术等方面。技术技能是三类能力中最具体的。随着领导者级别的上升，该种技能的重要性逐步下降，而对其他能力的要求则开始增加，此时的领导者更多的是依靠下属的此种能力。

人文技能（Human Skill）也称交际技能，人文技能是指领导者必须具有善于与人共事并对下属实行有效领导的能力，这些能力与激励、冲突处理、合作精神等能力有关。对于各种级别的领导者来说，人文技能的重要性是比较一致的。大大小小的领导者都必须对人们的态度、感情和需要等做出回应，估计自己的行为将导致别人的何种评价。

---

① 苏东水：《管理心理学》，复旦大学出版社，1998 年版，第 260 页。

观念技能（Conceptual Skill）也称概念技能，观念技能对于高级领导者来说是最重要的。领导者的观念技能包含了长远规划、广泛思考和精神关怀的能力。这些能力包括分析能力、逻辑思考能力、创造能力、预测能力。一个组织中，并不是所有的领导者都具有良好的观念技能。追随领导人，人们首先要相信所追随的人有足够的能力，能带领大家到达前往的目的地。如果人们对领导者的能力产生了怀疑，那就很有可能再也不会处于这个远征军之中。什么是领导者的能力？领导者的能力是指领导者驾驭组织沿着既定的方向前进，并且到达目的地的能力。这个能力并不只是指领导人所掌握的组织运行中的专业技术。事实上，后者会因为领导者在组织中的位置的变化而变化。比如，组织的最高领导者当然需要掌握一定的专业知识，但他没有可能也没有必要与各个职能上的负责人一样专业。这里所说的能力是一种普遍的能力，不管组织处于哪个市场从事哪个行业，领导者要成功地领导和协调组织，这种能力就是必需的。

二、领导核心能力及其框架内容体系

20 世纪以来，西方发达国家都把建立国家管理人员核心能力框架，研究开发管理人员测评方法技术，作为参与国际人才竞争的重要手段。美国、澳大利亚等西方发达国家通过制定法律，建立国家高级公务员核心能力框架体系，完善选拔考评制度，来加强国家高级公务员能力建设。在人才选拔中，突出表现为强调公开、平等的原则；在评价方法上，以职位分析为突破口，以人之匹配为基本理念，以核心能力标准体系为基本依据，把人才培养、选拔和能力开发紧密结合起来。

（一）美国、英国等西方国家公务员核心能力框架

美国联邦人事总署在对成功人士的能力素质进行调查研究的基础上，确定了选拔国家高级公务员的基本标准和条件。1979 年初建时有 6 条，1994 年和 1997 年进行了两次修改，现为 5 条。为了便于操作，每项核心能力又分别设置了具体的评估标准，细化为 27 个要素。

表 3-1　美国国家高级公务员核心能力框架及要素指标体系

核心能力维度	具体指标
领导变革	持续学习的能力；创新能力；把握外界环境变化的能力；接受变革的适应能力；服务动机；战略思维能力；前瞻思考能力；克服压力的能力
领导他人	冲突管理能力；管理文化差异的能力；廉洁与诚实；团队管理能力
结果导向	责任心；客户（公众）服务能力；果断力；问题解决能力；技术与专业能力
业务敏锐性	资产管理能力；人力资源管理能力；科技（知识）管理能力
关系建立与沟通	说服与协商能力；口头沟通能力；人际互动的技巧与能力关系建立能力；文字沟通能力；政治洞察力

澳大利亚公务员与绩效管理委员会根据联邦公务员法，制定了国家高级公务员核心能力框架和要素指标体系。

表 3-2　澳大利亚国家高级公务员核心能力框架及要素指标体系

核心能力维度	具体指标
引领组织思考和个人思考	战略思维能力；学习能力；逻辑和创新思维能力；目标导向
道德及个性表率	职业素养；责任意识；自我完善；乐观主义
有影响力的沟通	表达能力；谈判协商能力
培养强有力的工作关系	外部关系维护；尊重个人差异性和多元化
运行与管理	知识管理；执行能力；监控能力

英国政府也对国家高级文官核心能力和素质做出了比较细致的规定。

表 3-3　英国国家高级文官核心能力框架及要素指标体系

核心能力维度	具体指标
指　挥	领导力；战略思考与规划；绩效管理
管理与沟通	工作人员管理；沟通；财务与其他资源的管理
个人贡献	个性特征；思考力、创造力与判断力；专业知识

（二）中国公务员核心能力框架体系

在我国，2003 年 11 月人事部印发了《国家公务员通用能力标准框架（试行）》，提出了国家公务员应该具备 9 项核心能力。

表 3-4　中国国家公务员通用能力标准框架（试行）

核心能力维度	具体指标
政治鉴别能力	有相应的政治理论功底，坚持党的基本理论、基本路线、基本纲领和基本经验，认真实践“三个代表”重要思想；善于从政治上观察、思考和处理问题，能透过现象看本质，是非分明；具有一定的政治敏锐性和洞察力，正确把握时代发展要求，科学判断形势；认真贯彻执行党的路线、方针、政策
依法行政能力	有较强的法律意识、规则意识、法制观念；忠实遵守宪法法律和法规，按照法定的职责权限和程序履行职责、执行公务；准确运用与工作相关的法律、法规和有关政策；依法办事，准确执法，公正执法，文明执法，不以权代法；敢于同违法行为做斗争，维护宪法、法律尊严
公共服务能力	牢固树立宗旨观念和服务意识，诚实为民，守信公正；责任心强，对工作认真负责，密切联系群众，关心群众疾苦，维护群众合法权益；有较强的行政成本意识，善于运用现代公共行政方法和技能，注重提高工作效率；乐于接受群众监督，积极采纳群众正确建议，勇于接受群众批评
调查研究能力	坚持实践第一的观点，实事求是，讲真话、写实情；坚持群众路线，掌握科学的调查研究方法；善于发现问题、分析问题，准确把握事物发展的历史、现状和产生的影响；积极探索事物发展的规律，预测发展的趋势，提出解决问题的建议；善于总结经验，发现典型，指导、推动工作
学习能力	树立终身学习观念，有良好的学风，理论联系实际，学以致用；学习目标明确，根据自己的知识结构和工作需要，从理论和实践两方面积累知识与经验；掌握科学学习方法，及时更新和掌握与工作需要相适应的知识、技能；拓展学习途径，向书本学、向实践学、向他人学
沟通协调能力	有全局观念、民主作风和协作意识；语言文字表达条理清晰，言语流畅，重点突出；尊重他人，善于团结与自己意见不同者一道工作；坚持原则性与灵活性相结合，营造宽松、和谐的工作氛围；能够建立和运用工作联系网络，有效运用各种沟通方式

续表

核心能力维度	具体指标
创新能力	思想解放，视野开阔，与时俱进，具有创新精神和创新勇气；掌握创新方法、技能，培养创新思维方式；对新事物敏感，善于发现、扶植新生事物，总结新鲜经验；善于分析新情况，提出新思路，解决新问题，总结实际，创造性地开展工作
应对突发事件的能力	有效掌握工作相关信息，及时捕捉带有倾向性、潜在性的问题，制订可行预案，并争取把问题解决于萌芽之中；正确认识和处理各种社会矛盾，善于协调不同利益关系；面对突发事件，头脑清醒，科学分析，敏锐把握事件潜在影响，密切关注事态发展情况；准确判断，果敢行动，整合资源，调动各种力量，有序应对突发事件
心理适应能力	事业心强，有积极、乐观、向上的精神状态和爱岗敬业的热情；根据形势和环境的变化适时调整自己的思想和行为，保持良好的心态、情绪；自信心强，意志坚定，能正确对待和处理顺境与逆境、成功与失败；良好的心理适应性，心胸开阔，容人让人，不嫉贤妒能

2004 年 4 月，中共中央组织部颁发了《党政领导干部公开选拔和竞争上岗考试大纲》，其中规定的领导干部面试测评要素主要有：综合分析能力，言语表达能力，组织协调能力，人际关系沟通能力，决策能力，创新能力，应变能力，激励能力，以及选拔职位所需要的特殊能力和个性特征。

2016 年 1 月 29 日召开的中共中央政治局会议，习近平总书记提出“增强政治意识、大局意识、核心意识、看齐意识”。“四个意识”的提出，对各级党政领导干部能力素质建设提出了新的要求。政治意识要求领导干部具有清醒的政治头脑，要坚持党性原则，维护党的利益，要具备忠诚、责任、担当的内在素质；大局意识要求领导者具有全局观念，尤其是在个人利益和局部利益面前，要从国家利益发展全局考虑问题；核心意识就是树立党的威信权威，讲究领导班子团结，增强党的凝聚力与战斗力；看齐意识要求领导者树立良好形象，以身作则，清正廉洁，为干部群众做出表率。为此，在领导能力建设上，需要着力提升政治鉴别能力、政策领会能力、贯彻执行能力、创新应变能力、联系群众的能力、解决实际问题的能力和依法行政能力。

三、影响领导者能力发展的主要因素

影响领导者能力素质形成与发展的因素有很多种，但最主要的有以下几个方面。它们分别是：领导经验、管理知识、教育培训、工作环境、组织培养、自我修养、社会风气。

（一）领导经验

领导经验其实每个人都具有，它并不是只有领导者才具备的一种经验。许多人小时候就表现出有领导别人、施加影响的欲望。每个人在成为领导者之前都会具备一定的领导经验，只是在程度上有所区别。一般来说，这种经验越丰富就越有利于今后领导工作的展开。当然，这种说法并不是认同领导者是天生的观点，领导者早先的领导经验越丰富，其工作获得成功的可能性就越大。但是，领导经验也可以在工作岗位上获得，一些人从低级别的领导干起来，在工作中认真总结经验，勤奋学习，通过多年的锻炼与积累，同样可以获得丰富的领导经验，从而提高个人的领导能力素质，便于胜任高级别的领导岗位。

（二）管理知识

管理科学是领导者必须掌握的一门科学知识，随着时代的发展，下属的能力水平、成熟度等正在不断提高，如果领导者的领导方式还停留在过去，势必不能适应形势的发展。现在在党政机关、企事业单位，从事脑力劳动的专业技术人员越来越多，他们的学历和文化水平也越来越高，有的甚至超过了领导者。实践证明，如果不掌握一定的管理科学知识，往往就不能采取科学有效的领导行为，导致领导过程失败或没有取得预想的效果。管理科学知识主要来源于政治学、组织行为学、人力资源管理学、社会学等学科的研究成果。只有充分掌握和熟悉管理科学知识，才能提高领导者个人的素质，从而更好地履行其领导管理职责。

（三）教育培训

教育培训是人力资源能力开发的重要一环，无论是国内还是国外，企业还是政府机关历来都十分重视对人员的教育培训。从领导岗位来说，由于人与人之间，各个岗位之间都存在着很大的差异，很难说某个人的能力素质正好适合某个岗位的要求。在多数跨国公司，人力资源管理部门总是根据个人能力素质和岗位需求之间的差距来设计相应的教育培训计划，以便通过培训来实现人职匹配。这种情况同样也适用于党政机关和国有大中型企业，我国的各级党校、行政学院以及相关的大专院校、科研院所每年都对大量的领导者进行有针对性的教育培训，以便使他们达到胜任领导工作的最低要求。实践证明，培训是使各级领导者的能力素质在短期内获得明显提高的最有效手段。

（四）工作环境

如果把一个人的能力素质看成个人能力发展的内因，那么个人所处的环境就是个人能力发展的外因。我们都知道任何事物的发展都是内因与外因相互作用的结果，内因为事物发展提供了潜在的可能性，而外因为事物的发展提供了现实条件，两者缺一不可。同样的道理，每个领导者领导才能的发展和发挥也离不开他所处环境的作用。许多人具有领导能力，但并不是所有人最后都能成为领导者，每个人的工作环境限制了个人自身能力的发挥。领导者由于获得了促使领导能力充分发挥的有利环境，因而其领导能力自然就会获得充分的发展。

（五）组织培养

组织培养是我国产生领导者的主要途径之一。领导机构的组成人员总是在不断地新陈代谢的，在一定时期，机构班子内部就会提出调整、充实领导班子的要求。一旦确定新的领导班子组建方案，便按图索骥，在组织内部寻找合适的人选，初步认定某个成员之后，便通过各种途径加以考察和筛选，并对最后的人选进行进一步的培养，以提高其领导能力素质，适时推上领导岗位。

（六）自我修养

任何一个领导者能力素质的形成，离不开一定的社会环境，离不开组织和单位的教育引导，但更主要的还是要靠自身在实践中提高自我修养。我国古代就十分重视个人修养，将其视为做人之道的根本和建功立业的基础。自先秦以来，中华民族始终注重和提倡“修身”“修己”“养心”“养性”。在中国历史上占统治地位的儒家思想，认为个人修养有着重大的作用，不仅可以通过修养成为道德境界高的君子，而且可以通过修养品行来实现儒家以德治国、以德平天下的社会理想。这些传统的思想，直到今天仍然具有重要的指导作用。要成为高素质的领导者，就必须不断坚持提高自己的个人修养。

（七）社会风气

社会风气对于领导者的素质同样有着很大的影响。我们所处的社会就像一个大染缸，每个人都会受到来自社会的影响。社会风气会对人产生一种指向作用，潜移默化地影响着人们的行为。社会风气多半反映出社会大众的行为与思想，在不同的社会风气下，会产生不同类型的领导者。在一个正直、法治、民主的社会中，容易形成遵纪守法，富有正义感、责任感的领导者，这种类型的领导者对于组织来说，是一种宝贵的财富；在一个贪污腐败、贿赂成风、不讲法治的社会风气下，领导者极有可能是自私自利、毫无责任感、喜欢搞权钱交易的腐败分子。一旦让这样的人登上领导岗位，必将对我们党和人民的事业造成难以估量的损失。

四、领导能力素质提升

领导能力是领导者在领导岗位上的综合素质和行为表现。领导者的能力素质，直接关系到领导目标的成败得失。人们评价和衡量领导能力时，在很大程度上是以领导行为为标准的。因此，如何从识人选用入手，转变观念思维、推进科学决策、严格贯彻执行等也是提升领导能力素质的重要途径。

（一）培养选用

任何事物都是对立统一的矛盾体。人往往也是既有优点，也有缺点，正所谓金无足赤，人无完人。做到不拘一格选用人才，用其所长，避其所短，是很重要的用人之道。

一是识人之长，才能用其所长。美国钢铁之父卡内基的墓碑上刻着这样一句话："一位知道选用比他本人能力更强的人来为他工作的人安息于此。"卡内基之所以能成为钢铁大王，并非由于他本人有什么了不起的能力，而是因为他敢用比自己强的人，他能看到并发挥他们的长处。在这一方面，我国古代也有不少精辟的论述。比如战国时期的鲁仲连就曾说过："故物舍其所长，之其所短，尧亦有所不及矣。"李世民也说过："用人如用器，用其所长。"朱元璋也认为："人之才智，有长于彼而短于此者，若因其短而并弃其长，则天下之才难矣。"清代思想家魏源指出："不知人之短，不知人之长，不知人长中之短，不知人短中之长，则不可以用人，不可以教人。"用人用其所长，首先要识其所长。

有人认为，领导者所学的专业就是其所长。这是一种误解。领导不一定都是学什么就管什么，领导者的专业能力应该是他的领导才能。具体地说，领导者的专业能力可以分为对客体的组织管理能力和对主体的自我完善能力两类。对客体的组织管理能力包括分析判断能力、决策能力、组织指挥能力、疏通协调能力、应变能力、知人善任能力、口头表达能力、文字表达能力、专业技术能力等；主体的自我完善能力包括自学能力、自省能力、自控能力和支配时间的能力等。这两类能力并非完全分离，而是相互影响、相互交融，辩证统一的。

二是用其所长必须容其所短。古代有一首歌谣："骏马能历险，犁田不如牛；坚车能载重，渡河不如舟；舍长以就短，智者难为谋；生才贵适用，慎无多苛求。"这生动形象地说明：长短相形，金无足赤，人无完人，切忌求全责备。甯戚是春秋初期的卫国人，因无处施展才华而决定去投奔齐桓公。齐桓公决定任用他。这时群臣都说："他是卫国人，离齐国只有五百里，并不算远，不如命人去打听一下。如果真是有才德的人，再任用他也不晚。"齐桓公说："不是这样。如果问了，恐怕人们会说他有小过失，如果因为他有小过失，就抹杀了他的才德，这就是做人主的之所以会失去天下人才的原因。而且人本来就没有完美无缺的，要用他的长处。”随即命管仲迎拜甯戚为齐国的上卿，后来成为齐相，千古垂名。齐桓公礼贤下士、重贤任能，最终成为春秋五霸之首。

尺有所短，寸有所长。我们用人应该“记人之长，忘人之短”。美国管理专家杜拉克曾说：“倘要所有的人没有短处，其结果至多只是一个平平凡凡的人。”才能越强的人，其缺点也往往越明显。一位哲人讲得则更为具体：“垃圾只是放错地方的宝贝。”因此，世界上只能找到适合做某项工作的人才，很难找到完美无缺的全才。与人类已有的知识、经验、能力的总和相比，任何伟大的天才都只是沧海一粟。可见，“容人之短”是符合客观规律的事。

三是力争让每个人都有合适的职位。在欧洲有一个诙谐而富有哲理的说法：什么是“天堂”？“天堂”就是英国人当警察，法国人当厨师，意大利人谈情说爱，而由德国人来组织一切；什么是“地狱”？“地狱”就是由法国人当警察，英国人当厨师，德国人谈情说爱，而由意大利人来组织一切。这说明即使对于同样元素，如果采取不同组合方式，就会产生截然不同的整体效果。

好的整体效果，来自要素上的职能互补，各取所长。选用领导者要取长补短，善于把各种不同类型的专才或偏才组织成互补的领导班子。其一是互补的专业结构。一个领导班子必须由具有不同专业知识、专业技能和专业经验的领导成员组成。如一把手应该是熟悉各项管理的“通才”，而其他成员则是精通某一方面管理同时又懂得其他管理的“专才”。其二是梯形的年龄结构。在一个领导班子中，应由老、中、青合理的比例组成。其三是和谐的智能、气质结构。一个好的领导班子，并非是领导成员个体功能的简单相加，而是领导成员个体特点的巧妙搭配。其四是精干的组织结构。领导班子中人数要合理，避免人浮于事、内耗丛生，人员要精干。每个成员都具有胜任现职工作的专业知识和工作能力，职责要明确。大家都清楚自己的职位、责任、权力，各司其职，各献其功，并主动支援、协作，相互要衔接。其五是分工合理。实行集体领导和个人分工负责相结合的制度。

人之长处固然值得发扬，而从人之短处中挖掘长处，由善用人之长发展到善用人之短，这是用人艺术的精华所在。据说有这样一位厂长，他让爱吹毛求疵的人去当产品质量管理员；让谨小慎微的人去当安全生产监督员；让一些喜欢斤斤计较的人去参加财务管理；让爱道听途说、传播小道消息的人去当信息员；让性情急躁，争强好胜的人去当青年突击队长……结果，这个工厂变消极因素为积极因素，大家各尽所能，工厂效益倍增。

四是努力为领导者发挥所长创造条件。春秋时期，有个鲁国人擅长编草鞋，他妻子擅长织白绢。他想迁到越国去。友人对他说："你到越国去，一定会贫穷的。""为什么？""草鞋，是用来穿着走路的，但越国人习惯于赤足走路；白绢，是用来做帽子的，但越国人习惯于披头散发。凭着你的长处，到用不到你的地方去，这样，要使自己不贫穷，难道可能吗？"这个故事告诉人们：作为人才，必须授之以环境，予之以土壤，施之以阳光，给每个人以充分发展的空间，如果用非所长或才非所用，不仅不能发挥人才的优势，甚至会埋没人才。

不同的人具有不同的特长才能，不同的事需要不同特点的人去做。李世民曾把正确用人比喻为良匠选用木材，"直者以为辕，曲者以为轮，长者以为栋梁，短者以为拱桷，无曲直长短，各有所施"。领导者的责任，就是努力为下属发挥所长创造条件。其一是珍惜最佳时期。据人才学专家的研究表明，就一般规律而言，领导人才基本成熟期为 30 岁左右，最佳年龄为 35 ～ 55 岁，峰值年龄为 45 岁左右，所以 35 ～ 55 岁之间为最佳时期，而最佳起用期为 30 ～ 45 岁，宜早不宜迟。其二是安排最佳岗位。影响领导者最佳使用的因素很多，但不容忽视的重要因素之一，就是没有充分注意到按领导个人的特长安排在有利于充分发挥其聪明才智的最佳岗位上，因而大大削弱了领导者应有的贡献。其三是发挥最佳才能。刘邦出身低微，文才武略平平，却能灭秦挫项，一统天下，原因何在？他自己回答说："夫运筹策帏帐之中，决胜于千里之外，吾不如子房。镇国家，抚百姓，给馈饷，不绝粮道，吾不如萧何。连百万之军，战必胜，攻必取，吾不如韩信。此三者，皆人杰也，吾能用之，此吾所以取天下也。"这三个人都不是通才或全才，也都有这样那样的缺点，刘邦的高明之处在于用其最佳才能，互补形成合力。四是产生最佳心理。人的创造才能总是和人的创造性思维密切联系的，而创造性思维又总是和人的心理状态和精神状态密切联系的。要使领导进行创造性的领导活动，就必须尽力做到用当其愿，才能使他们产生最佳心理。

（二）崇尚创新

崇尚创新是践行五大发展理念的重要内容，也是领导综合素质的突出反映。

面对复杂多变的国际国内政治经济形势，面对复杂多变的市场经济的挑战与压力，迫切需要领导者具备应对复杂局面的创新应变能力，需要领导者以新的思维观念审时度势，以良好的精神状态来积极适应环境形势发展的新趋势、新要求，取得新的业绩。

一是拓展思维空间。改传统单一的直线思维方式为多角度、多层次、全方位的综合“立体结构”的思维方式。其一要善于引发思维。创新思维不是自发的，而是靠多维观察思考引发的，要坚持做到质疑、引趣、勤学、攻难、求变、务本。其二要运用发散思考。思考问题时，首先尽可能地使思维向着不同方向、不同角度、不同层次放射开去，以寻找解决问题的多种途径和办法。其三要注重逆向思维。逆向思维，是从结果到原因溯水而上的创造方法，即对待问题哪怕是现成的结论，都不仅满足于是什么，而要多问几个为什么，敢于提出不同意见，敢于斗胆质疑。其四要发挥联想的功能。联想体现出思维的跳跃性，是培养创造心智机能的一种思维活动，它是思考的深化，是由此及彼的思考。能否广泛而适当地联想，是衡量一个人的创造性思维能力的标志之一。

二是坚持解放思想。只有不断解放思想，才能正确对待既有理论、前人经验、传统观念和传统的思维方式，才能做到实事求是，敢于超越。首先，要敢于超越经验和习惯。习惯、经验形成定式，对于领导进行开创性工作会带来巨大的阻碍作用。超越习惯和经验首先要勇于标新立异，敢于在工作中独树一帜。要进一步解放思想，独立思考，不囿于人们的共识和前人的认识。勇于发挥主体自身的能动性，提出自己与众不同的新观点以及工作新思路。其次，要敢于超越自满和现实。感觉到知识缺乏，就会如饥似渴地求知，使自己不断提升到最高处，盲目自满很容易形成“飘飘然、昏昏然”的情感定式。最后，要敢于超越理论和权威。任何理论都是一定时代的产物，再正确、再伟大的理论也需要在实践中丰富和发展。假若对一个错误的理论不能超越，就会在它的指导下做着错误实践的恶性循环。要坚持做到“不唯书，不唯上，只唯实”。

三是了解真情，抓住关键。了解真情，就是要了解情况和掌握事情的来龙去脉，这是实现创新应变的前提。作为一名领导者，首先，要了解和把握国际国内形势和党的路线、方针、政策；其次，要了解和掌握本地区本行业本单位的历史、经济、文化等状况，发展优势与劣势，发展潜力与前景；最后，要了解和掌握地方与全局、本地与外界的关系和联系，真正做到知己知彼，胸有成竹。实践证明，领导者要唱好创新“特色戏”，首先要吃透自己所在地方的实情，找准自身的优势和劣势，同时也要把握中央精神，把“上情”和“下情”相结合，把“内情”和“外情”相结合，因地制宜，因时制宜，因人制宜，这样创新思维才有永恒的生命力。抓关键就是要抓准要害问题。在一个地区、一个行业、一个单位，影响创新发展的因素往往错综复杂。作为领导者，必须善于统揽全局，善于把握事物发展的规律和趋势，从解决主要矛盾、要害问题入手，抓“纲”带“目”，纲举目张。这是一条思路，也是思维转轨的重要前提。

四是善于集思广益。领导者创新应变能力的提高，既要注意练好内功即前面所讲的三点，又要注意借助外力。这里所说的外力，就是指领导者要充分调动下属的积极性，集中群众的聪明才智，用集体的智慧丰富自己的头脑。有时领导者处理一个问题，决策一件事情，百思而不得其解。此时，群众的智慧或许就是开启创造性思维的钥匙。这里要注意走出两个误区。误区之一：我是领导者，我的见解就比群众高明。久而久之，就会高高在上，把自己与群众隔离开来。误区之二：一切听群众，随大溜的从众心理。领导者的责任是集中群众智慧，使之升华，而不是将群众意见简单地收集归纳。领导者在实施创新活动中，既要积累成功的经验，又要吸取失败的教训，从而形成经验知识的不断积累、不断升华。

五是及时总结积累。创新应变能力的培养根源于知识之中，知识来自不断地学习、不断地实践之中，而且知识本身也要积累创新。朱熹在《观书有感》中云“半亩方塘一鉴开，天光云影共徘徊。问渠那得清如许？为有源头活水来”。领导者，只有通过刻苦学习，掌握了系统化的理论知识，头脑中储存了大量信息，遇到问题需要决策时，才可以把大量有用信息调出来，充分利用广阔的思维空间，得出高超的谋略。当然，只有理论知识是不够的，还必须有丰富的实践经验积累。实践出真知，增智慧，长才干。只有具备了扎实的理论功底、丰富的实践经验，才能保持丰富的创造力。

（三）科学决策

西方管理学界的一句名言可以说明决策对企业成长的重要性。现代西方管理理论认为，一个企业资产超过1000万美元，如果它没有智囊团，其生命周期不会超过5年，只要有一个重大的决策失误就会葬送这个企业。一切成功中，决策的成功是最大的成功；一切失败中，决策的失误是最大的失误；决策造成的损失是最大的损失。对于领导者来说，抓决策就是抓方针政策的制定，抓重要的战略决策和人事决策。毛泽东同志曾经说过，领导工作无非就是出主意和用干部这两件事。这两者都和决策紧密相关。出主意就是政治、经济军事等方面的战略性或对策性决策，用干部就是人事方面的决策。一项重大决策的正误，往往会极大地影响领导者工作的成就，甚至会左右整个国家、地区或部门的形势，正可谓“一着不慎，满盘皆输；一着占先，全盘皆活”。因此，科学决策是领导者最重要的能力之一。实现科学决策，提升决策能力，关键点在于以下三点。

（1）确定决策目标，提出问题。确定期望达到的目标，决策才会顺利进行。

（2）确定决策的一般原则。进行系统的情况分析，确定实行决策的先行条件（约束条件），如决策时间、资源条件、决策权力等方面的条件，作为决策的一般原则。

（3）拟订行动方案。一是收集信息。信息的来源主要有组织内部和外部，外部信息来自各个方面、各个层次、社会各个领域。其内容有政治、经济方面的信息，科技、文化方面的信息，竞争对手的信息，法律和消费者等方面的信息。所收集的信息内容要具有完整性、及时性、准确性、科学性和经济性。二是预测研究。预测研究是建立在信息收集的基础上，并根据决策目标的历史和现状的种种信息资料去推测未来。预测研究是决策过程的一个重要环节。三是可行性分析与论证。由决策机构聘请有关专家和专业领导，召开方案分析、论证会议。应用现代科学方法，进行分析研究、论证，寻求达到目标的各种可行方案，为最终决策提供参考建议。四是评价和选择最佳方案。经过反复比较、分析、评价、论证、权衡各种方案利弊，选择其中最利于达到决策目标的行动方案。

（四）贯彻执行

一个优秀的领导者除了提出战略决策，更需要考虑工作是否做到位，优秀的团队是否在他的指挥下发挥了预期的作用。决策者是具体想法是否需要真正实施的决定人，而具体想法再好，如果没有行动也只是空中楼阁，不会产生任何具体而实际的价值；同样计划或者决策固然能影响到事业的成败，但是真正关系到成败的还是计划的执行。

1. 领导既是决策者，更是执行者

作为一个领导者，成功的决策固然重要，但是在具体的操作过程中，一个好的领导更应该重视具体的执行。一个领导者，无论他是处于领导层中的哪个级别，都必须既要是一个决策者，更要是一个执行者。这就要求他不仅要行动，还要学会在行动中根据情况变化不断地分析问题，把执行切实地做到位，做到实处。分析问题可以是多角度的，比如从平级的角度，从其他部门的角度来考虑自己的工作有没有什么需要改进的地方，或者有什么疏漏之处；另外，也可以从服务对象的角度来考虑，这样就能更准确地把握服务对象的需要，并且能切实地满足他们的需要；除此以外，也可以从组织本身的角度来考虑问题的解决方法，能不能创造性地解决问题，能不能另辟蹊径，获得更好的效果，这些都可以在考虑的范围之内。

在具体执行的过程中，领导者也会遇到很多意想不到的情况，甚至是来自方方面面的压力。为了计划的实现，执行者必须具备良好的承受压力的心理素质，自我控制的能力和坚强的意志力等。当然，除了以上一些良好的心理品质以外，在实现目标的过程中保持良好的情绪和健康的身体也十分重要，这些都是一个优秀的执行者的必备条件。

通常情况下，作为领导者对执行的理解误区有以下几点。

一是对“执行”的期望过高。当“执行”成为过热名词的时候，领导们错误地把“执行”理解为可以解决一切问题的万能钥匙，以为绩效不断下降的趋势和工作运作的效率迟滞的现象必然会随着“执行”的到来迎刃而解。事实上，大家都知道，没有任何一种理论能解决所有问题，更何况只是“执行”这两个文字。

二是“执行”的片面化。有些领导只告诉下属要执行，但是不告诉下属执行的意义和价值，更不告诉下属如何执行，执行到什么程度，执行只强调结果。当没有实现预期目标，就指责下属执行不到位，而不去分析客观事实，也不对过程进行跟踪和监督，各种原因造成了管理者与执行者之间信息脱节。

三是固守原来的管理方式。在高度重视“执行”的今天，有些领导只把自己当成决策者，而不是执行者，因此仍然习惯于坐在办公室发号施令，看表面，习惯性思维主宰了他们的工作行为。

四是缺乏考核“执行”成效的手段。对执行者们“执行”到什么程度缺乏了解，没有建立完整的考核体系和明确的考核标准，优秀执行者与一般执行者无法得到区分，两者得到的回报基本一样，没有体现出差别，打击了优秀执行者们的积极性。

五是内部用人机制和人才成长机制的缺陷。有些领导推行“执行”的时候，只是想在现行框架和组织的基础上进行小小的优化。但事实上“执行”的真谛是人的思想和行为根本上的变革，要提升整个企业的“执行”力，就必须从整个企业文化、组织架构和人员调配等各个方面来一次根本性的变革。

2. 执行中需要注意的问题

要想将组织的目标准确地执行，作为一个优秀的组织领导者应该注意以下几点。

一是充分了解组织的发展策略。作为领导要对组织发展策略理解透彻，并将组织发展的目标、远景和策略、组织构成告诉给组织成员，让每一个组织成员能够确立明确的目标及实现目标的秩序，要依据实事求是的态度，扎扎实实实现目标，并要及时了解执行的情况，并根据执行情况，对执行者进行适当的激励。领导者有责任和义务对本组织的成员进行培训，以提高成员的整体业务能力和素质。

二是不断巩固和完善学习型组织文化、建立有效的绩效挂钩机制，开展积极的沟通制度，经常与组织成员交流，因为大家的意愿通过沟通，会有很多细节表现出来。虽然成员的意愿在一定程度上可以被领导采纳，但是真正确定组织战略的还是领导者，因此领导者的行为决定其他人的行为。

三是身体力行。作为一个领导者，应该抓的三件事：第一，制定和审核战略。第二，抓组织的执行效率。第三，密切关注组织生存环境的变化，它是通过大量的数据搜集、分析、整理，最后通过解剖、反复比较、优化而得出来的。因此，在执行过程中，领导者必须以身作则，能自己做的事，绝不委托别人代办。在执行过程中，必须要从细节抓起，从小事抓起，要调动组织成员的积极性，把个人该负的责任负起来，这样整个团队才能一致，执行力的贯彻才能顺利地进行下去。

（五）强化培训

“寸有所长，尺有所短。”领导力开发的重要内容就是因材施教，进行培训，用环境最终铸就富有领导力的行为，如图 3-1 所示。

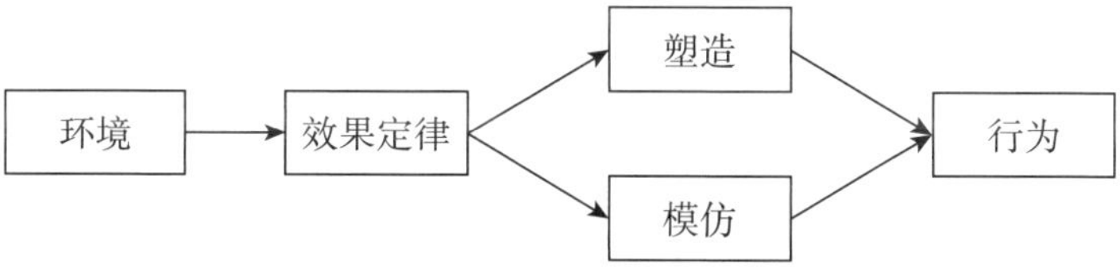

图 3-1　培训的效果原理

为了让能力开发具有较强的针对性，国际上一些优秀企业都普遍建立起了一种“人才盘点的机制”，对人才进行定期的盘点，为企业进行定期的“身体”检查，并针对不同的人才类型实施不同的开发方略。在西门子公司也提出要把提高管理人员的领导能力当作一项“运动”来推行。西门子从 1997 年起就开展了分为 5 个等级的管理培训。而西门子去年开展这项工作的特点是把它作为一项系统工程来做，有明确的管理理念，有具体的操作规范，比如说对于领导者到底该关注什么、应具备哪些素质都有一种明确的说法，这样利于全公司上下形成一种共同的理念，可以说这是在传统做法基础上的一种提升。中央颁布的《干部教育培训工作条例》，也正是基于这样的考虑，注重党政干部培训，提升领导干部素质。

C H A P T E R 0 4

第四章

领导自我认知

领导者的良好自我认知能力，不仅是领导者能力素质的基本要求，更是领导者胜任工作的重要保障。古人云“人贵有自知之明”，也就是说，具有“自知之明”者毕竟是少数，如果自知者多了，也就不那么珍贵了。可见，自知本身也是非常宝贵的一种品质，而要具备这样的品质，就需要提升自我认知能力。

一、自我意识与自我认知

自我认知（self-cognition）也称自我意识。对于自我认知，在中西方哲学思想中始终居于重要地位。西方早期哲学中特别重视“内省”，在古希腊阿波罗神庙中有一道神谕“认识你自己”，成为哲学王国里永恒的主题。在中国传统文化中，特别强调“慎独”，注重自我修炼。“内省”和“慎独”，虽然概念有所差异，但实质内容是一致的，都是以自我为中心，把“自我”作为观察和评价的对象。为此，如何看待自我认知，首先要对意识以及自我认知过程有一个基本的了解。

（一）意识

人之所以为人的一个重要标志，就是人有意识。对于意识问题，它是哲学、心理学以及其他有关学科共同的研究对象或研究课题。在心理学研究中，意识是“人所特有的一种对客观现实的高级心理反应形式”。作为人所特有的心理现象的意识，是包括感觉、知觉、思维在内的一种具有复合结构的最高级的认识活动，思维在其中起着决定性的作用。意识具有自觉性、能动性、创造性等特点，在人的心理活动中，发挥着调节、控制、指导的作用。在精神医学上，意识是指“病人整个精神活动的清晰程度和清晰范围”。因此，意识作为人的一种高级认识活动，包括对环境和人自身的识别能力以及其清晰的程度。正常人在清醒的时候，意识是明晰的，能正确地识别和理解不同时间、地点、人物、事件以及自己的生活状况，能对周围环境刺激做出相应的、适当的、能动的反应。

作为一种人类特殊的反映形式，意识在帮助生存、调节人的活动及建构现实的个人三个方面起着重要的作用。

1. 帮助生存

从一种生物学的观点来看，因为意识帮助个体了解外界信息，并计划在最适宜和有效的行动中使用这些信息，所以它才可能演化。首先，意识对所察觉的和所注意的范围进行限制从而减少刺激输入的流量。意识的这种限制功能滤掉了多数与当前目标无关的信息。当个体将意识集中在自己希望加工和反映的信号的时候，所有被评价为“无关”的就成为背景噪声。其次，意识具有一种选择储存功能。在所有感觉信息被知觉意识到并被加工为可识别的模式和范畴时，意识允许个体选择性地储存他想要的刺激信息。意识通过选择作用将外界刺激进行分析判断，做出有益或无益的评价。

2. 调节人的活动

意识对人的活动起着特殊的调节作用，这种作用表现为人的活动具有目的方向性。人在进行活动之前，活动的目的和结果就以观念的形式存在于人的头脑中，人据此做出计划，指导自己的活动，使之能达到预期的目的。在这种情况下，人的活动就成为有意识的，具有目的性和方向性。

3. 建构现实的个人

同一种情境不可能有两个人用完全相同的方式来解释。个体对现实的建构是建立在知识、经验、需要、价值、信念、目标以及对当前情境的解释基础上的。因为每个人对现实的个人建构是在特有信息中选择形成的，所以个体会更注意刺激环境中的某些特征。当个体对现实的个人建构保持相对稳定的时候，个体的自我感就具有了连续性。

（二）自我认知

自我认知是人对自己身心状态及对自己同客观世界的关系之认知。自我认知包括对自己及周围状态的认识，对自己身体活动状态的认识以及对自己思维、情感、意志等心理活动的认识三个层次。自我认知不仅是人脑对主体自身的意识与反映，而且人的发展离不开周围环境，特别是人与人之间关系的制约和影响，所以自我认知也反映人与周围现实之间的关系。自我认知是人类特有的反映形式，是人的心理区别于动物心理的一大特征。

自我认知的组成主要包括自我感受、自我体验和自我控制三个层次。自我感受主要解决“我是一个什么样的人”的问题。比如有的领导者观察自己的特征，认为自己属“乐观型”；分析自己的品性，认为自己是个诚实的人；用批评的眼光审视自我时，觉得自己脾气急躁，容易冲动。自我体验主要涉及“对自己是否满意”“能否悦纳自己”这类问题，比如有人感到自卑，因为自己不受人喜欢，所以对自己感觉不满意，甚至不愿接受这个讨厌的自我。而自我控制则要解决“如何有效地调控自己”“如何改变现状，使自己成为一个理想的人”之类的问题。三个方面有机整合，便形成了完整的自我认知。

（1）自我感受

自我感受，即自我认知和自我评价。自我感受是自己对自己身心特征的认识；自我评价是在自我感受的基础上对自己做出的某种判断。

在客观的自我感受基础上做出正确的自我评价，对于个人的心理生活、行为表现及个人在社会群体中人际关系的协调，都具有重大的影响作用。如果一个领导者在社会生活中，把自己看得低人一等、没有价值，那么他就会产生自卑感，做事缺乏胜任的信心，没有主动性和积极性，其结果是，无论做什么事情都难以保证质量。相反，如果一个领导者只看到自己的长处，那么，他就会产生盲目乐观的情绪，自我欣赏，自以为是，其结果往往不能处理好人际关系，难以与人合作，或被他人拒绝、被群体所孤立。可见，对自我的客观认知和评价，对个人的健康发展有着不可忽视的影响。

（2）自我体验

自我体验是个体对自己怀有的一种情绪体验，即主体对客体所持有的一种态度。它反映了主体的需要与客体现实之间的关系。客体满足了主体要求，就会产生积极肯定的自我体验，即自我满足；反之，没有满足主体要求，则会产生消极否定的自我体验。

客观的我能否满足主观的我的要求，往往与个体的自我认知和自我评价以及个体对社会规范、价值标准的认识有关。自我体验的内容十分丰富，比如自尊心与自信心、成功感与失败感、自豪感与羞耻感等。

成功感和失败感是根据个体的自我认知与自我期望水平而确定的，决定于个体的内部标准。比如当个体在完成某项工作时，其他人认为他未获成功，而个体可以认为自己取得了成功，或者是其他人认为他已取得成功了，而个体自己却认为是失败的。由于个体的自我期望水平要受社会的期望标准的影响，因而决定个体成功与失败之情绪体验的内部标准在一定程度上要与社会的共同标准相适应。当个体体验到成功感时，就会产生积极的自我肯定，向更高的目标进取；反之，当个体体验到失败感时，则常会产生消极的自我否定，甚至放弃努力。

（3）自我控制

自我控制是个体对自己行为、思想和言语等的控制，即主体对客体的制约作用。自我控制有两个方面的作用，其一是发动作用，其二是制止作用。人们在克服困难的过程中，个体通过积极暗示或消极暗示影响自己的行为活动，这就是自我控制所起的发动作用。例如有的领导者感觉身体不适，但因为工作重要而继续坚持下基层检查工作等。

（三）自我认知价值意义

自我认知是领导者必须具备的素质。领导者良好的自我认知能力是顺利开展工作的基本前提。自我认知影响着领导工作的方方面面，一个成熟稳重的领导总是对自己具有清晰明确的自我认识，通过自我观察、自我体验、自我控制、自我提升不断提高自己的能力素质，增强自信心，发挥领导影响力。GE 公司认为，一个领导者必须包含以下四种基本素质：一是自我意识，一个领导者应该认知到要做什么，并且怎样去做；二是交流的能力，一个好的领导者应该是一个懂得沟通并且善于沟通的人；三是领导者需要有一定的财务知识和背景；四是领导者应该在某一个领域是一个专家。这四点要求，构成了 GE 对领导力理解的框架，也是 GE 培养领导者的目标。

1. 自我认知影响领导威信

自我认知的发展过程，是个人在实践活动中不断地丰富自己的知识、情感，不断地改变自己的思想行为的过程，是个人使自己的行为服从明确的目标并自觉地调节、控制自己活动的过程，也即理想的自我与现实的自我在新的水平达到相对平衡，进而稳定发展的过程。领导者必须在领导过程中，在与干部群众的广泛接触中，不断地丰富自己、提高自己。将符合事业利益的组织观念化为自我意识的一部分，也就是说，把自己与组织融为一体，以“俯首甘为孺子牛”的精神，全心全意为群众服务。只有这样，才能不计较个人职务的晋升和所得物质利益的多寡，才能深入群众，联系群众，树立全局观念，立足于现实，面对现状，勇于创新，树立威信形象。

2. 自我认知影响领导效能

自我认知在价值标准、认识方法、结论取舍等方面会形成相对定型的习惯和模式，从而直接影响着领导者行为。例如，一个长期处于优越环境的领导者可能形成过分自信的自我意识，从而导致其在为人处世中偏向于傲慢和武断。另外，为了更好地完成工作，达成工作目标，领导者要珍惜时间，讲究效率，杜绝失误，不断提高工作质量。若领导者的自我理想境界不高，遵守组织规范的约束力弱，防卫自我的力量就会增强，会使自我意识成为一个孤立的封闭系统，容易造成感情用事，轻易许诺。长此以往，在工作中就难以得到干部群众的理解信任，严重影响领导工作效能。

3. 自我认知影响心理健康水平

形成正确的自我认知是心理成熟的标志，对心理健康起着重要作用。大量的心理学实践证明，许多人社会适应不良及人际关系不协调是由于自我认知不健全或不协调造成的。如果一个人对生理的自我、心理的自我和社会的自我认识体验不正确，尤其是在自我评价及自我概念上与客观的现实差距太大时，就可造成社会适应不良和人际关系不协调，从而影响人的心理健康。正确的自我认知通过客观的自我评价产生合理的理想自我，并且通过正确认识自己与他人、个体与群体双方不同的地位和需要，采取不同的策略，主动调节人际关系，并且能够知己知彼，从而保持良好的社会适应和人际关系，维护心理健康。

二、领导自我认知冲突

从领导者的角度来看，领导从政心理成熟水平的提高过程，是领导者在领导实践活动中不断地丰富自己的知识、情感，不断地改变自己的思想行为的过程，并使自己的行为服从目标并自觉地调节、控制自己活动的过程，也即理想自我与现实自我在新的水平达到相对平衡，进而稳定发展的过程。领导者在与周围干部群众的广泛接触中，将符合事业利益的组织观念化为自我认知的一部分，才能使自己与组织真正融为一体。在现实工作中，有些领导者对自己的行为特点、人格特点以及自己对他人、环境的作用和影响认识不够准确，影响了人际关系的和谐，影响了理想自我的构建，表现在发展方向、奋斗目标等重大问题上不能正确把握，目标信念动摇，造成仕途上的挫折；在对自我的态度和自我体验上，常常表现出不稳定，在发展顺利时，容易产生优越感和自负，而一旦受到挫折，就怀疑、否定自己，产生自卑等。

（一）领导自我认知心理冲突类型

1. 组织需要与个人选择的心理冲突

领导者是组织当中的人，也就是俗话说的“公家的人”。作为公众人物，领导的岗位选择要符合组织要求，符合组织规范。也就是说，组织的要求是第一位的，个人的选择是第二位的。正因为如此，当组织需要调整工作岗位时，领导总是无条件地服从党和组织的安排，严格执行组织纪律，这是作为领导干部的基本要求。但对于领导者自身而言，在组织需要与个人需要之间也存在着很多冲突。有时候，个人愿望未必是组织所能满足的，组织上的安排也未必是个人需要的。尽管许多领导干部党性观念强，能够维护大局，以组织利益为重，但有时也面临着在组织召唤与个人愿望之间的矛盾，有的还比较激烈。比如，现在组织、纪检、公安、外事等许多重要岗位需要异地任职，有的交流干部长年累月待在他乡，从个人愿望上，许多干部也希望能够早日在自己的亲人身边享受天伦之乐，也希望有机会在工作环境、条件、待遇相对好一些的部门或单位任职，这也是人之常情。但毕竟自己是领导干部，是党多年培养教育的人，许多人在“为大家”和“顾小家”之间虽然有不同想法，但在选择态度上还是“一颗红心，两手准备”，坚持党和国家利益至上，组织需要第一、群众百姓安危第一，这种心理愿望上不协调—协调矛盾冲突，丰富着领导干部的情感世界，考验着领导干部的责任与忠诚。为此，各级党组织要多理解干部个人的心理愿望冲突，在组织安排和个人需要之间尽量多考虑一些干部需要的实际情况，既要给领导干部提供干事创业的岗位平台，也要从激励保障措施上着眼，指导并帮助领导干部消除后顾之忧，使他们心情愉快地放手工作，尽量减少组织安排与个人需要之间的矛盾冲突。

2. 社会期望与实际贡献的心理冲突

在领导者身上，既体现着组织的要求，又承载着社会的殷殷期待。领导形象不是给自己看的，更多的是给社会公众展示的。维护领导形象，满足社会期待，是领导者始终关注的话题。要满足社会期待，需要德才兼备，树立风范；需要政绩突出，成就显著；更需要勤政为民，拥护信赖。为此，要做到“德才兼备”，首先要严格要求自己，在思想品德上不能放松，同时要善于学习，具有一定的文化知识水平和分析问题解决问题的能力；要做到政绩突出，要具备事业心和责任感，努力做到为官一任，造福一方；要勤政为民，获得信赖，就要具备实干吃苦精神，不能贪图享乐，做损害群众利益的事情。但是，从领导干部自身来说，也存在社会期待很高与实际贡献不够的地方。有的领导干部虽然勤奋努力，工作积极性高，但由于思路以及方法经验上的局限，工作效果并不理想，不但造成工作上的挫折，而且引起下属群众的误解；还有的忽视社会对自己的重要期待，不注意维护自己领导者的良好形象，不关心群众疾苦，热衷于形象面子工程，失去群众支持；还有的严重脱离群众，贪图享受，玩弄权力，与民争利，成为社会负面形象等。社会期待与实际贡献方面的不一致，往往是造成领导威信下降，甚至党群、干群关系紧张的一个重要因素。为此，作为领导干部，既要对上级组织负责，更要对下级群众负责，要多倾听群众呼声，时刻关注民生疾苦，积极维护群众利益，把社会期待化作自我激励，勤奋努力，积极有为的动力。

3. 目标定位与利益矛盾的心理冲突

人生的目标选择与事业发展密切相关。领导者应当是关注并投身事业的人，拥有坚定的人生信仰与奋斗目标。但在目标选择中，由于受利益追求和价值判断的影响，也存在着冲突与矛盾。目标太高远，如果没有实现的可能性，会有挫折失落感；但目标定位太低或没有目标，奋斗就失去了动力，也不可能取得事业或生活上的成功。究竟确定什么样的发展目标，如何看待自己的努力奋斗，对于一个领导者的成长来说非常重要的。有的领导者对自己的目标认识比较清楚，不求闻达于天下，但愿无愧于我心，在事业目标选择上符合实际，当发展目标与现实利益发生冲突的时候，能够使利益矛盾服从于目标选择，并围绕目标坚持不懈；有的自我认识就比较模糊，在眼前利益冲突下动摇自己的人生目标，容易放弃自己的追求，陷入人生事业的困惑苦闷当中；还有的只顾满足眼前利益，动辄放弃目标追求，有的甚至怀疑生命的价值意义，导致自我怀疑和否定，造成发展心理危机。

4. 人际交往与孤独失落的心理冲突

良好的人际关系是领导者交往心理的基本需要。从自我认知方面来讲，人际交往有助于增强个人自信心，提升个人影响力。许多领导者都有很强的交往意识和人际洞察能力，这是做好领导工作需要掌握的一项重要技能。几乎每一个领导者都需要有追随者和拥护者，希望得到人际支持和信赖，这也是领导者取得成功的重要力量。但在人际交往中，有的领导者却为表面的人际关系所累，被复杂的人际纠缠苦恼，有的则陷入更加孤独的负面情绪之中。应当承认，领导者具有天然独特的人脉资源优势，领导岗位本身就为领导者交往活动提供了便利条件。有的领导同志在位时间长，认识的领导朋友多，自然高朋满座；有的领导岗位重要，他几乎无求于人，可来访者却多求与他，在人际圈子里可谓左右逢源，风光无限。可这仅只是表面现象，在人际关系背后，也存在着一系列心理困惑与矛盾。主要表现在频繁的人际关系多是在领导者现任岗位中产生的，一旦岗位发生了变化，人际圈子自然跟着变化，最明显的是退位之后，人际关系的协奏曲可能会成为咏叹调，人走茶凉为常态，有的领导者心理出现严重落差；再者，有的领导者追求人际表面效应，虽然应酬很多，但相互间缺乏真诚深入的感情交流，未免感觉孤单失落；还有的对人际关系缺乏深入地了解洞察，在庸俗的人际关系当中被“朋友”拖下水的也大有人在。为此，如何使人与人之间彼此信任，坦诚交往；如何经常保持平常心；如何与同事既能合作共识，又能心心相印，如何正确处理人际关系中的心理困惑矛盾，这是衡量领导自我认知能力水平的一个重要方面。

5. 理想自我与现实自我的冲突

理想自我指个体在头脑中所设想的关于自己的理想的形象，现实自我指个体此时此地的身心存在的总和。理想自我与现实自我的冲突表现在领导者的身上就是对领导形象的意识。领导者的自我观念指领导者对自己的认知、情感和行为的自我意识。心理学研究表明：你对自己的看法，以及你感觉到的别人对你的看法与别人实际对你的看法经常不一致。换言之，领导者心中想要达到的理想的自我形象，往往与现实自我有差异。有些领导者对自己的角色期望过高，而该角色实际上又做不到，最后带来的只能是大失所望，自我评价很低甚至产生自我冲突、自我怀疑或自我否定。领导者向群众许诺了过多，而实际却无法办到，结果给人一种无德无能、言而无信的印象，只能是遭受群众较低的评价，导致自身形象的贬低。领导者在担任领导职务后，代表的不只是个人形象，还有组织或国家的形象，理想的自我必然要符合领导形象的要求，领导形象具有强烈的制约效果，影响领导效能的发挥。领导者要体察客观的角色评价，吸收各方面的反映和意见，并结合角色认知，调整自己的角色行为，进一步树立自己的角色形象。

（二）自我认知心理障碍

领导者如何正确认识自我，直接关系到领导者的心理健康。如果领导者不能正确认识自我，就会出现各种心理障碍。领导者的自我认知心理障碍指的是在领导活动中，领导者所表现出来的不良心理状态，对其身心健康以及领导工作有许多消极影响。因此，从分析自我认知来剖析领导者的心理障碍，使其心理状态与客观环境达到平衡，具有十分重要的意义。在实际工作中，表现在自我认知方面的比较常见的领导心理障碍有以下几种。

1. 唯我独尊

领导者在组织内担任一定的职务，掌握一定的权力。这种人民赋予的权力，本应是领导者履行岗位职责，实现组织目标，为人民谋利益的手段，但由于个人素质和思想认识水平的差异，使得一些领导者对权力的认识发生了偏移，在一定程度上出现了心理障碍。产生这种心理障碍除了领导者个人的素质外，还受到传统观念和长期封建专制及家长制的不良影响。如有的领导者以强权为核心原则考虑问题，恣意实施所谓“权力性影响”，依仗强权手段，迫使被领导者以奴仆的身份屈服于自己，绝对服从自己个人意志。领导活动，笼罩着主奴关系的气氛；有的领导者以自我为中心，唯我独尊，把自己凌驾于被领导者之上，头脑中充满着等级观念、尊卑意识。在领导活动中，虽然不依仗强权手段，但强调权力的主体作用，一意孤行实施其领导行为。一旦取得领导绩效，便过分夸大领导者的作用；始终有一种居高临下，甚至是“救世主”的心态；有的对其所做的决定和决策，只愿听赞同意见，不愿听反对意见，不愿意“纳谏”等。这种心态严重影响了领导者的心理健康，人为地造成精神压力和心理负担，这对领导工作的顺利开展是极为不利的。

2. 自我萎缩

这类领导者不求有功，但求无过。不是积极进取，努力实现人生抱负，而是消极等待，退缩保守，“熬”年头、“熬”资格、“熬”待遇，浑浑噩噩，以求得到暂时满足。其特点是对现实自我的评价过低，理想自我与现实自我差距过大，心理上常处于一种消极防卫状态。有的领导常常用自我安慰的办法来原谅自己，在一定程度上放弃理想目标；有的则表现为对新事物新变化态度冷漠，对外界变化无动于衷，自我认知处于消极状态。

3. 自我混乱

在现实与理想选择之间左右摇摆，失去自我认知能力。其特点是内心矛盾的强度大或延续时间比较长，新的自我久久不能确立，积极的自我难以产生，自我调节缺乏稳定性和确定性。这类领导者动机冲突强烈，心理负荷较重。比如有的领导干部虽以“淡泊以明志，宁静以致远”自省，以“达则兼济天下，穷则独善其身”自勉，以“天行健，君子当自强不息”自励，但是面对市场经济条件下各种利益矛盾的纠葛，时时陷入情感与理智、个人与集体、索取与奉献的两难困境之中，其心境体验也十分强烈。

4. 自我膨胀

出现认知偏差，失去自我判断分析能力。其特点是对现实自我过度高估，虚假的理想自我占优势，理想自我与现实自我的统一是虚假的。这类领导者的自我表现为做白日梦，在自吹自擂、虚幻中度日。好大喜功，孤芳自赏，刚愎自用，严重者可能导致反社会行为，甚至犯罪行为。

5. 自我否定

由于理想与现实相脱离，主观与客观不统一，只盯住“黑点”不放，过分纠结工作中的失误与缺点，造成自我否定。自我否定是一种带有危害的消极心理现象。其特点是理想自我极度缺乏或丧失，对现实自我又深感不满，自卑心理严重，导致自我拒绝的心理，甚至出现理想自我与现实自我的对抗。这类干部虽是少数，但严重者可以导致精神分裂症或因绝望而轻生，必须认真对待。

以上领导者的 5 种心理障碍均由领导者自我评价、对自我与环境关系的认知等的偏差所导致，因此领导者如何正确认识自我，提高自我认知水平至关重要。

三、提升领导自我认知能力

自我认知是自我调节和人格完善的重要前提。如果一个人不能正确地认识自我，看不到自我的不足，觉得处处不如别人，就会产生自卑，丧失信心；相反，如果一个人过高地估计自己，也会骄傲自大、盲目乐观，导致工作的失误。因此，恰当地认识自我，实事求是地评价自己，提高自我认知能力，对于一个人的发展至关重要。

（一）客观观察，找准位置

要想取得发展，定位很重要，只有定好位才能找准方位，才能做出正确选择，进而有所作为。社会人生犹如罗盘，每个人都在社会系统中处于一定的位置，按照位置特点扮演角色，围绕自己的目标做出行为选择。领导者也不例外，领导者的定位对于找准发展方向，减少挫折失误至关重要。善于客观观察，准确定位，要学会“三看”。一看职责认同度。领导者的自我认知心理成熟水平，首先表现在如何看待自己所处的岗位职责，岗位的性质是什么，岗位胜任需要具备什么知识，需要具备什么能力，需要具备什么样的职业道德等都直接影响着领导在岗位上的工作表现力。只有在对岗位职责深刻理解并高度认同的基础上，才能找准位置，更好地扮演领导角色。二看自己的工作态度。工作积极性源于对职业的理解与热爱。领导者的爱岗敬业，首先要看自己对事业是否真诚热爱。领导岗位是领导事业发展的基石，“有位”才能“有为”，而“有为”的关键在于是否“有爱”。“爱”讲究的是责任心，关注的是热情与投入，推崇的是奉献精神。有了深切的关爱态度，领导者必然焕发出旺盛的工作热情，就会对自己的岗位倍加珍惜，对组织未来的发展充满自信与期待，也对自己的下属群众越加关爱，就能拥有更多的追随者和拥护者。三看自己是否有能力。领导绝不是无能之辈，即便是那些能力看起来一般的领导，在他身边少不了“能者相助”。所谓“一个好汉三个帮”“众人拾柴火焰高”就是这个道理。有时候，领导者的“德”本身也是一种“能”，是一种能够让大家聚集起来共创辉煌的“能量体”。所以找准位置，需要提升领导如何看待自己能力水平的观察判断力，因为领导是始终走在前面的人，是带领大家克服困难战胜黑暗走向光明的人。为此，找准位置既要从客观环境往外看，更要透过责任要求往内看，要内外结合，才能准确定位。

（二）认知价值，树立威信

价值目标是事业追求的内在驱动力。从价值取向上看，领导者的价值取向主要表现在以下几个层面。

一是生命价值的认知。也就是说如何活得有意义，活得有价值，活得有尊严，得到世人的尊敬爱戴。应当说，领导的生命虽然具有个体属性，更多地体现社会属性和历史属性。领导者的“活着”不只是为自己，更多的是如何让“别人活得更好”。既要对自己负责，更要对社会负责，对历史负责，也就是如何把有限的生命与无限的事业追求结合起来。为此，在对生命价值认知上，领导的生命价值除了个体生命之外，还要考虑延续自己的政治生命。领导者的政治理念、政治抱负、目标信仰、政治力量等是领导生命价值的重要组成部分，一个领导如果忽视了积极维护并发展自己的政治生命，个体命运不能与国家、民族的命运融为一体，不能与群众百姓的生存利益息息相关，就等于在事业发展上已经失败了。

二是经济价值的认知。财富是能力的象征。如何看待财富，如何看待金钱，衡量着领导者的人生品格与职业道德。社会心理学研究告诉人们，成功人士的一个重要特点是重成就轻金钱，重精神需要的追求轻物质利益的满足。如果把金钱作为衡量人生价值的尺度，就会陷入“金钱至上”圈子，必然腐蚀人的灵魂，变成金钱的奴隶。许多的贪官污吏之所以中箭落马，为人唾弃，一个重要原因是为物所累，为钱所害。因此，在对待金钱价值上，领导者更要重视精神层面的无形价值，领导者的自我形象，领导者的精神追求比金钱更加宝贵。“金杯银杯不如老百姓的口碑”就是写照。

三是权力的价值。权力是领导发挥影响力的一个重要因素。权力大小与领导影响力的大小密切相关。但拥有权力并不能证明个人事业上的成功，关键是如何对待权力。有的领导干部把拥有权力作为人生追求的最大目标，为得到权力不择手段，出现行贿受贿、跑官要官等种种腐败违纪现象。有的卖官鬻爵，以权谋私，最终遭受牢狱之灾。其实，权力本身并没有过错，而是对待权力以及掌握权力的人出现了严重问题。因此，领导者应当清醒地认识到，权力既能把人推上天堂之巅，也能把人送入地狱之门。权力犹如一把“双刃剑”，如果不能正确对待权力，必为权所伤。正确的态度应当是权力与责任一致，有权更要尽责，珍惜名誉比得到权力更加重要。

（三）悦纳自我，增强自信

积极悦纳自我是形成正确自我认知的核心。有作为、有影响力的领导者总是在充分肯定并悦纳自我的同时，积极追求自我完善，努力实现自我。悦纳自我就是要坦然地接受自己的一切，无论是好的或坏的，成功的或失败的。要平静而理智地对待自己的长短优劣，要乐观开朗，以发展的眼光来看待自己；既不消极回避自身的现状，自欺欺人，更不以哀怨、自责甚至厌恶来否定自己。在此，肯定自我是建立在对自我充分了解的基础上，领导要对自己的需要、愿望、能力、知识以及性格品德有一个比较客观全面的认识，在自我悦纳当中，培养自信、自立、自强、自主的心理品质，从而发展自我、更新自我。为此，肯定自我，积极悦纳自我，需要注意从多个角度、多个侧面来客观评价自我。一方面，既要进行纵向比较，将现实的自我和理想的自我做比较，看到自己的差距；同时，也要将现实的自我与过去的自我做对照，看到自己的进步。另一方面，又要进行横向比较，与超过自己的、与自己相似的、比自己稍差的人做比较。要将上述各个方面获得的信息综合分析，以获得较为客观的评价。在肯定悦纳自我当中要注意克服自我欣赏，妄自菲薄的不良心理倾向，更要防止和矫正在个别领导者身上存在的狂妄固执，过度迷恋自我等心理障碍。

（四）自我激励，自我管理

自我认知的一个重要作用就是激发领导者的自我激励。一个人的成长进步，光有“他励”是不够的，“他励”只是一种外力，而真正起关键作用的应当是“自励”。在平常工作中，有的领导者自加压力，采用压力激励的办法鼓舞自己的斗志，使自己在困难压力面前知难而进，奋勇向前。有的以事业发展目标激励自己，使自己的行为始终与目标保持一致。在此，“自励”与事业心进取心密切相关。一个事业心强的领导者，总是怀有远大目标和坚定志向，严格要求自己；一个进取心强的领导者，总是不满足于现状，力求能够有所改变。

自我控制是指个人积极主动、定向地改变自我观念、态度、习惯与行为的心理作用过程。能够自励的人，一般是自我控制力强的人。对自我的有效监督和控制，离不开激励的力量。只有有效的激励才能做到对自我的有效控制。具体来讲，自我激励与自我控制需要从自珍、自重、自省、自警 4 个方面努力。一是自珍。珍惜自己的人生选择，珍惜自己获得的业绩成就，珍惜自己的价值追求，珍惜职业生涯的宝贵岁月。二是自重。尊重自己的人格，尊重自己的地位名誉，在工作中既要重感情，更要讲原则，言谈举止与自己的身份相吻合。在人际交往中，既能尊重别人，又要维护人格尊严。在领导工作中分清是非曲直，既要拿得起，又能放得下，为人公正无私，处事光明磊落。三是自省。自省就是自我反省，养成“吾日三省吾身”的习惯，经常反思检点自己的言行，及时发现并改正缺点错误，虚心接受别人的批评，赢得下属和群众的支持和信赖。四是自警。自警就是自己警示和告诫自己。自警有两种方式：一种是警告提醒自己不要违背政治原则和职业道德，要遵守道德规范；另一种是拿别人的教训来告诫警示自己，提醒自己不要重蹈覆辙。这两种自警方式，对于一个领导者提升自我认知能力来说都是必要的。

（五）相互学习，共同进步

赛－妮可·乔妮（Saj-nicole A. Joni）在《第三意见》（*The Third Opinion*）一书中指出，现代领导需要懂得找寻适当的专家、顾问或导师，和他们建立情谊，并善用这些人的智慧和协助。知名企业顾问理查德·柯克（Richard Koch），在他的畅销书《80/20 法则》（*The 80/20 Principle*）中建议读者，可以试着拟一份“盟友名单”。这些人是你需要重视的人，是你最重要的人际关系。柯克指出，拟出盟友名单后，要设法和他们建立 5 种属性的关系：“喜欢对方”“互相尊重”“分享经验”“有福同享”“互相信赖”。当这些关系建立了，这些盟友就成为你的潜在贵人。“他们能适时地提供你所需的帮助，与你一起谋求共同利益。”因此，领导者提升自我认知能力，还需要相互学习，发挥长处。唐太宗李世民曾经说过：“以铜为镜，可以正衣冠；以史为镜，可以知兴替；以人为镜，可以明是非。”正是因为人无法完全做到自知，所以才需要借助别人来了解自己。作为领导者，尤其要注意礼贤下士，虚心向别人学习，通过身边的同事朋友、下级群众和家属亲人经常提醒自己，劝诫自己，帮助指导自己，注意倾听各个层面的声音，及时调整自己的认知偏差，使自己的认识更加客观准确。

C H A P T E R 0 5

第五章

领导成就动机

成就动机是一个人在社会化过程中逐渐形成的适应社会生活的重要素质，是现代人最主要的欲望，也是激励自我成就感和上进心的心理机制，是决定一个人事业成功与否的关键因素。就社会意义而言，人们的成就动机水平与经济的增长，社会财富的积累，技术的进步一同被视为社会繁荣进步的几个重要指标。成就动机的研究已经是现代心理科学比较重要的研究课题之一。领导成就动机，是指领导干部从事角色获得并欲达到某种理想境地的内在动因和心理倾向。它激励领导者在不断地追求中感受到自我价值实现的愉悦，体验到创造和追求的价值，使其心理素质和领导技能在动态的锤炼中不断提高，臻于成熟。因此，探讨领导成就动机问题，既是领导心理学的重要内容，也是加强领导干部队伍建设的一个重要课题。

一、成就动机及其价值意义

（一）何谓成就动机

成就动机是一种内化了的优越标准的成功需要。由成就需要所诱发的成就动机，是一种特殊的人类动机，在心理学上又称为“A”动机。成就动机（achievement motivation）是指个人对自己认为重要的或有价值的工作，不但乐意去做，而且力求达到更高标准的内在心理过程。[①] 简言之，成就动机就是要求获得优秀成绩的欲望。它是成功的一种内在推动力量，这种动机力量受到成就需要、对成就的期望等内部心理因素和诱因、目标等外部环境综合性的影响，

---

① 朱智贤主编:《心理学大词典》，北京师范大学出版社，1989 年版，第 64 页。

是人类所独有的，是从社会中学习而成的。个人的知识、能力、成败经验、努力程度等主观因素及工作性质、任务难度、社会环境等客观因素都可能是成就动机个别差异形成的原因。至于成就动机的团体差异，则与社会文化、民族特性、家庭教养、团体风气等因素有关。成就动机具有多维度、多成分的心理结构。Atkinson（1953）认为个体的成就动机由两种稳定的倾向组成，即希望成功与害怕失败，如果个体处在一个成就导向的情境中，两种倾向可以同时被唤起，而此时个体导向目标的趋势——成就动机，就是这两种倾向的代数和。有强烈追求成就动机的个体，表现为趋向目标的行为，有较高的工作绩效和积极的进取心等；回避失败倾向的个体，往往表现为回避目标，避免可能失败的结果，消极退缩。成就动机是个体在社会生存中逐步形成的，具有很强的社会意义。在不同的时空条件、社会背景与文化形态下，个体的成就动机具有明显的个体差异，所表现的具体特征也有所不同。

（二）成就动机与领导成长

领导者的成长，意味着一系列创造性行为和活动，要能够充分发挥潜能、勇于接受挑战并不断地取得成绩和成功，没有成就动机的直接推动，显然是不可能的。社会心理学的研究表明，激发了较高水平成就动机的人，一般都具有以下一些不同于常人的人格特征：他们都有很强的自信心和求实精神；他们做什么工作都肯全力以赴且应变能力强；他们最讲求效率，珍惜并善于利用时间；他们既富于冒险精神，更具备创造品质；他们严于律己，勇于负责，有强烈的使命感和责任心；他们乐于和人合作共事，善于发展和处理好人际关系。上述人格特征，正是领导者锻炼和发展自己，逐步成长的必备素质。

1. 成就动机的激发有利于领导者深入实践

领导者的成长，跨世纪接班人的造就，归根结底是一个实践问题。实践出真知、出成果，实践才会真正出人才。成就动机是对成就和成功的追求，其指向必定是实践的。纸上谈兵，何言胜利。空谈误国，何言成功。领导者真正有了对成就的苛求和向往，就能够增强“实践意识”，乐于到改革开放和经济建设第一线“摸爬滚打”，在实践中磨炼意志，坚定信念，积累经验，增长才干，也就能够真正创出实绩，走向成功，不断成长。

2. 成就动机的激发有利于领导者加强自我修养

领导者的成长，外因是条件，内因是关键。领导者自身有没有积极进取的精神，能不能努力提高自身素质，是成才的重要基础。成就动机产生于个体内在的高层次的自我完善和自我实现的需要，因而能够使个体获得加强自我修养、不断自我提高的内驱力。在领导者中，那些有成才的自觉性和紧迫感，对自己有高标准、严要求，在名利、权力上有清醒头脑、能严格律己的，正是有较高水平成就动机的人。反之，那些企望以年龄优势"当然接班"，或一味强调客观因素而被动等待"机遇"，甚至"功夫在诗外"地去花精力拉关系、走后门、找靠山的，则无一不是成就动机尚未唤醒的人。

3. 成就动机为领导者的培养教育工作指出了着力点

领导者的成长，从内因上讲离不开自身的努力进取，从外因上看组织的培养教育工作一定要从大局和长远战略出发予以高度重视，既要有热情关怀、严格要求，又要讲究方法、把握好工作的着力点。俗话说："浇水要浇根，帮人要帮心。"帮心，就是育人的着力点；帮心，就是要依照人的心理活动规律，着力于人的行为动因的引发和诱导。就领导者的成长而言，组织的培养教育其着力点就应当是他们的成就动机，促使他们脱颖而出，健康成长。

二、成就动机内在机制探索

成就动机是一个动态系统，主要由认知系统、动力系统和反馈系统三部分构成。

（一）认知系统

1. 认知不协调理论

动机的认知理论用人类对环境的认知来解释动机的产生和变化。美国心理学家费斯廷格首先提出了"认知失调"论。他认为，几种认知元素不和谐就会产生紧张状态，产生推动人去解决这种不和谐状态的倾向。例如：一个自认为优等的人，考试不及格。这样就产生了两种认知元素：（1）对自己的高评价；（2）不相称的成绩。这两种元素不和谐，出现紧张状态，必须加以解决。在他的《认知不协调论》(1957)一书中阐明了其理论假设的两个基本点:(1)人的认知系统中，存在着一种固有的维持其内部协调状态的倾向，个人会感到紧张和不安。这种紧张和不安迫使人设法去除阻力，解除紧张，于是产生一种力求协调的动机。(2)不协调出现后，人们不仅试图去减少不协调，而且总是避免不协调继续恶化，以阻止不协调因素(信息)扩大。这两个基本点的核心就是“认知不协调”，即认知要素之间的不协调。费斯廷格在很大程度上把认知定义为认知体系的“要素”，一个要素也就是一个认知，它们是认知主体关于认知对象的任何“知识”，是一个人所能意识到或认知到的一切。它们可以是一个人关于环境、关于自身心理状态、人格特征，关于自己行为的事实、信仰、见解或一个人所知道的任何其他事情，并可以用本人的知识和意识的术语来表达。可见，认知的要素就是一个个具体的认知事件。这一个个认知要素的总和构成某个认知系统。但是，必须指明，如果这个人没有意识到某事物，那这一事物不适用于这个体系。

不协调理论把认知系统中各要素之间的关系总体上划分为3种类型:(1)无关关系，即一个认知的存在与另一个认知毫无关联;(2)协调关系，即一个认知与另一个认知彼此相关并且一致;(3)不协调关系，即一个认知与另一个认知相关，但是不一致或对立。在某个认知系统中的任何两种认知，按照个体心理学上的意义，都可能以上述关系中的任何一种形式存在。然而，只有当它们之间形成不一致或不协调的关系时，才能够进入不协调理论的视野之中。不协调可能起因于逻辑上的不一致性，也可能起因于非逻辑的不一致。费斯廷格列举了4种导致不协调的可能因素:(1)逻辑的不一致;(2)文化和习俗的不一致;(3)特殊信念和一般信念之间的不一致;(4)与过去经验的不一致，即不协调可能直接根源于当前的认知与过去的经验的不一致。

2. 认知评价理论

认知评价理论主要探讨了内在动机的影响因素尤其是社会环境因素对内在动机的影响。首先，这一理论认为凡是能满足人们能力需要的即让人产生成就感的社会事件如报酬、反馈、交流、免于受到贬低性评价等，都能够增强行为的内在动机。社会事件对内在动机的影响是通过个体的能力知觉引起的(Vallerand and Reid，1984)。其次，可以满足人们自主需要的环境也能促进行为的内在动机。研究表明(Fisher，1978；Ryan，1982)，个体在产生成就感的同时，如果没有伴随着自主感或者归因时的内部因果定向，行为的内在动机就不能得到增强。根据认知评价理论，人们在体验到成就或效能的同时，还必须感觉到行为是由自我决定的，在这种情况下才能真正地对内在动机有促进作用。在任务完成的过程中，诸如威胁、最终期限、指令、压力性评价和强制性目标等都对内在动机有削弱作用。而选择感情上的认可和自我决定的机会可以增强个体行为的内在动机（Dci & Ryan，1985）。最后，归属需要也与内在动机有关系的。自我决定论假设在生命全程中，存在着一种来自人际关系方面的动力。当个体处于具有安全感和归属感的环境中时，会出现更多的内在动机行为。研究表明，如果孩子对母亲形成安全依恋时，在内在动机支配下的探索行为会有所增加。当然有许多内在动机行为在人际隔离时也完成得非常出色，尽管归属不是激起内在动机的唯一条件，但是安全的人际环境对内在动机的重要性是显而易见的。

3. 有机整合理论

有机整合理论主要探讨了外在动机的类型和促进外在动机内化的条件。该理论把动机分为内在动机、外在动机和无动机 3 种类型。内在动机是人类固有的一种追求新奇和挑战、发展和锻炼自身能力、勇于探索和学习的先天倾向，它是高度自主的，代表了自我决定的原型。外在动机是指人们不是出于对活动本身的兴趣，而是为了获得某种可分离的结果而去从事一项活动的倾向。

（1）外在动机的类型

有机整合理论根据个体对行为的自主程度，把外在动机分为 4 种类型：① 外在调节型。它是指个体的行为完全遵循外部规则，其目的是满足外在要求或是获得附带的报酬的一种动机类型。个体对这种类型动机支配行为的体验是冷漠或是受控制的。它的自主程度最小，是行为主义心理学家集中研究的动机类型。② 摄入调节型。它是指个体吸收了外在规则，但没有完全接纳为自我的一部分，是相对受到控制的动机类型。在这种情况下人们从事一项活动是为了避免焦虑或责怪，或是增强自我。在这种动机的支配下，人们去做某件事是为了展示自己的能力（或避免失败），以维持价值感，还没有体会到是自我的真正部分。③ 认同调节型。它是指个体对一个行为目标或规则进行有意识的评价，如果发现这个行为是重要的，就接纳为自我的一部分的一种动机类型。它含有更多的自主或自我决定的成分。④ 整合调节型。它是指个体产生与其价值观和需要相一致行为的动机类型。当认同性调节与自我充分同化时，就出现了整合调节。虽然整合调节的行为仍然被看作外在的动机行为，因为它是为了获得某种可分离的结果而不是为了行为本身内在的快乐，但它与受内在动机支配的行为有许多共同的特征。这是最具有自主性的外在动机形式。

在一些研究中，外在调节和摄入调节被称为控制性动机；认同调节、整合调节和内在动机被称为自主性动机。

（2）促进外在动机内化的因素

有机整合理论认为影响外在动机内化的环境因素主要有3个：① 能力知觉。个体对能力的知觉可以促进外在动机的内化。如果人们对某项活动产生效能感，更有可能接受并重视它。Vallerand研究表明对能力的支持可以促进外在动机内化。例如对那些还没有掌握或理解其基本原理就直接进行操作的孩子们来说，他们的行为动机最多只是有一部分进行了内化调节，很大程度上仍然保留着外在调节或摄入调节。② 自主性体验。这是促进外在动机内化的关键性因素。在一个具有实际报酬或惩罚的环境里，人们感到可以胜任某项任务时，产生外在调节；如果相关的参照群体认可某项活动并且人们具有成就感或归属感时，产生摄入调节；如果人们感到自己是优秀的、有归属感和自主感，就产生自主性调节。人们只有处在一个可以自由选择、遵循自己的意愿、在思维方式和行为上都不受外界束缚的环境时，才能对外在规则进行有效的整合。③ 归属感。感到自己从属于某一群体或与别人建立关系的需要影响外在动机的内化。

（3）因果定向理论

因果定向理论认为个体具有对有利于自我决定的环境进行定向的发展倾向。一般而言，在个体身上存在着三种水平的因果定向，分别是自主定向、控制定向和非个人定向。每一种定向都是相对独立地存在着。自主定向是指个体对能够激发内在动机的环境的定向。这样的环境具有挑战性并且能提供信息反馈。一个具有高水平自主定向的人倾向于表现出自我创新、寻求有趣的和有挑战性的活动，勇于承担责任。控制定向是指一个人倾向于受报酬、限期、结构、自我卷入和别人指令的控制。一个具有高控制定向的人对报酬或别人的控制易形成依赖性。他们更容易与别人的要求而不是自身的要求取得一致。具有高控制定向的人容易把财富、荣誉和其他一些外界的因素放在极为重要的地位。非个人定向是指一个人相信对满意结果的获得是个人无法控制的，这些成绩在很大程度上是幸运的产物。他们是漫无目的的，并且希望事情都一成不变。

（二）动力系统

“动力”一词，原指使机械做功的各种作用力，喻指为人们、事业等前进和发展的力量。领导者领导行为的动力，则是指领导者在从事领导事业的过程中，启动、推进其进行领导活动的力量。而推动领导者从事领导活动的动力因素是很多的。

人的行为是受思想支配的。根据心理学的原理，产生行为的直接原因是动机。那么启动动机的原因又是什么呢？心理学家认为主要有两个来源：一是内在的需要；二是外来的刺激。当外部条件不变时，内在的需要是一个人产生动机的根本原因。需要使人产生欲望和驱动力，这种驱动力就是动力，是驱动人们去从事某种活动的内在动力，它导致行为的产生。美国心理学家马斯洛曾就此提出了“需要层次论”。然而，“需要本身不取决于个人的意志和意识，以及生理感受，而取决于人的社会性，取决于个人在生产关系中的地位，取决于劳动人民的客观生活条件”，领导者是负有一定社会职责，拥有一定地位和公共权利、代表一定阶层和集团利益的人。因而领导者的领导行为更多地要制约于社会公众的认同和需要。社会需要将提出满足其需要的领导任务，而既定的领导任务又将激发特定的领导主体的领导意识，产生领导责任感、使命感，进而驱动领导行为导向既定的领导目标，以实现领导任务。如前所析，领导意识必然是社会需要的反映，而社会需要在领导意识中的集中体现，就是领导主体满足符合社会需要的领导服务意识。它是驱动领导者领导行为的内在根本动力，集中反映出了领导的本质。毛泽东同志号召党的干部要全心全意为人民服务，邓小平讲“领导就是服务”，其原因就在于此。

领导行为动力特点主要体现在以下 3 个方面。

其一，动力来自需要。根据社会学的原理，需要是随着社会的发展而逐步发展和扩大的，具有无限丰富的趋势。社会活动就是人们的需要不断更新的过程，原有的需要满足了，就不再成为行为的动力，社会条件的变化又将诱发出新的需要，新的需要便成为行为的新的推动力。人类要扩大需要的无限动力。

需要上升规律表明，需要在质量上越来越高，在数量上越来越多；最基本的需要满足得越多，产生新的需要越强烈，具有“饱和积累效果”；一般的需要获得后，高层次的需要便更加强烈；个别需要实现后，整个需要系统以及社会需要的诸方面会不断地调节，使需要的整个系统迅速发展。这种需要上升规律具体体现为人民群众不断增长的物质文化需求。社会需要是领导意识产生的根源，它决定着驱动领导行为的内在动力——领导服务意识。社会需要的不断上升规律决定，与之相适应的领导服务意识也必然是无止境的，具有不断上升的趋向。被誉为共产主义战士的雷锋曾讲过一句平凡而又富有哲理的名言：“人的生命是有限的，而为人民服务是无限的。”只是随着时代的变迁，服务的内容和形式有所不同而已。

其二，动力具有持久稳定性。领导行为的动力是一种源源不竭的恒定的动力，具有持久的稳定性。根据需要层次理论，唯有最高层次的需要，才具有永久性的激励作用。领导者领导行为的动力即领导的服务意识，应该说是人类社会最高层次的追求，它超越了美国心理学家马斯洛所建构的五个层次需要模式，是超越人类个体满足自我需要之上的社会需要的体现，因而领导服务意识常常集中表现为人们对理想社会实现需要的追求上。这种理想追求一旦树立，就会成为一种持久的动力，驱动人为之而奋斗，“虽九死而不悔”。历史上任何的伟大领导者，他们毕生贡献于社会事业的行为，正是在这种崇高追求不断地激励下所形成的。

其三，动力具有整体系统性。动力不仅是领导行为运用的能力，也是一种制约因素。领导科学的动力原理表明，只有科学运用不同类型的动力手段，充分激发领导主体的领导意识，才能使领导主体的领导行为能够持续有效地进行下去。动力一般可分为三种类型：一是精神动力。它包括理想、信仰及表扬、荣誉、称号、奖励和思想政治工作等。人是有思想有感情的生命，人一旦有了精神动力，往往能够创造出意想不到的奇迹。二是物质动力。它是在保证社会经济效益的前提下，对领导者或被领导者进行的物质鼓励，物质动力是根本动力。三是信息动力。它具有超越物质和精神的相对独立性，具有广泛的内容。在现代社会里，信息是进行科学领导的经常性动力。爱好、志趣、好奇心也是来自动力。运用这三种动力激励领导行为，必须掌握适度，否则容易产生不利影响。超越现实的精神激励不但无益于行为的运作，还容易造成逆反心理；单纯的物质刺激会被动行为；过多的信息也有带来决策失误的可能。所以，只有充分了解动力类型的特点，加以综合、协调、科学地运用，才能充分发挥不同类型的应有功能。

运用动力原理，发挥动力系统的整体效用还必须认识和处理好这样几种关系：首先，要正确认识和处理好个体动力和群体动力的关系，避免个体能量难以发挥，理想的模式是在让个体走向与群体走向基本一致的前提下充分发展。其次，要正确认识和处理好眼前动力和长远动力的关系，合理地使用“急则治标，缓则治本”的法则。最后，要正确认识和处理好自动力与他动力的关系，把外在刺激与自我激励有机地结合起来，使领导行为达到预期的目的。

（三）反馈系统

反馈又称“回输”“回授”。反馈的原理思想可以追溯到古希腊的“驾船术”。反馈概念的雏形，产生于近代用机器装置实现自动调节的技术经验。它的基本思想是：用输出的结果，返回来影响输入，以保持系统的稳定。在控制理论中，控制是指给定的条件和预定的目标，对受控对象施加影响的行为过程，其目的是保持事物的稳定状态或使事物由一种状态向另一种状态转换。为了及时获得全方位、高质量的信息，在建立成就动机反馈系统上应该注意以下几个原则。

一是标准化原则。受错综复杂的外部环境及领导者自身个性及经验等主观因素的影响，工作中的失误是不可避免的。这种失误有时是浮于表面立刻显现的，有时又是藏于深处具有长时间隐藏性的。在考察干部政绩时，切忌走马观花，必须制定客观的考评标准，以精确的量化，来综合衡量干部的工作实施，从而补偿人的主观因素在考察时带来的局限。建立量化标准的最大益处，就是在考察中把人为的主观因素降到最低限度，让科学统计来说话，也为公务员的晋升、奖惩提供了科学的依据。

二是关键点原则。对于一个高级组织部门来说，由于精力和时间的限制，实施反馈控制不可能面面俱到，而应该通过控制关键点，即将主要精力集中于系统过程中一些突出因素，掌握系统状态，了解执行情况，这就是控制关键点原则。控制关键点是一种重点控制形式，也是一种重要的管理艺术。关键点的选择体现了抓主要矛盾的思想，能收到牵一发而动全身的效果。

三是灵活性原则。美国管理学家孔茨指出："在某种特殊情况下，一个复杂的管理计划可能失常。控制系统应该报告这种失常情况，它还应当含有足够灵活的要素以便在出现任何失常情况下，都能保持对运行过程的管理控制。"因此，在对干部政绩考察中应采取灵活、务实的态度，在量化标准的基础上，积极增加定性分析的成分。特别是在对待干部工作中的失误这一问题上，不能简单化为量化标准，不能用一个函数变量来说明一切，应在坚持原则的基础上，实事求是地分析失误产生的原因。金无足赤，人无完人，干部也是凡人，要允许干部犯错误，允许干部改正错误，这才是真正的马克思主义观点。

四是群众性原则。走群众路线是我们党的优良传统。科学管理模式和党的优良传统的结合，将会使组织工作开创一个新的局面。对于领导干部政绩的考评群众最有发言权，群众的评价最有权威性。组织部门在考察领导干部政绩时，应走群众路线，调动群众民主监督、参政议政的积极性，充分倾听群众的呼声，切忌以偏概全。

（四）建立领导成长的内在动力机制

为适应新发展理念要求必须要建立健全一种与之相匹配的工作动力机制，把干部群众创业的积极性、主动性和创造性充分调动起来。新型的动力机制应该由以下几方面组成。

一是教育引导机制。要加强理想信念教育，把实现远大理想与脚踏实地工作结合起来，自觉地为社会做贡献，为人民做奉献，从而激发起旺盛的工作热情。同时，要强化宗旨意识。我们党的根本宗旨是为人民服务，人民需要什么，领导就要服务什么，只有根据群众的愿望和要求为人民服务，才能在服务的过程中让人民群众高兴、满意，由知民心、顺民心，最终达到聚民心。只有当我们的公仆真正认识自己所从事的每一项工作，所提供的每一项服务，都是在为自己的"主人"效力时，才会产生出无穷尽的力量和乐趣，从而忘我工作，无私奉献。

二是择优竞争机制。早在1980年，邓小平同志在《党和国家领导制度改革》一文中就指出："关键是要健全干部的选举、招考、任免、考核、转换制度。"习近平总书记在讲到选拔干部标准时强调：要把忠诚、责任、担当作为选拔领导干部的基本目标，要通过实际岗位锻炼和业绩水平衡量考察干部。探索建立一套干部能上能下、能进能出、充满活力的管理机制。近年来，一些地方注重从基层选拔优秀人才办法，增加了干部工作的透明度，有利于依靠群众选贤任能，提高了干部选拔任用的质量，激发出了干部队伍的生机和活力。通过这种形式，进一步体现"公开、平等、竞争、择优"的原则，真正选出党组织放心、人民满意的好干部，给干部队伍注入新的生机和活力。

三是目标加压机制。目标加压机制的基本内容是，以"促发展、争一流"为目的，以实施目标责任制为基本形式，以严格考核和奖优罚劣为手段，把目标责任和考核奖惩紧密结合起来，充分体现以实绩衡量干部德才的原则，科学运用加压促进、抓两头带中间的干部管理办法，把广大干部群众建功立业的积极性、主动性和创造性充分调动起来，奋发工作，强县富民。目标加压要求制订目标在不脱离实际的情况下，高标准、严要求、争先进、创一流，同时运用正、负激励两个手段，如表扬、奖励、晋级或批评、处分、降免职等，给各级干部以压力，进而产生动力，从而形成你追我赶，竞争奋进的局面。

四是监督约束机制。对领导者的监督无力，过于宽容，造成权力失控，滥用权力，从而产生腐败。因此，一方面，要教育领导者树立起正确的人生观、价值观，坚持正确的权力观，明确权力的归属、掌权的目的、正确用权的规则，自觉消除和抵制剥削阶级权力观的影响，在权力运作中做到淡泊名利，清正廉明，"利为民谋""欲为民节""情为民系"，全心全意为人民群众谋利益。另一方面，要规范行为，严格监督，从严查处。要规范干部的职责权限，既明确其职责，又界定其权限，搞好权力分解，不要使权力过分集中于个人。同时要疏通监督渠道，不仅要加强上级组织的监督，而且要加强内部监督、群众监督和舆论监督，形成上下左右的监督网络，使我们的干部不敢不负责，不敢做坏事。对失职渎职、滥用权力的干部，发现一个查处一个，"该出手时就出手"，绝不能心慈手软。

五是保护激励机制。其一，注重理解。对干部进行健康的感情投资，运用理解的纽带，实现思想的融通。注重多走访、用平等的态度同他们谈心，掌握思想动态，融合感情，做到以心感人；对干部的实际困难经常给予关心帮助，使他们感到组织的温暖，做到以情感人。其二，大力支持。广大干部特别是基层干部，工作在第一线，常常处于矛盾的风口浪尖上，苦事难事多。因此，要及时帮助他们消除隔阂，化解矛盾，解决棘手问题。为他们撑腰壮胆，当好坚强后盾。其三，关心爱护。一方面，对报复、诬陷、迫害干部的案件，要从严从快查处，达到抑恶扬善的目的；另一方面，要办理干部人身财产保险。既要从政治上关心爱护，及时掌握思想脉搏，加强培训教育，关心进步成长，使每个干部都能按照既定的目标快速成长，又要从工作上关心爱护，出点子，排忧解难，解决难题，勇担责任，还要从生活上关心爱护，时时事事体现组织的温暖，促使其加倍努力工作，回报组织的关怀。

三、影响成就动机的主要因素

（一）成就需要

一切动机产生于需要。领导者的成就动机，主要来源于自身的成就需要，即自我实现需要。领导者的这种成就需要，主要表现为领导者希望以胜人一筹的胆识和才能，组织和带领某一群体进行创造性的活动，实现群体组织的奋斗目标，为社会贡献物质和精神财富，以博得社会的认同，赢得威信和自尊。一般来说性格刚毅、年轻有为的领导者，其成就需求都较强，他们往往乐于承担富有挑战性的工作。表现出强烈的事业心和责任感，而且很少被外在压力所左右；凡年龄偏大、经历坎坷、性格懦弱、能力较差的领导者，常常表现为缺乏上进心和自信心，经不起挫折和打击，碰到困难就畏缩不前，其成就需要就比较弱。因此，成就需要是产生成就动机的重要源泉。

（二）价值取向

一个人的成就动机与其业已形成的价值取向有着密切关系。在需要与可能、理想与现实、个人与社会、奉献与索取的心理冲突中，具有不同价值取向的领导者，会做出不同的选择，产生不同的成就动机。思想境界和道德情操高尚的领导者，常常将自己的成就动机建立在符合社会发展和人类进步需要的基础上，以其顽强的意志和惊人的毅力去探索真理，追求成功，在为社会发展做出积极贡献的奋斗中，实现自我价值，享受成功体验，使其人生价值与成就动机达到完美的统一。古今中外许多杰出人物和有识之士，为了人类进步和社会发展而奉献毕生经历甚至宝贵生命，就是这种高尚的价值取向与强烈的成就动机有机结合的典范。相反，那些心胸狭窄和私欲膨胀的领导者，则往往把成就动机建立在极端个人主义的基础上，片面地追求自我价值的实现，更有甚者竟发展到以权谋私、徇私枉法的地步。因此，树立正确的价值取向非常重要。

（三）抱负水平

所谓抱负水平，是指领导者进入角色活动之前，都会预先确立自己想要达到的成就目标，并为此而做出不懈的努力。俗话说，“人贵有自知之明”。一个聪明的领导者不仅要充分了解自己的工作对象，更重要的是要充分了解自己，必须清清楚楚地知道自己的优势与劣势、长处与短处，并以此来决定自己能做什么，不能做什么，绝不做自己能力不及的事。当然，抱负水平是由个人对其角色活动的成功或失败的体验决定的。有的人成功后骄傲自满，从而导致抱负水平的降低。有的人失败后更激起其迎头赶上或超过他人的决心，提高了抱负水平。因此，抱负水平对领导者的成就动机影响和制约极大。

四、领导成就动机的培养激发

（一）从组织层面上讲

1. 积极的评价

要确立合乎时代精神和社会规范的价值标准，并通过舆论宣传、典型示范等多种形式，对领导者符合这一标准的追求成功的行为给予积极的评价、肯定和支持，从而促进领导者产生积极进取的情感体验，自觉提高抱负水平，激发出更高的成就动机。

2. 配套的政策

要制定实施在领导者的培养、选拔、奖励等方面具有现实的针对性，较强的可操作性和配套的政策，以利于保障、鼓励和推动领导者敢于冒尖，勇于向上，不断创造成就，追求超越和突破。

3. 充分的竞争

要在制度和机制上革除“论资排辈”“任人唯亲”等弊端和陋习，在干部人事工作中实行公开、公平的竞争，从而促使领导者在竞争中激发成就动机，显示潜能，脱颖而出。

4. 优化环境

要努力创造一个有和谐的人际关系，良好的工作条件和完备的后勤保障的组织环境，使领导者精神愉快，无后顾之忧，能全身心地投入事业之中，激发成就动机，发挥聪明才智，健康而迅速地成长。

（二）从领导者自身讲

1. 培养健全的心理素质

在实践中，有的领导者工作积极进取，也能够开拓创新，面对工作中的挫折和失败毫不气馁，但却因感情上的一点波折而导致心理失衡，甚至一蹶不振；有的领导者才华出众，智力超群，但由于存在性格缺陷而人际关系处理得不好，在工作中得不到大家的支持和信任，最终也一事无成。类似的情况非常多，这充分说明，健全的心理素质既是领导者获得人生快乐、追求事业成功的重要保证，也是保持适度成就动机的基础条件。所以，领导者必须结合角色活动和社会实践加强个性修养，在自我教育、自我调节和自我完善的过程中，不断健全心理素质，始终保持清醒的自我意识、稳定的情绪状态、健全的性格和强烈的社会责任感，为领导活动的成功打下良好的心理基础。

2. 保持适度的动机水平

心理学研究表明，人的成就动机的强弱高低，不仅取决于个人的主观因素，同时也受到外部客观因素的影响。一个领导者的成就动机的强弱高低，不仅取决于个人的主观因素，同时也受到外部客观因素的影响。当领导者在进入角色活动之前，一般都有“为官一任，造福一方”的良好愿望；当领导者在进入角色活动之后，还应该根据自身素质和外部客观条件的许可程度，确立一个合理适度的成就动机。成就动机过高或过低都会造成不良的后果。如果成就动机过高，且又急于有所建树和显示政绩，容易使自己把主要精力放在最能“显露政绩”的方面，而不是从本地区、本单位的实际情况和长远利益出发，踏踏实实地为群众办实事，做好事，发展到严重的程度，或是为追求高标准、高速度而虚报浮夸、弄虚作假、骗取荣誉，或是以牺牲本地区、本单位的利益为代价，为自己“加官晋爵”捞取资本，有的甚至偏离党的路线、方针、政策，置党纪国法于不顾，搞“上有政策，下有对策”，给党的事业造成损失。一旦这种过高的成就动机得不到实现，或者这种所谓的“政绩”得不到承认，便会产生心理挫折。有的甚至一蹶不振，消沉下去。如果成就动机过低，就容易使领导者缺乏应有的进取精神，表现为因循守旧、墨守成规、安于现状、无所作为。可见，成就动机既不能“过度”，也不要“不及”。

3. 增强成就动机的效果反馈

领导者要善于将自己的成就动机转化为本地区、本单位的工作目标和群众的自觉行动，而且要十分注意加强成就动机的效应反馈，并据此来适时检验或调节动机水平。这种反馈一般体现在两个方面：一是群众情绪和觉悟程度的反馈。当群众对工作目标持积极的情绪反应时，领导者应以此来强化自己的成就动机，带领群众为实现既定目标而努力；当群众对工作目标反应冷淡、消极抵制甚至反感时，领导者则应冷静地分析原因，找出对策，或是根据群众的觉悟程度和客观情况的要求，及时调整自己的成就动机。二是成果的反馈。人在取得满意的工作成果时所产生的愉快情绪反应，属于正反馈；在遭到失败和挫折情绪下表现出来的消极、萎靡的情绪反应，属于负反馈。

4. 领导者要做到胜不骄，败不馁

培根曾说过：“顺境最易见败行，逆境最可见美德。”在实施领导的过程中，无论出现哪种结果，领导者都应保持良好的精神状态，做到胜不骄，败不馁，做到“得意时处之以淡，失意时处之以忍”。当工作结果不甚理想甚至失败时，要善于消除因失败而带来的心理障碍，及时分析原因，找出对策，吸取教训，以利再战。当事业取得成功，目标得以实现时，要充分利用成功所带来的正反馈，修正和强化自己的成就动机，增强角色活动的积极性和创造性，向更高的目标去努力。

C H A P T E R 0 6

第六章

领导人际沟通

人际沟通也是一个社会心理作用的过程。对领导而言，目标信仰、情感需求、认知态度、专业爱好、性格等因素对沟通协调具有不可忽视的重要影响作用。良好的沟通协调能增进友谊、加深理解、增加共识、彼此信任，极大地推进工作与事业的发展。美国卡内基基金会曾经对一万多名美国成功人士进行问卷调查，分析他们成功的原因。研究发现，这些成功人士固然有自身的天赋、智慧、专门技术和经验的一面，然而这些人成功的85%的原因是有着良好的人际关系。良好的人际沟通是个人成功的一个重要因素。

一、人际交往，重在沟通

面对日益复杂的领导环境，要完成各项领导任务，领导者必须要处理好各方面的关系，赢得上级、同事和社会的支持。领导不仅要处理好自己的人际沟通问题，还要做好人际关系的协调工作，善于化解各种矛盾，清除领导行为中的各种人际交往障碍，保证组织领导工作顺畅通达。按照美国学者孔茨的说法，协调是领导工作的本质，领导的中心任务就是消除在方法上、时间上、力量上或利益上存在的分歧，使共同目标与个人目标协调起来，最终达到领导目标的实现。

（一）沟通从“心”开始

中国移动通信公司有一句家喻户晓的广告语：“沟通从心开始。”这句话和“科技以人为本”有异曲同工之妙，都是尊重人的典范。人际交往中“尊重”这个词听起来、说起来容易，做到却很难。“尊重”是一种很高的人际修养，是由里而外透射的领导人格魅力，而这种领导人格魅力是需要通过不断修炼积累才能得到的。作为成功的领导，要协调好各种人际关系，必须是发自内心的尊重每天与你交往的人，而不是时时拿利害关系来衡量和对待他人。只有在和别人交往中尽心竭力，才能为领导工作积累起良好的人际关系。

尽管领导容易操控社会交往的局面，但是这样往往带来最后的领导失败。良好的领导关系和人际局面本身就包含对他人的尊重。尊重身边的工作人员、尊重自己的部属、尊重领导工作中打交道的每一个人，这样的领导无形中就赢得了宝贵的亲和力。所以说领导工作的协调沟通要从尊重开始。尊重也就是从内心深处承认人性是平等的，关爱他人。当尊重他人成为你人格的一部分的时候，你也会受到真诚的回报，领导工作得到顺利地开展。

举个例子。很多人可能还记得时传祥这个普通掏粪工人的名字。刘少奇曾握着他的手说："你当清洁工是人民的勤务员，我当主席也是人民的勤务员。"在当年曾传为佳话。当时，担任北京市副市长的万里，也曾背起粪桶，跟着时传祥学习背粪，给环卫工人鼓气，一时间在北京城内传为佳话。1966 年国庆节前，毛泽东特意把他接到中南海小住。国庆节当天，他被当作贵宾请上了天安门，参加国庆观礼活动，这是他有生以来第一次登上天安门。在城楼上，毛泽东握着他的手，亲切问候了他。"文革"期间，时传祥因与刘少奇的亲密关系等原因受到冲击，于 1971 年被遣送回山东原籍。1973 年 8 月，周恩来总理得知这一消息后非常气愤，指示立即派人把他接回来治病。他随后被接回北京，于 1975 年 5 月 19 日因病逝世，终年 60 岁。他去世之前还反复叮嘱，让儿子继承父志，也当一名称职的环卫工人。从毛泽东、刘少奇、周恩来到万里都自身位高权重，但他们尊重身边的每一个人，所以才赢得了人们的爱戴。尊重他人，对于领导者而言，显得更有意义。王跃文先生在《故事不是编的》中说："我没见过哪个文件或法律上规定下级必须无条件地尊重上级，而这却似乎是官场铁律……当初我侧身官场，在所谓领导面前，我可以服从他们，不一定尊重他们，想赢得我的尊重，就得看他们的德行了。"从人格平等的角度上讲，下级应当尊重领导，领导也应当尊重下级，相互平等、相互尊重，既公平又合情理。难道一个不知尊重下级的领导也值得我们去尊重吗？欲用手中的权力去压服下级的上司，从素质上讲就不配当领导，连基本的领导艺术都不懂。有时候领导容易自我膨胀，不尊重别人。尊重别人特别是尊重下级和部属也是强化领导人格魅力的有效手段，可以从以下几个方面做起。

第一，视部属为合作者。不管上级、同事还是下级在人格上应该是平等的，在工作上只是扮演的角色不同而已，离开谁都难以成事，因此，部属是伙伴，我们应以“同事”称呼他们，这不仅是称谓的问题，更重要的是尊重的问题。

第二，随时肯定部属的成绩。在工作中，我们是否可以肯定多于批评，部属在被肯定之后会有更多的工作热情及创新。部属不可以乱骂，每一次责备都会使他们萎缩一次，要以肯定让部属有信心。有更多的自我期待，就会有更多的自我表现。美国科学家富兰克林说过：“人总是向被肯定的方向求发展。”所以，尽量以建议来代替批评，效果会比较好。

第三，尊重部属的私人时间。有的领导一味地要求部属保持工作热情，总是希望下级加班，还希望下级可以为了工作牺牲家庭，甚至希望下级能将工作视为生命的重心。但是我们不能总是希望下级一天 24 小时时时挂念着工作，而应该尊重下级的人性需求，在下班后要求下级工作上的事项尽可能避免，如果无法避免也应以麻烦别人的心态和部属商量。

第四，尊重和包容差异。在我们的领导工作中，总是充满形形色色的人，即有各种背景的人、有各种性格的人、有不同生活经验的人，我们尊重个别的差异并找出共同点。一个好的人际氛围是能包含不同个性，塑造共同价值观的。人生而不同，但对我们工作都会有独特的贡献，切不可只用一种人，用一种方法来做事，身为领导要学习用不同的方式与不同的人打交道。要承认人的最大特点是人与人之间存在差异，克服自己的偏见，这样才能使人际关系更和谐，也更具效能。

第五，尊重部属的不同意见。有的领导不愿听取部属的意见，认为部属能力不足，意见不具备参考价值，这实际上是个误区。部属能力较你弱或许是事实，但并非他的每个意见都不高明，有些意见可能对方案有补充作用，或者可以通过这些意见本身了解下级在执行中会有什么心态及要求。总之，无论从哪个角度讲都有必要认真倾听不同意见，因为一个人考虑问题不可能十全十美，况且，就怎样做成一件事来说也很少有标准答案，我们要的是结果，如果大家齐心协力共同完成一个任务，就是很开心的事情。

领导的人际效能有多大取决于对人性尊重修炼到了何种程度，越是尊重别人，社会适应度就越高。领导就应该本着善心和爱心，以积极的心态、平等的态度、关爱的语言与人交流，创造优良的人际氛围。

（二）人情练达即文章

曹雪芹有句名言，“世事洞明皆学问，人情练达即文章”。世界五百强的美国通用电气公司（GE公司）用人的四大标准是：亲和力强，忠诚可靠，业绩能力突出，重用；有亲和力，忠诚可靠，业绩一般，培养使用；有亲和力，弄虚作假，花言巧语，有能力，谨慎使用；亲和力差，不诚信，能力弱，弃而不用。可见，人际沟通是识别人才、建立关系的重要前提，也是衡量领导亲和力的一个重要指标。领导干部要充分发挥沟通积极作用，善于处理好方方面面的人际关系。和谐的人际关系犹如空气之于人，水之于鱼。每个人都是单翼的天使，只有拥抱在一起才能飞翔。“拥抱在一起”就会产生巨大的能量，从这个意义上说，人际关系也是生产力。现代社会，多元化、多层次化和急剧变化使得整个社会形成了庞大的人际关系网络。上下左右、四面八方的人际沟通成了领导活动的一个重要特征，人际关系的拓展为领导效能的提升创造了很多的机会，人际关系是领导力。成功学专家戴尔・卡耐基也说，成功等于15%的专业技能加上85%的人际关系和处世技巧。尤其是在创造性领导活动中，领导者有60%以上的时间和精力用来处理各种复杂的人际关系。这也表明，能否较好地掌握协调人际关系的领导艺术，往往是一个领导者是否具有影响力号召力的基本指标。

领导者属于社会的管理阶层，领导者的人际活动对社会的心理环境的影响是很深远的。如果长期的人际关系问题不和谐，随着人际关系的压力积累，会对领导者的心理健康带来很大的影响。如果他们人际关系出现很多问题，交往不适、协调困难，则容易造成决策失误、人际效能下降、领导工作的脱离常轨、领导效能下降和离心力增强等。这样也对社会心理环境非常不利。有人戏言，领导与各个方面打交道，能有处理不好的关系？领导经常出入各种场面，会有社交障碍？好像在领导者身上人际协调出问题是不可能的。事实上通过调查和访谈，我们了解到很多领导者都在不同程度上有人际关系困惑和沟通困难的问题。很多领导者在人际协调和沟通方面都存在心理上的误区，比如说领导者在人际交往中的自大自恋倾向、猜疑心理、圈子心理、角色固着、关系依赖症和惧怕上级等。

因此，了解自己的人际关系状况，对自己的人际协调技能进行评估，有意识地通过训练提高自己的人际关系能力和协调技巧，是每一个领导需要长期重视的课题。通过树立“关系也是领导力”的观念，在实际的各项领导工作中积累锤炼，实现“工作好干，关系好处”。

（三）沟通也是领导力

“两个和尚抬水吃，三个和尚没水吃”，这是讲合作的好处，也讲到责任扩散的规律，“法不责众”“众人拾柴火焰高”“团结就是力量”等名句都从不同的角度告诉我们合作团结是多么的重要。但是在领导活动中有一个现象始终困扰着人们，那就是窝里斗现象，比如立山头、拉帮派、圈圈子。立山头也好，拉帮派也好，圈圈子也好，都会导致人际关系恶化，人际效能低下，班子凝聚力的下降以及彼此力量的相互抵消和耗损。邓小平在《组成一个实行改革的有希望的领导集体》中指出，“党内无论如何不能形成小派、小圈子。我们这个党，严格地说从来没有形成过这一派或那一派。30 年代在江西的时候，人家说我是毛派，本来没有那回事，没有什么毛派。能容忍各方面、团结各方面是一个关键性的问题。自我评论，我不是完人，也犯过很多错误，不是不犯错误的人，但是我问心无愧，其中一点就是从来不搞小圈子。过去我调任这样那样的工作，就是一个人，连勤务员都不带。小圈子那个东西害死人呐！很多失误就从这里出来，错误就从这里犯起。”

可见领导班子的人际内耗还是个很普遍的现象，根据社会心理学的观点，在人际交往中随着利益中心的转移会产生各种小团体，小团体也随着领导活动的变化而变化。领导常常无形中处于各种利益矛盾的中心，很容易造成领导班子的人际内耗。有人对领导班子不团结合作的窝里斗现象做了总结，有下面几点，很是形象。① 干的不如看的，看的不如捣乱的，我不干，叫你也干不了，别人干出了成绩，不是为之高兴，而是嫉妒挑剔，挑毛病，说风凉话，不服气。② 本意不是把事情搞坏，但总是以老大自居，自以为是，固执己见，墨守成规，稍不如意就闹，不能集思广益，博采众长，最后贻误时机，造成失误。③ 争当主角，不愿当副手，当了配角、当了副手，不是出主意，而是出难题，不是补台而是拆台。④ 不是以事论人，而是以人论事。分你的人，我的人，搞小圈圈，讲哥们儿义气，把人情上的亲疏好恶，转移到对其所办的事情支持和否定上。⑤ 你在谋事，他在谋人。成天琢磨人，将智慧聪明用在谋人上。⑥ 班子不团结，互相拆台，小道消息流行，当面不说，背后乱说，搬弄是非，挑拨离间，甚至造谣中伤。也有的领导班子成员为了个人利益或者小集体利益，今天你请我喝，明天我请你吃；今天你投之以桃为我办事，明天我报之以李为你办事。往往以诚相待成了酒肉相待，相互帮助成了权钱交易。而在其他成员遇到困难时，则隔岸观火，袖手旁观；在其他成员发生问题时幸灾乐祸，“落井下石”；在其他成员得到重用时耿耿于怀，妒火中烧。

二、人际沟通的类型和影响因素

人际沟通是指人与人之间的信息交流过程，人类的大部分时间都是在沟通过程中度过的，比如我们与别人交谈、看电视、听讲座、看书等。沟通的深度和广度将直接影响到人类社会的生存质量，因此是非常重要的。狭义的人际沟通是指人们在互动过程中通过某种途径将一定的信息传递给另一个接受信息的人；而广义的人际沟通则是指人类的整个社会互动过程，通过这种互动过程人们可以交换观念、思想、知识、兴趣、情绪等信息以及相互作用的个体的全部社会行动。

人际沟通是当代社会心理学非常重视的一个研究领域，我们通过掌握它的一些基本特点来对它进行研究。首先，人际沟通双方都是主体，并且沟通的发生是不以人的意志为转移的。人际沟通的过程中是一个互动的过程，在这个过程中沟通双方都有自己的目的和动机，同时也关注对方的有关情况，他们积极主动地参与沟通交流，以争取达到自己想要的结果。其次，人际沟通是一个连续的过程，在这个互动的过程中人们根据不断接收的信息来调整自己下一步的行动。人一生的发展都是在不断的沟通中实现的。最后，人际沟通获得的信息是整体性的。我们在调整自己的行动时所依据的沟通信息，往往是所有各种沟通途径所能获得信息的一个整体，包括一举手、一投足、每一句话、语调、表情、姿势和对人的态度等，只有这样我们才能更为有效地进行沟通，理解别人。

（一）沟通的类型

人们进行交往沟通的类型有很多种，在沟通的时候也往往是几种类型同时参与其中。在这里我们主要讨论几种主要的人际沟通类型。

1. 语词沟通和非语词沟通

语词沟通顾名思义就是依赖语词符号实现的沟通，在所有的沟通类型中，语词沟通是沟通可能性最大的一种沟通，因为它包含了两种沟通形式：口头沟通和书面沟通。对于大多数人来说，口头沟通是最方便有效的沟通方式，也是运用得最广泛的一种沟通。领导者在工作中与人沟通时要注意谈话的技巧，特别是在和下属沟通时要学会换位思考，学会倾听，多鼓励，少批评，最大限度地使自己的意图能够被下属所理解和接受。书面沟通相对于口头沟通来说要比较正式一些，通知、广告、文件、报纸等都是属于这种沟通。领导者在具体运用这种沟通手段时措辞要准确精练，能将自己的意思表达清楚，同时所用的语言也要注意通俗，容易被别人所理解。

非语词沟通又被称为非语言沟通，主要是指除了语词沟通之外的其他沟通方式，比如姿势、动作、表情和接触非语词的声音及空间距离等实现的沟通方式。显然这种沟通方式和语词沟通一样重要，一个态度傲慢，跷着二郎腿的领导是无论如何也无法拉近与周围人的距离的。

2. 正式沟通和非正式沟通

正式沟通和非正式沟通的区别在于沟通的情境，也就是在正式的社交场合还是非正式的社交场合进行沟通。领导者在公开场合的讲话是其领导能力的一种体现，要提高这种能力就要使自己的讲话充满激情和富有感染力，同时更要注意讲话精辟简洁、短而有用，这是成功讲话的必备条件。在这方面毛泽东堪称短文大家，他在解放战争时期为新华社撰写的许多新闻都是短文，其中《我三十万大军胜利南渡长江》一文只有 300 字，被新闻界列为经典之作。

3. 群体沟通与大众沟通

群体沟通中除了有普通的人际沟通之外，还包含了许多新的特点，出现了沟通网络结构、沟通群体效益、沟通对群体士气的影响等新问题。而大众沟通主要是通过广播、电视、报纸、杂志等大众媒介实现的信息交流，它的显著特点是影响广泛而深远。作为新时代的领导，怎样利用好大众传媒来扩大影响，更好地实现与群众的沟通也是一个值得思考的问题。

（二）影响沟通的心理因素

社会知觉既是人际交往、社会化的前提，同时又是交往的结果，由于人及人际关系的复杂性，在社会知觉过程中难免会存在一些偏差，影响人们有效地沟通。常见的主要有下列几种。

1. 首因效应

首因效应是指双方在交往中形成的第一印象对以后活动的影响，所谓的“先入为主”。首因效应与第一印象不同，它主要强调的是第一印象的影响和效果。良好的第一印象将为人们以后的工作和交往提供很大的方便。相反，如果一开始就留下了一个比较差的印象，那么在今后相当长的一段时间里这种印象可能会给你的生活带来不必要的阻碍。

领导者在工作中应当尽量避免首因效应的影响，做到不以貌取人，以学历取人，或者以资历取人。在工作中要讲求实效，注重实绩，以事实说话，以成果说话。这样才能在组织中形成一种公平的气氛，有利于激发下属积极进取的精神，从而推动整个部门的进步。

2. 近因效应

最近获得的信息给人留下的深刻印象和强烈的影响叫作近因效应。近因效应主要产生在与熟人的交往中，同样也存在于上下级之间。常常有这样的情况，一向被上级认为平庸无为的某个下属因为最近在工作上的一个表现而使领导对他刮目相看，印象大为改观；同样，一向关系和睦的上下级之间因为下属一句无心之语而令上级耿耿于怀，从而影响原先对下级好感的情况也屡见不鲜。一旦出现这样的情况，作为领导者必须要保持冷静的头脑，正确分析，理性思考，摆脱近因效应的影响，以一贯的态度来工作和处理与周围人的关系，这样才能保证领导工作的正确性，建立和谐的上下级关系。

3. 晕轮效应

晕轮效应，也叫作光环作用，是指在对人的某些品质特征形成了清晰鲜明的印象后，掩盖了对其余品质特征的知觉。领导工作中要摆脱晕轮效应的不利影响，首先，我们必须实事求是地根据我们观察到的信息客观地评价下级；其次，在观察下级的时候我们也必须注意要全面客观，不要只注意一些表面的、局部的个别特征，出现“一好百好”的情况；最后，在评价下级的时候不要加入任何已有的感情，当然也不要受第一印象的影响，在很多时候，晕轮效应和第一印象是直接相关的，不正确的第一印象直接导致晕轮效应的形成。

4. 刻板印象

刻板印象，或刻板化，也叫定型化效应，是把通过直接或间接获得的对某一类人中的某一个体的认识推而广之，应用到全部的结果。其错误在于过度概括，即在极其有限的材料的基础上，做出了极其广泛的结论。刻板的消极作用是显而易见的，它不仅忽视了个别差异，经常导致对人的错误认识，而且刻板印象也是构成偏见的重要成分，它使人们的认识僵化，从而阻碍人与人之间的正常交往。

领导者在工作中也要注意避免对下级产生刻板印象，比如说受男女性别歧视观念的影响，认为女同志的工作能力就是比男同志的差；或者受唯学历论的影响，认为大专生就是比不上本科生，本科生就是比不上研究生等，导致在部门内部产生不平等的竞争氛围，影响部门内部的团结。

三、提升领导人际沟通力

领导者的人际沟通与一般人的人际沟通的不同之处在于其是以实现组织目标为唯一目的，它围绕组织目标的实现而进行信息、思想和感情等的沟通。重要的是在沟通的过程中必须保证沟通的信息是客观、真实而准确的。

（一）人际沟通主要心理障碍

人际沟通作为一种基本的素质是领导者所必须具备的。这要求领导者具有关心人、理解人、说服人的能力。在人际交往中平易近人、善于倾听、扩大接触面、建立广泛的工作关系、与周围人群沟通思想感情。如果领导者能够做到这些，那么他将可能成为下属的知音，在工作中必将获得下属的鼎力相助，事半功倍。但在实际工作中，也存在一些影响制约沟通的心理因素，其中有的个性心理因素对人际沟通具有重要影响。

1. 猜忌

在人与人的交往中有这样一类人，他们怀疑一切，在交往中过度防备，认为周围的人都是假情假意，不值得相信。这种自我防备过度的表现可能和自信不足有关，也可能和以前的经历有关。不管是哪种原因所形成的多疑，一旦形成之后，将会使人不敢与别人交往，久而久之，形成恶性循环，最终将自己完全封闭起来，不再有任何朋友。

对于领导者来说，看他领导能力的强弱就要看他用人的水平如何，而多疑恰恰就是领导者用人的大忌。领导者如果多疑，表现为对下属缺乏基本的信任，也就是用谁都不放心，处处设防，这样做不仅会降低领导者本身的工作效率，也不利于下属工作积极性的发挥和潜力的发掘。作为一个成功的领导者应当用人不疑，不仅要敢于用人，用比自己能力突出的人才，还要敢于授权、放权，做到“将能君不御”，只有这样才能吸引各种有用之才，最大限度推动组织的发展。

2. 嫉妒

嫉妒，是伴随着人类社会产生的，它有着正反两方面的作用。适度的嫉妒可以使人振作、发愤图强、力争上游，这是一种积极的作用。但是在生活中我们常见的还是嫉妒的消极作用，嫉妒表现在交往中常常有强烈的排他性，随之将会产生一些嫉妒的行为，有些甚至是过激的。一个善妒的领导者一般情况下是无法成就大事业的，因为他无法容忍比自己能力强的下属，或者也无法容忍同级的领导者在业务上的提高、职务上的晋升等，一旦出现比自己强的人，就想方设法打压，最终使那些优秀人才离他而去，留下的只是那些平庸的人，这样的组织当然是缺乏竞争能力的。虽然说嫉妒别人的才能，特别是比自己强的人的才能是人的本性，但是作为一个领导者应当尽量克制自己有这样的想法，即使有这种心思也应当将之转化为忧患意识，努力提高自己的能力，特别是领导能力，学会驾驭各种优秀的人才。所谓“宰相肚里能撑船”，只有那些有容人之量的领导者才能取得事业上的成功。

3. 自卑

自卑是个人由于某些心理缺陷或一些其他的原因而产生的轻视自己，认为自己在某个方面或几个方面不如他人的情绪体验。在实际生活中，形成个人自卑的原因往往是个人心理方面的，主要是自我认识的不足。这一类人往往将自己的缺点同他人的长处相比，通过这样的比较，越比越没有自信，长此以往，很容易形成自卑心理。另外，性格内向也是形成自卑的一个重要原因。

自卑是领导者通往成功路上的一块绊脚石，领导者最需要的往往是自信。自信的领导者能听从旁人的建议，不怕手中的权力落到其他人的手上，这样就会有很多人愿意为他工作，当然他也能用到最优秀的人才。如果领导者的自信心不够，只敢用比他差的人，那么组织的前途可想而知。同样只有自信的领导者，相信自己的决策是正确的，才能自始至终地贯彻执行，而不会在重大问题上举棋不定，失去最好的发展机会。

4. 自负

主要表现为自我感觉过于良好，喜欢自我标榜吹嘘，生活上吹吹拍拍，工作上刚愎自用，对下盛气凌人，对上挑剔藐视，固执己见。自负心理往往是造成领导关系紧张的主要诱因。为此，领导者要虚怀若谷，谦虚谨慎，要礼贤下士，尊重他人。在工作中以平等的态度对待下属，学会换位思考；对下属的个人和家庭中遇到的困难要加倍关心和照顾等，只有这样的领导者才是受下属欢迎的领导者。

（二）提升沟通影响力

作家王蒙在《王蒙自述：我的人生哲学》中提到了他关于人际关系的 12 条“处理准则”，其中就有 3 条：① 记住，人际关系永远是双向的，学人者人恒学之，助人者人恒助之，敬人者人恒敬之，爱人者人恒爱之。同时，说人者人恒说之，整人者人恒整之，害人者人恒害之，耍人者人恒耍之，虚伪应付人者人恒虚伪应付之。② 在人际关系中永远不考虑从中捞取什么。③ 永远不要以为任何你接触的人比你傻、比你笨、比你容易上套。人际关系是双向的，从不笑看别人也充分说明尊重在人际关系中的重要价值。这对于领导来说也大有启发，说到位就是对人“尊重、尊重、再尊重”。

1. 与上级的沟通

任何一个人在组织中都有可能既是领导者，又是被领导者。要成功地扮演好以上两个角色就必须根据不同的身份而采用不同的沟通技巧。在领导工作中，作为一个下属在任何时候都要尊重上级，并在工作中积极配合和支持上级的工作。所谓的尊重，包括领导者的人格和领导者所做的决定，下级在工作中要努力维护领导的权威，但是这种尊重并不是说一味地恭维和溜须拍马，而是积极加强和领导者的沟通，充分领会领导者的意图，勤勤恳恳地做好自己本职工作。在这个基础上主动为上级分忧解难，有时即使牺牲自己的一点小利益也要顾全大局，积极协助上级完成工作。

在工作过程中要牢记“下级服从上级”这个基本准则，在领导者的决策、做法有错误，或者个人和领导者有不同的看法时，也应该服从上级的安排，执行上级的决策，但在执行的过程中可以采取适当的方式向领导者说明问题的重要性并提出合适的建议，或者在实际的操作过程中有所保留，稍做修正和变通，但前提是保证组织目标的实现。

下级和上级在沟通的过程中要建立适当的人际关系，一方面，不能太疏远，缺乏沟通将导致不能正确领会上级的意图；另一方面，和上级的交往也不能太亲密，在工作中带入私人的情绪同样会有不好的影响。

下级在实际工作中要想创造性地完成上级布置的任务，不断地做出成绩，就必须掌握以下几点。首先，在自己的岗位上开展创造性的工作。一般情况下，对于具体的工作上级只是提出目标、计划、规则和一些指导性的意见，至于具体如何完成工作则完全取决于个人。下级一方面要领会上级的意图，另一方面更要根据具体的工作环境和条件，充分发挥自己的能力和水平来完成工作。其次，要充分了解领导的类型和特点，有时候下级即使有很好的意见但是不能被领导者接受而白费努力，因此了解领导者的特点，针对性地采用领导者比较能够接受的方式来说服领导者，将自己的意见变成领导者的意见，这也是作为下属必须要掌握的沟通艺术。通常情况下，下属在提意见时一般都会准备几个备选方案，给领导者一定的选择余地，每种方案都要直接说明利害，使领导者能够迅速做出决策。最后，作为下属在任何时候都要有明确的定位，坚决杜绝越位现象的产生（决策越位、表态越位、工作越位、场合越位）。只有在合适的时间、地点和场合说合适的话，这样才能和领导者保持一个良好的关系。

2. 与下级的沟通

作为组织中的领导者，要想完成组织的目标，不仅要能够正确地做出决策，还要能够依靠执行者准确无误地执行决策，这就需要领导者加强和下属的沟通。在沟通的过程中作为领导者一般应该掌握以下原则。

（1）平等待人

这是搞好领导者人际工作的基础。干部首先要摆正心态，不要因为组织中成员的学历、经历、专业和性别等的不同而区别对待。干部的责任是使组织上下增进了解，相互理解，要倡导组织成员之间的坦诚相待，不仅要接受和自己看法一致的人，也要接受和自己看法不一致的人。这样就能在组织内部形成平等的民主氛围，保证有效的沟通。领导者在工作中应当尊重下属，有什么决定应当及时让他们知道，充分发扬民主，让他们感觉自己才是企业真正的主人。另外，领导者在工作中还应当多为下属着想，解决他们的后顾之忧，这样他们才能更积极地投入工作当中去。

（2）以理服人

领导在与人沟通的时候，切记不能够用自己的身份去命令别人做什么事，而是应该以理服人，摆事实，讲道理，使下属心悦诚服地接受。《弟子规》说过："行高者，名自高。势服人，心不然。理服人，方无言。"为此，在与下属进行沟通时也要讲究沟通的技巧，要循循善诱、积极启发，学会换位思考问题。当双方意见不同时，不要以领导的身份去强迫下属认同自己的观点，而要保持冷静，耐心地与下层进行交流。一旦事实证明自己是错误的，要勇于改正，面对多种意见要学会认真比较，寻找其中的合理之处，从中得出自己的结论。

（3）出于公心

领导者是一个部门的负责人，他负责的是整个组织和集体的利益，因此在进行思想沟通的时候，沟通的起点就是组织的共同目标和利益。胡锦涛同志就曾经指出领导者要做到权为民所用，情为民所系，利为民所谋。要在组织内部进行有效的沟通，领导者必须站在集体的立场，出于公心而不带一点私人的感情和私心，这样领导者就能得到广大组织成员的信任，这是有效沟通的前提。另外领导者还要以身作则，起到一个带头作用，带头执行自己的方案，并努力让下属认同，执行自己的方案。

（4）双向沟通

沟通本身就是一个双向交互的过程，领导者在进行人际沟通时，切记不可将沟通过程变成单向的任务传达。首先对于上级的意图，领导者必须要准确地领会，在和下级沟通的过程中也要注意采用合适的语言，因人而异，争取自己所传达的信息能最大限度被下属接受。当接收到反馈信息的时候，要认真考虑其中的意义以及应对的方法和措施，并及时传达给对方。一个优秀的领导者不仅要容忍下属提出问题，而且要鼓励下属提出问题，这样才能保证在组织内部信息的充分交流。在具体沟通的时候也要注意沟通技巧，以真诚的赞美与感谢为前提，在批评时讲究方法，更要注意沟通用词，并且学会换位思考。

（5）形式多变

沟通的形式有很多种，在具体的沟通中采取什么样的沟通方式比较合适，要根据具体的实际情况来加以选择，选择的原则要围绕实现组织的目标来进行。比如说情况比较紧急时，就没必要召开全体人员会议，而是有关人员可以召开一个现场工作会议，快速解决出现的问题；但是选拔和处理人员时就必须全体人员参加，广泛听取意见，做出正确的决策。

（三）与同级的沟通

在组织中一般情况下与上级和下级的人际沟通往往被人重视，但是同级之间的人际沟通却通常被人忽略。同级之间的人际沟通存在于同事之间，相同级别不同部门的人之间。这种人际沟通的特点是由于同级之间的级别、资历和文化程度等因素基本相同，所以不可避免地会存在一些竞争情绪，相互之间互不服气，甚至有时还会出现相互拆台的现象。要协调这一层关系就必须在沟通的过程中遵循豁达开阔、坦诚相见、互相尊重、平等对待、相互信任、为人正直、相互学习的原则。在同级之间要加强沟通，取长补短，发扬风格，淡泊名利，认真做好自己职责之内的工作，对别人职责范围之内的事绝不插手，真正做到“权利不争、责任不让、通力合作”，甚至有时要委曲求全，牺牲一己之利而顾全大局。当对方取得成绩时，为之悦：遇到困难时，助其力。努力将与同级的关系上升到公开竞争与竭诚合作的高度上，从而形成一种良性竞赛、共同发展的局面。

附：一般人际关系状态自我诊断[①]

测验一：社交内外向倾向水平测验

1. 如果由于参加了与你关系较大的活动未能准时回家，你是否在意？

A. 是　B. 否

2. 一群朋友突然邀请你一起去做某事或参加某项娱乐活动，你愿意一同前往吗？

A. 是　B. 否

3. 在工作和学习中，你经常主动承担额外工作吗？

A. 是　B. 否

4. 人们是否因为你工作勤恳而经常称赞你？

A. 是　B. 否

5. 参加某些不能直接获益的活动，你愿意吗？

A. 是　B. 否

6. 假如让你做某项工作，而你当时身体很不舒服，你是否能竭尽全力完成它？

A. 是　B. 否

7. 你是否参加了社会性较强或有慈善福利性质的组织？

A. 是　B. 否

8. 你积极参加各项活动或各种会议吗？

A. 是　B. 否

9. 当你的意见与小组意见相反或相去甚远时，你会断然退出该小组活动吗？

A. 是　B. 否

---

① 本节测验及其解释主要引自两个来源。一是桑洋编写的《人的自我测验》，学林出版社，1985 年版；二是秦梦编译的《你了解自己吗——自我人生测试》，中国工人出版社，1990 年版。

10. 你很乐意与其他人一块儿参加活动吗？

A. 是　B. 否

记分方法：除第 9 题否定回答得 1 分外，其他各题的肯定回答得 1 分，否定回答不得分。至此，你可以统计你的总分了。

答案与分析

1. 得 0 ～ 3 分者：性格比较内向，不善交际，个性较强，为了掌握更大的主动权，喜欢天马行空，独来独往。由于担心出现问题和承担责任，不愿意参加集体活动，不合群，平时总是依靠自己而不求助别人，并不害怕孤独和寂寞。因此，从未想过要加入朋友圈中以消除孤独感。

2. 得 4 ～ 7 分者：性格平静，办事稳重，处事比较老练，并不因为自己持批评态度而拒绝加入各种组织，而是尽可能使自己表现得热心一点，认为这样可以从中得到许多有益的东西。另外，自立能力较强，向来不愿勉强寻求他人的帮助和合作。很清楚自己的才能和学识，从而不至于好高骛远，想入非非。既不轻易放弃自己的主张，也不苟同他人的看法，因而在所参加的活动中起着一定的推动作用。

3. 得 8 ～ 10 分者：好动恶静，喜欢经常参加新鲜的活动。为了使自己有一种安全感，总觉得有成为某个小组的积极分子的必要。极为讨厌孤独，害怕正视现实，为了回避困难，只是简单地假想其实并不存在，从而将自己置于表面上看来无忧无虑的活动中。这种做法是错误的，起码是不足取的，尽管认识到这一点对你来说是痛苦的。要改变自己只有通过集体活动才能寻求安全感的看法；否则，一旦失去了集体活动，你就永远摆脱不了孤独带来的苦恼。

测验二：与人相处状态的自我诊断

下面的 20 道题目是检测你与人相处的能力如何的。每一道题目，请根据你的实际情况选择“是”或“否”作答，然后记分评判。

1. 你是否常常在别人没有提出要求的情况下，主动表达你的观点？

2. 你是否认为在你的好朋友中，你比他们中至少三个人更有本事？

3. 你是否认为独自一个人吃饭是一种享受？

4. 你对报刊上的侦探故事、破案消息报道是否很有兴趣？

5. 你对测验题是否有兴趣？

6. 你是否喜欢向别人谈论自己的抱负、失望和困难？

7. 你是否经常向别人借东西？

8. 和朋友一起外出娱乐、吃饭时，你是否希望各付各的钱？

9. 当你叙述一件事情时，是否把每个细节都讲出来？

10. 当你招待朋友需要花少量钱时，你是否喜欢这种招待？

11. 你是否为自己绝对坦率直言而自豪？

12. 当你和别人约会时，你是否常常让对方等候你？

13. 你是否从内心喜爱孩子（不包括自己的孩子）？

14. 你是否开庸俗的玩笑？

15. 你对人是否常常怀有恶意？

16. 你讲话时是否常常使用“非常好”“特别好”或“坏极了”一类字眼？

17. 购物、乘车时，如果售货员和售票员态度不好，你是否非常生气？

18. 对那些不像你一样对音乐、书籍或体育活动充满热情的人，你是否认为他们愚蠢无聊？

19. 你是否常常许诺但不兑现？

20. 当你处在不利情况下，你是否会变得灰心失望？

这 20 道题的答案如下：

1. 否　2. 否　3. 否　4. 是　5. 是　6. 是　7. 否　8. 否　9. 否　10. 是　11. 否　12. 否　13. 是　14. 否　15. 否　16. 是　17. 否　18. 否　19. 否　20. 否

每答对一题为 1 分。

如果你的自测分数在 15 分以上，则说明你与别人的关系状态良好。如果得分不足 10 分，则说明自己在许多方面都需要改善自己的交往行为。

测验三：不良交往行为的自我测量

美国芝加哥大学的行为心理学家米哈里博士曾经对该大学的学生进行过一项调查研究。以下是根据调查资料得出的 8 项最不受欢迎的行为。请问，你是否这样?

1. 经常向别人诉苦，包括个人健康问题、经济困难、工作情况等。但对别人的问题从不感兴趣，不予关注。

2. 经常唠叨，只谈论一些鸡零狗碎的琐事，或不断重复一些肤浅的见解及一些一无是处的空话。

3. 言语单调，喜怒不形于色，对任何事都漠然，情绪上毫无反应。

4. 态度过分严肃，不苟言笑，一派道貌岸然的样子。

5. 缺乏投入感，在任何社交场合中，悄然独立，既不参与别人的活动，亦不主动与人沟通。

6. 态度过激，或语气浮夸粗俗，满口俚语村言。

7. 过度以自我为中心，不断向人诉说自己的生活琐事，夸耀个人经历；或只知道谈个人兴趣，从不理会别人的感受和反应。

8. 过度热衷取悦别人，花言巧语，博得别人的“好感”。

答案与分析

在上述的 8 项行为中，你如果有 3 ～ 4 项，那你肯定在别人的心目中，是一个难以接受的人物。应该自我检查一下，设法加以改善。

C H A P T E R 0 7

第七章

领导有效激励

激励指的是激发动机、改变态度行为的心理过程，它在领导活动中起着极其重要的作用，其目的就是通过调动积极主动性和创造性，充分发挥人的潜能，从而提高工作绩效。在领导工作中，各级领导者是激励者，同时又是被激励者。他们受到上级领导者的激励，同时又想尽办法激励自己的下属，努力提高组织绩效。上文中介绍了领导工作中领导者激励下属的一些方法，这些方法使得领导者激励下属变得有规律可循，但是高层领导者又是如何激励自己的呢？下级领导者可能会说，我可以靠我的上级来激励自己，副职领导者可以说，我可以靠正职来激励自己，但是，上级、正职甚至组织中的一把手又是靠谁来激励自己呢？每个人首先是自己的领导者，然后才能通过自我去领导他人。领导者的自我激励，不但是他自己的能力得以发挥、事业得以实现的前提，而且是他激励下属和群众的前提。领导者只有善于激励自己，才能源源不断的产生动力，进而对下属进行激励。可以说，激励是领导行为活动取得成效的重要保障。

一、了解激励

心理学研究认为，激励就是通过某种方式引发行为，并促进行为以积极状态表现出来的一种管理手段。激励包含以下几方面的要素。第一，激励有一定的对象；第二，激励注重激发人的行为并具有赋予其活力的因素；第三，激励中把行为引导到一定方向上去的因素，也即组织目标或工作期望等；第四，激励中这些行为如何保持与延续。这不仅涉及人的因素，还涉及环境因素对行为的反应，环境因素影响行为内驱力的强度及行为活动的发展方向。每个人都需要激励，包括自我激励、他人激励和来自组织方面的激励等。由于激励会影响工作效率，因而领导者的任务之一就是通过对下级进行领导和有效激励，使其行为与组织目标相一致。

（一）激励的价值意义

激励在领导活动中具有重要作用意义，主要表现在以下几个方面。

第一，激励有利于强化需要，引导动机。人的需要不仅复杂，有时还相互矛盾；不仅不同需要之间存在矛盾，即便同类需要之间也存在抵触。激励工作要强化的是那些有利于组织目标实现的各种需要。对于处于需要冲突中的成员，应该及时注意分析其需要，通过谈心等手段激发成就感及发展需要，促使成员产生有利于目标的行为。在激励过程中，行动的结果反过来又会影响人的需要。可以说，激励是需要动机的调节剂。

第二，有利于挖掘潜力，提高绩效。领导活动的成败在很大程度上取决于下属积极性和潜力的发挥程度。根据哈佛大学威廉·詹姆斯（W. James）教授对人的可激励性问题进行专题研究的结论，如果一个人在缺乏激励的一般岗位上，能力发挥不过20%～30%，如果受到充分激励，则可发挥到80%～90%。

第三，有利于吸引人才和人员素质的提高。一方面，有效激励可以在组织内部造就表彰先进积极有为的用人环境，给人才提供良好的物质和生活条件，特别是给人才创造自我发展，发挥自己能力的机会，从而提高整个组织的人员素质结构；另一方面，有效的激励，对表现积极的下属，给予大张旗鼓的表扬，对不思进取者给予适当的批评，并在物质待遇上加以区别；在福利、晋升方面给予考虑，有助于造成良好的组织氛围，促进部门成员自身素质的提高。

第四，有利于提高领导水平。掌握激励规律的领导者，更能增强鼓舞别人的能力，推动下级竭尽全力完成各项工作任务。激励在很大程度上取决于被激励者觉察到的报酬，所需付出的努力，要做的工作和其他环境因素。领导者深刻理解激励艺术，才能采取相应措施，充分激发主动性。实践证明，领导者对激励越了解，他们越知道自己的领导活动应该如何进行，因而也越容易成为一个出色的有效领导者。同时，下级也乐于追随这样的领导者。

（二）激励的基本过程

从需要、动机与激励的关系看来，激励必须从需要和动机开始。人的行为的激励过程，就是刺激需要、激发动机、引发行为、满足需要、趋向目标的动态过程。从心理学的角度分析激励过程，实际上就是使用刺激引起人们需要、动机的不断兴奋，从而引起积极的行为反应的过程。

没有欲望和需求，或者说这些欲望和需求极容易得到满足的话，也就没有激励可言。激励从需要及动机反应开始。人的行为激励过程，就是刺激需要、激发动机、引发行为、满足需要、趋向目标的动态过程。领导者激励下属，就是使下属的需要和欲望得到满足，从而使下属产生领导者所希望和要求的行为，最终达到组织目标。简而言之，在领导工作中，领导者对下属及其自身的激励过程可看作需要满足的过程，如图 7-1 所示。在此过程中涉及三个基本的方面：激励动力、行为指向和行为保持。

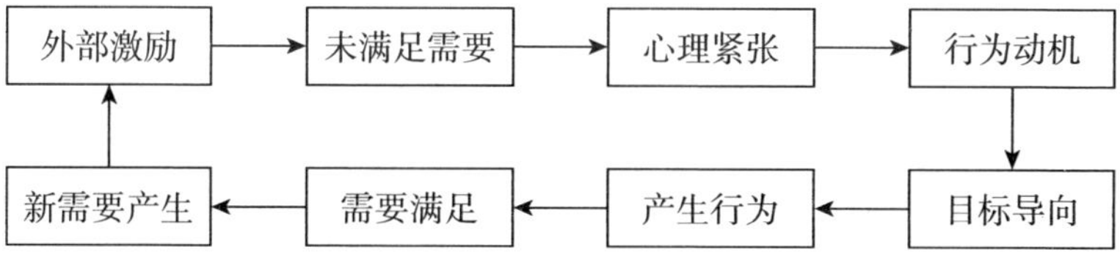

图 7-1　激励的基本过程

可见，激励过程就是满足需要的过程。未满足的需要会引起心理紧张，进而产生内驱力。这些内驱力会促使个体寻找满足需要的特定目标，同时特定目标也是一个满足需要的外部诱因，使个体感受到外部环境的刺激，从而产生外驱力。如果目标达到，需要就会满足，心理紧张程度缓解。事实上，良好的内外驱力的增强，无形中就激发了人们积极行为的动机。但在现实生活中远非如此简单。它所面临的一项挑战是，对于激励仅能进行理论推导而不能直接观察。阿拉马克大学学校餐饮部经理詹姆斯·泰勒亲自对手下两名负责电脑程序管理的员工进行观察，发现尽管两人从事相同的工作、具备同样的技能，并都在学校工作了两年。但是其中一人要比另一人的电脑操作速度更快。泰勒认为在具备同样的技能培训的情况下，造成他们工作表现差异的原因在于不同的激励水平，他认为有必要进一步考察激励的动力。另一项挑战在于个体需要的动力来源的差异。对于不同个体而言，激励水平具有相当大的差异，就像不同的企业提供不同的产品与服务一样，不同的个体也需要不同的激励。

二、激励的类型与条件

（一）激励的类型

激励贯穿于领导活动的全过程，是领导职能行为是否有效的重要标志。要达到良好的激励效果需要在恰当的时机选用合适的激励类型，并采取恰当的激励措施。

1. 物质激励与精神激励

物质激励，是一种以物质载体作为刺激物，对人的某种行为予以肯定与表扬，使之保持和发扬某种行为。或者说，主要从物质需要方面来调动工作对象的积极性。例如，提高工资级别、发放奖金、发奖品实物、改善劳保福利等。所谓精神奖励，是指对下级精神面貌、价值取向、行为方式和思想观念给予认可、赞赏的激励方式。荣誉称号、表彰先进、业绩评价以及信任、尊重等都属于精神激励的范畴。人不仅有物质生活的需要，而且有精神生活的需要。精神动力是促使人们积极工作的精神力量和精神原因。经济学选择理论认为，一个人的追求不仅仅是财富的最大化，而且是效用函数的最大化，这种效用函数所包含的变量，不仅包括实际收入，还包括声望、地位、健康、快乐、友爱、良好的人际关系等，而后者比前者更加重要。因此，要鼓励下级的积极性、创造性和主动性，激发他们对自己工作的光荣感、自豪感和责任感，就必须把物质奖励和精神激励有机地结合起来。

2. 正向激励与反向激励

一般而言，激励有两层含义。其一是激发、鼓励和诱导之意；其二是约束和鞭策之意。对于激励的第一层含义，通常以奖酬制度来贯彻实施，而对于第二层含义，则以负强化和惩罚来达到激励的目的。这就涉及正向激励与反向激励问题，简言之就是奖惩问题。通常把与第一层含义相对应的激励，称为正向激励，即奖赏、支持、强化符合组织期望和整体目标的积极行为；与第二层含义相对应的激励，称为反向激励，即防止、杜绝、约束与组织期望和整体目标不符合的消极行为。惩罚是指在消极行为发生以后，给予当事者某些感到不愉快的刺激，或迟滞满足他所需要的某些东西，以示对某一不符合要求的行为的否定。

正向激励和反向激励在根本目的上是一致的，在对下级行为的影响方面具有内在统一性。没有正向激励因素的作用，就难以引发下级行为的内在动力；没有反向激励因素的作用，就难以保证下级起码的努力程度和努力方向。

在过去，一度曾流行以“恐吓与惩罚”为主的激励方式，它是在生产力水平很低的情况下生产关系的体现。随着社会文明进步，激励已发展到以正向激励为主、反向激励为辅的阶段。行为科学研究证明，运用正向激励来调动人们的工作积极性、纠正工作中的错误比用反向激励措施更有效。但是，也可看到，在人人都以工作本身为满足需要之前，反向激励将伴随正向激励经常出现在激励之中。为此，在激励中，领导者在试图抑制或阻止不符合组织期望行为时，还要注意让下级明白该向什么方向努力，以免在受到反向激励时难以接受。

3. 内激励与外激励

激励是以需要为根本出发点的，需要的产生与满足涉及内部驱力和外部诱因。因此，又可以把激励划分为内激励和外激励两种类型。外激励是指满足外在环境需要和奖酬资源来调动积极性。内激励是通过启发诱导，培养人的自觉意识，形成某种观念，从而激发动机，满足内在需要，产生符合组织期望的行为。内激励容易形成下级的责任感、光荣感、成就感。外激励是与工作环境本身有关的，对于寻求内在性需要满足的下级来说，其注意力会集中放在工作满意度本身。内激励聚焦在对下属的精神世界和思想观念发生作用，持续时间长，若运用恰当，则效果持久。

（二）激励的条件

1. 时效性

在进行激励时，要注意时间性。一般来说，在一个积极行为发生后就要立即给予强化。“强化”间隔越短，强化效果就越好。如果“强化”间隔越长，效果就越差。在负强化时，也要注意把握时机。一般说来，最佳时期是，事情真相弄清了，消极的影响尚未扩大，大家对这件事还记忆犹新时效果较好。

如何坚持时效性原则？第一，要及时发现，及时强化。对好人好事保持关注，掌握主动权，不放“马后炮”。第二，强化要果断。该表扬的表扬，该奖励的奖励。第三，要积极争取理解支持。有的表彰奖励，下属未必能够全部理解并积极支持，有的惩罚下属未必马上接受心悦诚服，在这样的情况下，领导要深入基层开展调查研究，该解释的要向下属及群众解释，该说明的要说明，该公示的要及时公示，这样，大家明白没有成见，领导者也心里坦然，激励的价值也能得到充分体现。

2. 适度性

适度性就是指在激励过程中要了解下属的需要及其变化情况，在此基础上给予恰当合适的激励措施。激励要适当，不管是正向激励还是反向激励，不管是物质激励还是精神激励，都以适度为好。适度的刺激既能让下属满意接受，也能为下一步措施提供弹性空间，使激励行为合情合理、恰如其分，从而使每个下级的不同需要都能得到满足。

3. 针对性

针对性是领导者激励的一个重要原则。所谓针对性，就是领导激励时，要摸准对象的心理特点，抓住最关心的问题，有的放矢地激励。

激励的针对性要求上下级之间心理接触，彼此融洽。心理接触就是了解下级的需要，把行为症结抓住。例如，奖励表面上很简单，但要搞好不容易。奖励有纪念性的奖品，有发奖金，有授予先进称号等。有的人上进心和荣誉心较强，经济条件又较好，就很可能希望授予先进称号或发纪念性奖品，对几百元的奖金就不一定感兴趣。相反，有的人家庭经济生活又困难，给他几百元的奖金比授予他先进称号或发给纪念品的效果，很可能好得多。

4. 公平性

公平性原则也是搞好激励工作的一条重要原则。在激励过程中，要尽量做到公平合理，努力消除不公平、不合理的现象。在许多单位，奖励工作中的一个值得注意的问题是吃“大锅饭”、搞“平均主义”。其对激励工作的危害很大。实践经验表明，领导作风正派，对全体下级一视同仁，实事求是，激励就能贯彻公平性原则。相反，领导作风不正派，对下级厚此薄彼，不能一碗水端平，就会造成人为的不公平感。

5. 可持续性和反馈性

保持持续不断的活力，需要有长远的激励规划。要使下级始终积极努力，就要考虑激励的可持续性问题。有的领导善于搞“运动”，一阵风过后，下级的积极性反而出现了明显下降。这种违反激励可持续性原则的激励是失败的。

激励是从激励投入到激励产出的动态过程，需要及时了解激励措施的效应并做相应的调整，事实上这也是对领导者的一种激励。领导者与下级的相互激励构成了完整的激励过程。领导者要时刻关注下级和周围群众的反馈信息，并及时矫正和调整激励方式方法。领导激励的过程也是自我行为纠正的过程。

三、激励的主要内容及方法

组织目标的实现，领导意图的达成，都是在领导和管理活动中一步步完成的。在这个过程中，领导者把各种激励措施以恰当的方式融合在工作中，促使部门工作绩效的提高。为此，要关注激励方式方法的掌握运用。

（一）激励的主要内容

1. 目标激励

目标作为行为激发过程的外部诱因，是领导者激励活动中需要考虑的重要内容。目标是分层次的，既有高低之分，又有远近之分。领导活动的实践已经表明，积极的、明确的经过努力可以实现的目标对行为有着很大的激励作用。当人们受到富有挑战性的目标激励时，就会迸发出极大的工作热情，积极参与工作中去。目标的难度、结构、推进过程和反馈都会影响激励效果。

2. 报酬激励

物质作为一种激励内容是永远不可忽视的。许多物质形式都与报酬相关联，工资、奖金、优先认股、各类保险金、住房公基金，或者当人们取得重大工作成就时给予的报酬，这些与物质有关的东西，远非仅仅起到维持作用。

主要注意的是，物质报酬对于高成就者的影响十分复杂。高成就者通常十分自信，由于他们对于自身的能力与局限十分清楚，因而，当从事自己所擅长的工作时，便显得充满信心。由于他们的工作效率一直处于巅峰状态，因而一项激励措施能否切实提高其工作业绩便受到了人们的关注。如果物质奖励未能充分反映其贡献，则会引起他们的不满。一般而言，如果个体的成就动机被调动起来，那么出色的业绩就会随之而来。然而，当高成就者从事琐碎枯燥的日常工作或者组织中缺乏力争上游的竞争氛围时，则成就动机就不会被调动起来。

3. 压力激励

压力和危机在领导活动中起着无形的激励作用。压力作为一种有效的激励内容，已被现代的管理和领导实践所证明。现代社会充满竞争，危机四伏，如何运用好这些压力进行有效的激励，也是人们经常考虑的问题。忧患意识和压力意识激励着无数有志之士临危不惧、奋勇前进。日本、美国相继提出“末日管理”“怀抱炸弹”“揭己之短”等激励口号，多是利用压力和危机信息唤醒下级的忧患意识，调动国民积极性。

4. 归属激励

归属激励是指满足下级的社会感情温暖性需要，以激发其工作动机。它涉及友谊、亲密的关系、信任、认可、表扬、欣赏、尊重、荣誉等。归属激励能满足下级归属感的心理需要。归属激励的特点是：第一，其内容是具体的、易测量的，对人们的激励效果表现为获得者愉快的主观感受和体验。第二，归属激励基本上不需要成本，并且在激励主体和客体之间具有互利互增性，你对我信任和尊重，我便也会对你信任和尊重。第三，归属激励具有特指性和排他性，这是指归属激励所涉及的因素只能由获得者本人独自享用，无法转让。优秀员工称号如果授予某个下级，就无法转让给他人享受。

（二）激励基本方法

激励有着巨大的心理效应，但激励方法的正确与否直接关系着其产生的心理效应，同一种激励方法在不同的情境下使用，产生的效果是大不相同的。每种激励方法都是针对人们的何种需要而产生的，具体而言，激励要多从以下方面入手。

一是奖励与福利。奖励主要包括工资报酬和奖金。其一是工资报酬，它决定下级的生活水准、经济地位以及家庭购买力的大小，因此工资报酬对下级有很大的激励作用。首先，工资报酬要公平、合理。根据亚当·斯密的公平理论，当报酬与贡献的比值与社会比较和历史比较均相等时，才是公平的、合理的。否则，下级就会不满，导致工作效率低下，离职率增加。其次，工资报酬要有弹性。弹性的工资报酬一方面体现了按劳分配原则，另一方面通过与效益、目标挂钩，体现下级与企业风险共担原则。其二是奖金，对下级取得的工作成绩和突出表现给予奖励，不但能更好地满足下级的物质需要，而且还会对下级本人的行为、动机起到正强化的作用，同时也会激励其他下级努力工作，做出成绩。

福利直接关系到组织成员的切身利益。认真做好福利工作，不仅体现着组织关怀，而且可以解决成员生活困难，改善大家的生活条件，保障大家身体健康，调动劳动积极性。近年来，一些企业事业单位和机关部门各种福利虽然得到了很大的改善，但现今还存在许多问题。如众多的单位福利设施奇缺，不能满足组织成员基本的、合理的需求，而有些机关企业单位福利设施齐全，但利用率较低；有的单位福利项目实施时往往不考虑其工作表现和成绩；还有些福利项目抓不住重点，不能解决部门职工的迫切需要等。诸如此类的问题，在一定程度上影响了福利激励机制作用的充分发挥。

二是设定美好愿景。目标是一种诱因，是人们期望达到的成就或结果，它能诱发人的动机，规范人的行为。合适的目标是一种强有力的激励，因此，设置合适的目标体系，并在不同程度上让成员参加目标制订过程的调查和讨论。这样更能激发大家的斗志。此外，处于平等地位商讨组织目标发展中的重大问题，可使下级感到上级的信任，从而体验出自己的利益与组织发展密切相关而产生强烈的责任感，多数人会因参加商讨与自己有关的目标而受到激励。在设定目标的过程中要注意把握目标与需要、动机的密切联系，要注意目标的切合实际性。

三是重视榜样激励。榜样的力量是无穷的。榜样具有很强的示范、暗示、引导和号召的作用。领导者做出榜样是最有效的工作方法之一，其政治品质、道德修养、思想境界和意识情操等能对组织成员产生强烈影响。“喊破嗓子不如做出样子”，领导行为示范，能有效地凝聚力量，提高成员工作热情和积极性。领导者行为示范，首先在工作中要有强烈的事业心和责任感，严于律己，宽以待人，谦虚谨慎，身先士卒；其次是生活上要为政清廉，克己奉公，古人云，“吏不畏吾严而畏吾廉，民不服吾能而服吾公；公则明，廉则威”。领导者清正廉洁，才能令下级信任、佩服、拥护、尊重，这样领导者在下级中才有威信号召力和动员力。

四是注意优化环境。客观环境对人们积极性的形成和发展，具有不可忽视的推动和制约作用。赫茨伯格的双因素理论告诉我们，使人们感到不满的，一般都属于工作环境等方面的因素，这些因素称为保健因素。它对人的积极性具有保持和推动作用，如果缺乏它，会使人产生强烈的不满，甚至消极怠工。因此必须重视内部环境的建设，让大家对工作环境感到满意。创造富有激励性的环境，主要包括以下几个方面：第一，创造良好的精神环境。通过开展强有力的思想政治工作，把方针、政策、宗旨灌输给每一个人，从而形成良好的思想、舆论、道德和人际环境。还要通过文化建设培养组织氛围。第二，创造人尽其才，优胜劣汰的竞争环境。通过实行双向选择、自由流动、平等竞争的用人机制，为大家创造一个发挥出自己最佳才能的环境。在这样的环境中，一般不讲学历、资历，也不论年龄大小，讲的只是业绩、贡献和效益；在这样的环境中，有压力、更有动力。通过竞争，人的潜能被最大限度地发挥出来，从而更好地实现自己的人生价值。第三，创造开放管理的自由环境。在这种环境下，人的主动性和创造性才能得到最大限度地发挥。

五是善于开展思想教育。从激励的角度说，进行宣传教育的目的是提高成员的政治、思想觉悟，增强其主人翁意识，形成健康上进的心理气氛。宣传教育的内容，应围绕宣传先进人物、先进业绩、先进思想、先进经验，并与宣传介绍先进工作方法、先进技术结合起来。宣传教育的形式应机动灵活多种多样，从先进人物现场报告到电视报刊宣传、荣登光荣榜、表彰仪式等。总之，要把宣传教育经常化，使其渗透到人们生活各个领域，深入人心。

六是多赞赏与情感激励。情感需要是人最基本的需要，也是人的高层次的需要。积极的情感可以激发人们去完成异常艰巨的任务，反之，消极的情感不利于工作的正常推进。领导者的主要精力除了做事之外，就是如何号召和帮助人去做事。而人的工作始终是第一位的。如果领导漠不关心，感情难以协调，难以沟通，不温暖、不舒畅，下级就不可能有饱满的工作情绪，也难以发挥其高度的积极性。因此，需要领导者根据下级的感情变化，尊重和信任下级，以情感人，取得下级情感上的支持。领导者对下级越关怀，就越能融洽上下级之间的关系，促进良好和谐的心理氛围的形成。

七是政策和制度激励。健全的政策规章和合理的制度可以保障和促进激励水平的改善与提高。有的领导习惯于随时向下级发号施令，置有关政策和制度于不顾。这样很容易造成下级的困扰和效率的下降。一套健全合理的政策与制度体系能充分明确领导者和下级各自的权责，有很好的激励作用。

八是台阶不要过于漫长。晋升台阶对下级来说，是具有很强吸引力的激励措施。因为，晋升意味着得到了认可，可以获得创造更大成就的机会。当下级工作努力达到一定程度后，就希望能得到上级的认可，并希望能通过组织和领导的培养帮助，实现自我突破，更好地成长。因此，要对工作表现优异者进行晋升和提拔，提高其自信心，满足其自我实现的要求。应认识到及时安排调整工作也是领导者有效激励的重要措施之一。安排合适工作包括工作岗位调整、工作岗位交流等。其中工作轮换是根据下级的个人经历，让他们轮流在不同部门不同岗位开展工作，以帮助取得各种岗位工作的知识技能，积累更多的工作经验，解决工作长期单调乏味的不良影响。

四、激励效果的获得

激励效果是领导者实施激励措施取得的最终结果，它包括工作状态、精神风貌和工作绩效等。

（一）影响激励效果的因素

激励效果是衡量领导效能的重要标准，也是影响整体效益实现的重要因素。增强激励效果需要健全激励机制。

激励是以人本理论为基础的、以人为中心的领导活动，它追求组织行为的人性化。机制是以制度为导向的，组织中建立科学的激励机制，就是追求组织活动人性化与制度化的平衡。激励机制是一个人—人系统，它的有效运行有赖于领导激励中的信息沟通和激励效果的提高。一般而言，健全领导者激励机制应包括以下几个方面的内容。

（1）行为导向制度

行为导向是组织对其下级所期望的努力方向、行为方式和应遵循的价值观的规定。行为导向强调全局观念、长远观念和集体观念，这些观念都是为实现组织的各种目标服务的。在组织中，由诱导因素诱发的个体行为可能会朝向各个方向，即不一定都是指向组织目标的。同时，个人的价值观也不一定与组织的价值观相一致，这就要求组织在下级中间培养统一性的主导价值观。

（2）行为幅度制度

它是指对由诱导因素所激发的行为在强度方面的控制规则。根据行为主义代表人物斯金纳的强化理论，按固定的比率和变化的比率来确定奖酬与绩效之间的关联性，会对下级行为带来不同的影响。前者会带来快速的、非常高而且稳定的绩效，并呈现中等速度的行为消退趋势；后者将带来非常高的绩效，并呈现非常轻的行为消退趋势。通过行为幅度制度，可以将个人的努力水平调整在一定范围之内，以防止一定奖酬对下级的激励效果的快速下降。

（3）行为时空制度

它是指奖酬制度在时间和空间方面的规定。这方面的规定包括特定的外在性奖酬与特定的绩效相关联的时间限制。下级与一定的工作相结合的时间限制，以及有效行为的空间范围。这样的规定可以防止下级的短期行为，从而使所期望的行为具有一定的持续性，并在一定的时期和空间范围内发生。

（4）组织同化制度

组织同化是指把新成员带入组织的一个系统过程。它包括对新成员全身心投入后的体验，还包括可能获得一种自己珍视的成就感。在这种情况下，工作者的心态也是平衡的，因为能明确地感受到内在性激励的作用，并把工作热情归于工作本身所蕴含的激励作用。组织同化最理想的评价是组织成员能够“流连忘返，乐在其中”。

（5）自身建设制度

领导者激励下级的过程也是自我激励和自我提高的过程。而要持续长久地提高激励效能，就需要领导者自己加强学习，健全完善能力素养结构。为此，领导者对自己要有正确的认识态度，不断增强提高自身素质和工作努力程度。领导者能力素质提高了，才能有效防止激励的失效现象。当然，对于组织来讲，还可以通过轮岗交流、基层实践锻炼和学习进修等途径，增强领导干部能力培养，促使其领导才能得到全面发展。

一是自我超越。学习如何扩展个人的能力，创造出想要的结果，努力塑造出一种组织环境，鼓励所有的成员自我发展，实现自己的目标和愿景。

二是改变心智模式。“心智模式”通俗地说是指由于过去的经历、习惯、知识素养、价值观等形成的基本的思维定式和行为习惯。心智模式一旦形成，将使人自觉或不自觉地从某个固定的角度认识和思考问题，并用习惯的方式予以解决。良好的心智模式帮助领导者做出有效和及时的决策，进而获得组织绩效。

三是建立共同愿景。建立共同愿景包含了下列各项要素：愿景、价值观、目的和使命、目标等。共同愿景既要能体现组织未来发展的远大目标，又必须能够体现组织成员的共同愿望。

（二）激励方法艺术

1. 关爱激励：同下属增进感情

卓越的领导者都是善于对下属进行感情投资的领导者。从某种程度上说，下属的能力大小与领导者对他们的感情投资是成正比的。因为领导者对下属的感情投资可以有效地激发下属潜在的能力，使下属产生强大的使命感与奉献精神。下属的内心深处会升腾起强烈的责任心，认为领导者对自己有知遇之恩，愿意更尽心尽力地工作。中国人的情感取向与文化传统决定了情感因素在中国人的心目中所占地位之重要，甚至决定了人们的行动目标与方式。在中国的传统文化中，人人都十分看重自己与他人交往的程度，即与他人的情感联系程度，“士为知己者死”就是这一观点的简单概括和证明。就领导者而言，若想下属竭尽全力地工作，同心协力把事情做好，也必须与下属成为“知己”。

领导者对下属的关爱，应从小事入手，这样更富有人情味，更能打动人心。毛泽东在担负着领导全国人民进行反帝反封建斗争的重担时，仍然不忘把小事做好。他教育士兵不拿群众一针一线，不做有损于人民的事情；他关心战士，从身边的警卫员，到茫茫草地上的“红小鬼”，都备受他亲切的关怀；他生活朴素，率先垂范，把自己的儿子送上了朝鲜战场。正是这些区别于大工作的小事，使得毛泽东的伟人风范更加具体、充实和完美。小事往往是成就大事的基石，这两者之间是相互联系、相互影响、相辅相成的。领导者要善于处理好这两方面的关系，使两者相得益彰。如果领导者能在这许多看似平凡的时刻，勤于在细小的事情上与下属沟通感情，经常用“毛毛细雨”去灌溉下属的心灵，必定会结出丰硕的果实。

2. 尊重激励：使下属得到心理满足

尊重，就是要尊重下属的自尊心。一个人不论具有多大才能，若无法满足其被尊重的欲望，便会削弱他的工作积极性。在阿德勒德理论中，人的最基本的生命力是自我维护，需要的最高层次就是自尊的需要。在马斯洛的需要层次论中也指出了人的尊重需要的重要性。可以说，无论什么文化、什么种族、什么国家、什么肤色的人都有尊重的需要，都需要被他人承认、认同和尊重。尊重意味着能够按照人的本来面目看待人，能够意识到每个人的独特秉性；意味着让人们自由发展其天性。好的领导者是尊重人的领导者，他并非以工作为重心加以监督，而是以人为重心加以信赖，对下级不以支配者自居，是一种懂得下属心情与立场的领导者。下属得到上司的尊重，心中会有满足感，工作意念和干劲就会格外高昂。

在领导工作中，领导者对下属的尊重激励可以从以下几个方面入手。

第一，尊重下属的优点。每个人都希望得到别人的尊重与认可，所以领导者不要习惯于去责怪别人，要试着努力发现别人身上的优点，了解下属为什么会这样做，这比批评更有益，同时也孕育了同情、容忍和仁慈。

第二，尊重下属的动机。通过对激励心理过程的分析可以知道，人的行为都是由一定的动机引起的，如果领导者能为下属寻找一个好的工作动机，点燃他们的热情，便可以使他们对工作全力以赴。

第三，尊重下属的意见和建议。所有下属都希望自己的意见和建议被采纳。如果提议被公开，更会激励他热心研究或工作的热情。许多组织中都成立了鼓励下属提出建议的制度，除了可以汇集众人的智慧以达到更好的绩效外，从另一角度来说，对工作人员积极性的提高也有极大的效果。

3. 宽容激励：博得下属信赖

领导者应该清楚地了解每一位下属的能力和特点，虽然对下属的严格要求是必要的，但在下属犯错误或由于某种原因未能达到工作要求时，应该采取宽容的态度。因为宽容不但不会使他们因此而散漫，反而会激发他们的工作热情，而如果一个领导者过于挑剔，就会极大地削弱下属的工作热情，甚至会使他们产生反感，这样就会影响工作的积极性、主动性和创造性。宽容是一则重要的用人之道。一个领导者虽然很有能力，但如果缺乏宽容，就会很难原谅下属的错误，下属跟着这样的上司干，心里总是有所顾忌，不敢放开手干，怕犯错以后也得不到一点谅解。所以，在领导工作中要想达到上下级的同心协力，领导者应尽力做到“严于律己，宽以待人”。

4. 赞美激励：使下属树立成就感

马克・吐温说：“一句美妙的赞语可以使我多活两个月。”足见赞美的重要性。领导的赞扬可以满足下属的荣誉感和成就感，使其在精神上得到鼓励。在很多单位中，工作人员的工资都是相对稳定的，人们就会更多地在乎自己在领导心目中的形象，对领导对自己的看法非常敏感。心理学家威廉・詹姆斯说过：“人最根深蒂固的本性是渴望受到赞赏。”在生活中，大多数人希望自身的价值得到社会的承认，希望别人欣赏和称赞自己。每个人都希望在其小世界中得到重要人物的感觉。领导的表扬、赞美具有权威性，是下属确立自己在本组织中的价值和位置的依据。领导的一句恰如其分的赞美，不需要冒多少风险，就能很容易地满足一个人的荣誉感和自豪感。此外，赞美不仅表明了领导对下属的肯定和赏识，还表明了领导对下属的关注和尊重，是下属继续努力工作的精神动力。因此，作为领导者无论多忙，都应该花时间留心下属的工作，赞美他们，让他们觉得自己很重要，有价值，这对提高工作效率是不无裨益的。

5. 批评激励：帮助下属成长

赞美是对人的价值的承认，而批评则是针对人的缺点和错误进行的积极思想斗争。批评的目的，是促进人们认识和改正错误并发生转变。领导者应该从批评的目的出发，从爱护人、提高人的愿望出发，将批评这一激励手段发挥出其特殊作用。应该认识到，有时对下属进行批评是非常必要的，然而批评的效果却有好有坏，能否产生积极效果，关键在于是否使用了正确的方法。正确而有效的批评，是摆事实，讲道理，动之以情，晓之以理，将心比心，换位思考，尊重他们的长处，理解他们的难处，关心他们的苦处，将大道理和小道理结合，通过耐心的说服教育和民主讨论，和风细雨的疏通引导，实事求是地指出他们认识上的不足、方法上的缺陷、工作上的差错，使其能够心悦诚服。领导者在批评下属时要讲究艺术，但最重要最根本的原则就是批评要有诚意、有爱心，其中诚意是指批评的形式、手段、方法光明磊落，态度诚恳、友好，而爱心是指批评的目的完全是出于爱护下属，提高下属的素质，只有这样，才能最大限度地让下属接受批评意见，达到改正错误的目的，帮助下属进一步成长。

6. 目标激励：为下属指出努力方向

目标是一种诱因，是人们期望达到的成就或结果，它能诱发人的动机，规范人的行为。合适的目标是一种强有力的激励。人们生活和工作的一个重要动力，就是为实现一定的目标而奋斗。正如马克思所指出的："人们通过每一个追求他自己的、自觉期望的目的而创造自己的历史。"承认人们有自己所期望的目标，运用这种目标动力去激励下属的积极性，也是一种重要的激励手段。对于个体来说，目标意味着努力的方向和奋斗的理想。如果缺乏有意识的愿望和所企盼的目标，就失去了进取的方向和拼搏的热情，难免导致安于现状的懒惰情绪和无的放矢的盲目行为。

目标激励需要注意的是，在确立下属目标、为下属指明努力方向时，如何有效地将下属的个人需要同组织的远景目标结合起来。一个组织的大目标要具有强大的感召力，第一，所定目标必须有恰当的高度。目标太高，会使人对实现目标缺乏信心，目标就不会成为真正的动力，而目标过低，会使人认为实现目标的价值不大，也就没有了促使下属产生积极性的作用。第二，就是所定目标要体现群众的要求，将个人需要充分融合于组织目标之中。个人需要会使其确立个人目标，而领导者要做的，就是引导下属将其个人目标与组织目标统一起来，这样的个人目标就会成为组织目标的强大动力，而如果盲目地排斥个人目标，只会挫伤下属的工作积极性，达不到良好的激励效果。因此，设置合适的目标体系，并在不同程度上让下级参与目标及其体系形成过程的研究和讨论，这样更能激发下级的斗志。

7. 信任激励：增加下属责任感

信任是相信而敢于托付的意思，它是引起他人全心全意、愉快地从事某项活动的一种心理效应。在领导用人的活动中，实行信任激励，就能使人们在受到信任后产生荣誉感，激发责任感，增强事业心，会使人全身心地投入某项工作中去。所以，人们通常把信任誉为"最高的奖励""力量的象征"[①]。

---

① 孟庆春：《跟毛泽东学领导艺术》，中央文献出版社，2002 年 10 月版，第 258 ~ 260 页。

从心理学的角度讲，信任激励是以人们心理上的“信任需要”为根据的。即每个人都有被别人所信任的需要，而当这种需要得到满足的时候，人们就会感到鼓舞和振奋。反之，不被人所信任，将会令人懊丧和痛苦。同时，这种期待信任的心理一旦得到满足，就意味着一种激励，可以激发人们的主动性和创造性。只要信任下属，他们的积极性和创造力将是一个巨大的内在潜力。同时，通过信任激励可以使下属树立这样一种真实情感：力有所用，才有所展，劳有所获，功有所奖，拼有所得，搏有所成。这种情感又会反过来促进下属更加积极地工作，形成良性循环。我们会发现，很多时候，人的创造自由总是渴求增长，就像火必须由外界力量将它点燃，随后它会自己蔓延。

8. 授权激励：鞭策下属积极向上

优秀的下属需要合适的舞台，三株公司吴炳新总裁有句名言：“是个老虎就给个山冈守着，是个猴子就给树抱着。”话里除了量才使用外，还隐含着一个含义，让老虎看着树它是不安心的，早晚都会跑掉去找大的山冈。人之所以区别于低能动物，就是在于人类具有思维，具有永不满足、渴望更大成就的天性。越是优秀、有远大抱负的人，这种天性就越是张扬得淋漓尽致。每个下属都渴望升职，渴望最大限度地释放出生存价值，而晋升意味着得到了认可，可以享有更大的权利，可以获得创造更大成就的机会，找到了更合适的舞台等。当下级工作努力达到一定程度后，就非常希望能得到上级的认可，并希望能通过组织的帮助，实现自我突破，更好地成长。所以在领导工作中，提拔得当，可以产生积极的导向作用，培养优秀下属积极向上的精神，还能提高他们的自信心，满足他们自我实现的要求，进而激励全体工作人员的士气。

但要注意的是，合理的授权、晋升可以为组织培养管理人才，可以激励部下尽快成长，但不合理的提拔会造成恶劣的影响，所以领导者应该客观制定规范合理的提拔、晋升的制度，依据下属过去工作成绩的好坏，采取最公正的办法提拔下属。

9. 待遇激励：满足下属的物质需求

待遇激励主要包括两个方面的内容：一是工资报酬，它是满足工作人员生存需要的重要手段。有了工作收入，不仅感到生活有保障，还是社会地位、角色扮演和个人成就的象征，具有重要的心理意义。二是工资管理的水平和效果，直接影响整个组织的经营和管理，关系到工作人员队伍的稳定和团结。因此，只有管理的灵敏性和动态化措施，才能保障工资因素中激励作用的发挥。

10. 分享激励：增强下属的向心力

一个组织的发展壮大依靠的是领导者与下属的共同努力，同舟共济。身为领导者，一定要做到与下属同甘共苦，在身处逆境时，与下属共渡难关，时来运转时，不能独自居功、尽享成果，唯有如此，才能赢得威望，得到下属的爱戴，使组织的业绩蒸蒸日上。苏洵《心术》曰："夫惟义可以怒士。士以怒义，可以百战。"意思是说，领导者应该引导下属认识组织的目标，激励下属的奉献精神，激发他们的使命感和责任感，使组织成员的团结建立在"上下同欲"的基础上，进而形成合力。这样的组织，其凝聚力是持久的，战斗力是坚强的。优秀的领导者会引导下属建立团队精神，把他们看成平等的伙伴，与他们建立共同立场，同下属分享荣誉与权利，使其自身的满足感和成就感得以实现，让他们产生归属感。这样才能将组织成员的力量凝聚在一起，产生巨大的动力。

CHAPTER 08

第八章

领导潜能开发

领导心理影响力的基础是领导的潜能，重视和发挥领导潜能，是培养领导干部、提升领导干部能力素质的关键所在。只有身心潜质俱佳，才能担当领导重任。

一、潜能与心理潜能

潜能，是个体潜在的体能与智能的总和。潜能也是人类原本具备却忘了使用的能力，它深藏在我们的深层意识当中，也就是我们的潜意识。国内外学者都用“海上冰山”理论形象地说明人类潜能的巨大。人的能力好似一座浮在海面上的冰山，浮在水面上的像人类已知能力——显能，这里是很小的一部分；而沉没在水面之下的未显露部分却是显露部分的 10 倍、20 倍、30 倍……国外潜能研究专家和心理学专家指出，人类潜能开发，即使是成就卓著的伟人，也只不过开发了极小的、微不足道的部分。美国心理学家威廉・詹姆斯认为，一个正常健康的人，只运用了其能力的 10%，尚有 90% 的潜力。美国人类潜能研究专家 H. A. 奥托在其发表的《人类潜在能力的新启示》一文中指出：“据最近估计，一个人所发挥出来的能力，只占他全部能力的 4%。”我们估计的数字之所以越来越低，是因为人所具备潜能及其源泉之加大。根据现在的发现，远远超过我们 10 年前，乃至 5 年前的估测。控制论奠基人之一的 N. 维纳认为，每一个人，即使他是做出了辉煌创造的人，在他的一生中利用他自己的脑潜能还不到百亿分之一。比如，根据维也纳大学康士坦丁・梵・艾克诺摩博士估算，人类的脑神经细胞数量约有 1500 亿个，脑神经细胞受到外部的刺激，会长出芽，再长成枝（神经元），与其他脑细胞结合并相互联络，促使联络网的发达，于是开启了信息电路。脑科学研究结果表明，人的大脑在理论上的信息储存量，相当于藏书1000万册的美国国会图书馆的5倍。人平常只发挥了极少的大脑功能，要是能够发挥一大半的大脑功能，那么可以轻易学会40种语言、背诵整本百科全书，拿12个博士学位。大脑的潜能，几乎接近于无限。但是，到目前为止，人类普遍只开发了大脑的5%，约有95%的大脑潜能尚待开发和利用，即使像爱因斯坦等这些科学精英的大脑的开发程度也只达到13%左右。加拿大麦克马斯特大学威尔特森教授在对爱因斯坦大脑研究过程中，经过与35名普通男性和50名普通女性的大脑比较后，得出了这样的结论：爱因斯坦的大脑宽度显著超常，特别是大脑左右半球的顶下叶区异常发达，比普通人的大脑平均厚度多出一厘米，这使得爱因斯坦的大脑宽度超过常人宽度约15%。这对一个人的数学思维、想象力以及视觉空间认识，都发挥着重要的作用。

心理潜能是代表一个人潜在的、尚未完全表现出来的能力倾向，它是个人发展的一种内在特质，是由智能、个性、兴趣、动机或价值观等多种因素构成的一个有机整体。生理潜能的发挥离不开心理素质，要想达到人体潜能所蕴藏的潜能极限，必须具备良好的心理素质。稳定的人格，没有偏激、猜疑，拥有积极向上的生活态度和心态，都是开发人体潜在力量的前提。人的潜能犹如一个待开发的金矿，蕴藏无穷，价值无与伦比。而我们每一个人都有一座潜能金矿，只是由于没有进行各种训练，我们的力量没能得到淋漓尽致的发挥。在一般情况下，任何心理活动都存在潜能，这些潜能在通过特殊的训练后能够逐步释放出来。一个人的心理潜能能否充分发挥出来，或得到发展，很大程度上取决于这些因素之间有机地组合、协调。如果某个专业或职业是他感兴趣的（兴趣因素），并且认为是有价值的，值得去做的（动机因素），而且又有能力去做（能力因素），同时，又适合去做（个性因素），那么他就会做得更好，这时，他的潜能就能被发挥出来。曾经有一位已被医生确定为残疾的美国人，名叫史蒂文，靠轮椅代步已20年了。史蒂文的身体原本很健康，后在越南战争中被流弹打伤了背部的下半截，经过治疗他虽然康复，却没法行走了。他整天坐轮椅，觉得此生已经完结，常常借酒消愁。有一天，他从酒馆出来，照常坐轮椅回家，路上不幸碰上三个劫匪，他们动手抢他的钱包。他拼命呐喊并反抗，这激怒了劫匪，于是他们放火烧他的轮椅。看到轮椅着火，史蒂文竟然忘记了自己的双腿不能行走，求生的欲望竟然使他一口气跑了一条街。事后，史蒂文说，如果当时我不逃走，就必然被烧伤，甚至被烧死。我忘了一切，一跃而起，拼命逃走，以至停下脚步时，才发现自己会行走。后来史蒂文在纽约找到一份工作，身体健康，与正常人一样行走。当然，国内外类似这样的故事还有很多。从这些故事中可以看出，一个人通常存有极大的潜在体力。尤其是人在面临困境的情况下通常都会产生一种超常的精神力量，这种精神的力量是引发出潜能的重要因素。

人的潜能，往往是深藏不露，不仅社会上无从知晓，即使是本人也是心中无数。人的潜能是不可知吗？回答是可知的。人的潜能有时通过各种形式显现出来，从而为人们所发现，其中，直觉和灵感是其显现的特殊形式。有的则可以通过激发与诱发等方式，从深藏不露之处开发出来。潜能的释放是有条件的，特别是潜能的瞬间强度释放，潜能的长过程、高强度的释放，要靠激发和诱发。而一闪即逝的潜能闪现的火花，也可能点燃智慧之光，但要成就一番事业，成就一个人才，那就需要长过程、高强度的释放。潜能的激发是在特定条件下发生的，有的往往是非人为的特定条件，如突如其来的灾难的激发，历史上著名的李广射“虎”故事就是一个典型的例证。黎明时分，李广突遇猛虎而急射，天明后才发现那是块石头，箭镞深深射进石棱中，这是从未发挥过的体能。有的则是压力和艰难困苦的激发，诚如曾国藩所说：“人才非困厄而不能激，非危心深虑则不能达。”压力和艰难困苦既可以把潜能发挥至极致，又可以窒息其创造力，这就要有好的心态和把握好压力和艰难困苦之度。诱发往往是有意为之，激励、刺激和自我心理暗示等都会诱发人的潜能。一位著名的人才学家曾经说过：当今，发达国家的人才利用率只有70%，而人才智力的开发尚不足50%，可见，人的潜能是巨大的，开发心理潜能，挖掘和利用这一智力资源是非常必要的，对于扩大个体“能力”的内涵与外延，科学合理地使用人才，充分发挥现有人才的“储备智能”和主观能动性，促进社会发展具有十分深远的意义。

未来的竞争是组织和团队的竞争，组织竞争力的本质是组织素质和组织能力，领导潜能开发有益于优化组织的整体结构，提高组织的工作效率，在组织内部形成一种积极向上，持续学习的氛围。一个好的领导班子无非是领导成员个体功能的最优组合的结果，是领导成员个体特点的和谐搭配，成员各司其职而又协同合作，发掘领导干部的个性潜能使组织能合理人员配置，发挥组织的整体优势，同时，领导干部的潜能开发也是创造组织文化的一个有效手段和途径。

领导潜能开发是对领导干部能力的综合开发，包括领导干部在工作生活学习中的各种表现，诸如智力、情绪、意志、道德和社会责任等方面的潜能，充分认识到潜能的力量和自我实现的需要，可以使领导干部克服自身的弱点，使自己的道德意识，自我意识变得更强大。领导潜能和社会价值并无本质矛盾，个体需要等级越高，必然也就越少自私的成分，也要看到，领导干部自我实现的需要是个人价值与其社会责任的最佳结合，因此领导潜能的发挥具有最高的社会价值，只有充分实现全部潜能或人性全部价值的人，才能成为自由的、健康的、无畏的人，才能在社会上充分发挥作用。

二、领导心理潜能内容构成

领导心理潜能，即隐藏在领导者身上的、尚未被人们充分认识或发现的知识水平、工作能力等“潜在力量”。这种“潜在力量”包括职业兴趣、领导欲望、成就动机、自我意识、发展需要以及领导者的情绪情感等内在的心理素质，这是包含在领导干部能力素质要求中的那些未完全开发出来的部分。领导者的潜能是其生理、心理素质、学识和实践经验的综合表现。如同有的人表现得更充分，有的人在某些领域表现得更有建树。具体表现在以下几个方面。

（一）职业兴趣

兴趣是指一个人力求认识、掌握某种事物并经常参与该种活动的心理倾向。或者说，兴趣是指人积极探索某种事物的认识倾向。这种认识倾向是指认识过程中带有稳定的指向、趋向的意思，并且这种指向、趋向在比较稳定的条件下，要能够持续较长的时间，才能构成人的兴趣。当一个人对某事物有兴趣时，会对它产生特别的注意力，对该事物感知敏感、记忆牢固、思维活跃、情感浓厚、意志坚强。兴趣是活动的重要动力之一，是活动成功的重要条件。兴趣是在一定需要基础上，在社会实践中形成的，兴趣实际上是个体需要的延伸。不管人的兴趣是什么，都是以需要为前提和基础的，人们需要什么也就会对什么产生兴趣。人的需要是在不断地发展变化之中，当已有的需要产生并获得满足时，新的需要又相继产生和发展，丰富和加强。受需要的影响，人的兴趣在获得满足时，新兴趣又会产生和发展。

兴趣是一种强大的精神力量，它可以使人集中精力去获得知识，并创造性地开展工作。举凡古今中外著名的科学家、艺术家、文艺家，他们之所以能对人类做出贡献，莫不是由于他们的创造兴趣和他们对事业的责任感相结合，凝成一股强大力量，推动他们不懈地努力而取得成功的。当一个人对某种事物发生兴趣时，他们就能调动整个身心的积极性；就能积极地感知、观察事物，积极思考，大胆探索；就能情绪高涨，想象丰富；就能增强记忆效果，增强克服困难的意志。反之是不会取得好效果的，当然也就不可能充分发挥一个人的聪明才智。心理学研究表明，兴趣可以提高人的工作效率。一个人对某一工作有兴趣时，枯燥的工作也会觉得丰富多彩、趣味无穷。兴趣使工作不再是一种负担，而是一种享受。兴趣可以调动身心的全部精力，以敏锐的观察力、高度集中的注意力、深刻的思维和丰富的想象投入工作，从而有助于工作效率的提高。多方面的兴趣可以使人从容应对多变的环境，如需变换工作，只要自己感兴趣，就能很快熟悉，适应新的工作。

兴趣是事业成功的重要因素。对某一职业有浓厚的兴趣，是智力开发的“触发器”。兴趣是行动的动力。英国著名女人类学家古道尔从小喜欢生物。她中学毕业后，对黑猩猩的强烈兴趣，使她不畏艰险，只身进入热带森林与黑猩猩一起“生活”了10年之久，并获得了极宝贵的第一手资料，为揭开黑猩猩的秘密做出了贡献。同样，在学校里被人骂为“傻瓜”“低能儿”而被勒令退学的爱迪生，在发明的王国里却显示出杰出的才华；在课堂上“智力平平”的达尔文，在大自然的怀抱里显得异常聪明和敏锐，成为进化论的创始人。是什么使他们由“愚蠢”变得聪明了呢？是兴趣。谁找到了自己最感兴趣的工作，谁就等于踏上了通向成功的道路。因为对一个人来说，对工作感兴趣，就有钻劲，有钻劲就会出成就。这就是兴趣的作用所在。

（二）成就动机

人类的本性中，有一种强烈的倾向，就是希望能彻底变成自己想象中的样子。爱默生说："一个人的个性，便是他整天所想要做的那一种人。"我们一切的表现，完全是思想的结果。可见思想具有决定命运和结局的力量，这是一个普遍的真理。许多成功的人物之所以能够实现他们的梦想，主要是因为他们将渴望和思想具体化、形象化，他们具有按照成功来思考问题的习惯。他们心里所想、行为所做的都是朝向成功，因而最后都成为事实。英国小说家毛姆曾说："人生实在奇妙，如果你坚持只要最好的，往往都能如愿。"每一种思想，只要持之以恒，百折不挠地加以贯彻，迟早都会梦想成真。俗话说，能够设想的东西，都能成为现实。任何人都有取得成就的需要，领导干部也不例外。成功与失败往往只有一步之遥，只要勇于冲破"心理牢笼"，不断自我完善，任何人都会比现在更加成功。几乎每种美好事物的80%，都由20%甚至更少的人所拥有。领导干部作为现实社会中人们所认可的成功者，一般都具有较强的上进心与成就动机。

美国心理学家大卫·麦克利兰曾广泛研究过人的激励，尤其是关于企业家们的成就激励。经研究，他发现，尽管几乎每个人都认为自己有"做出成就的动机"，但是在美国大约只有10%的人受到成就欲的激励。自我激励的高成就者有3个主要特点：

1. 高成就者喜欢设置自己的目标

他们不满足于漫无目的地随波逐流和随遇而安，而总是想有所作为。他们总是精心选择自己的目标，因此他们很少自动地接受别人——包括上司为其选定的目标。除了请教能提供所需技术的专家外，他们不喜欢寻求别人的帮助或忠告。他们要是赢了，会要求应得的荣誉；要是输了，也勇于承担责任。高成就者喜欢研究、解决问题，而不愿意依靠机会或他人取得成功。

2. 高成就者在选择目标时会回避过分的难度

他们喜欢中等难度的目标，既不是唾手可得，没有一点儿挑战性，也不是难得几乎只能凭运气。他们会揣度可能办到的程度，然后再选定一个难度在力所能及范围内的目标——也就是会选择能取胜的最艰巨的挑战。

3. 高成就者喜欢多少能立即给予反馈的任务

目标对于他们非常重要，所以他们希望尽快知道结果。这就是高成就者往往选择专业性职业，或从事销售，或参与经营活动的原因之一。

领导责任感相对较强，喜欢竞争性强和存在地位取向的工作环境，希望影响他人，控制向下、向上的信息传播渠道，以便施加影响、掌握权力，而不像高成就需要的人那样只关心改进自己的工作。成就需要和权力需要都会使人们有杰出的表现，但二者还是有区别的。人们发现高成就需要的人当中，很少产生率领众人前进的领导者，原因非常简单：成就需要强烈的人习惯于独自解决问题，而不需要他人的帮助。一个高成就需要的人，未必能领导组织取得成就，因为领导者的责任是激励众人取得成功，而不是只顾自己的工作成就。激发他人的成就感需要有完全不同的动机和技巧。如果说成就需要对应着创业精神，那么权力需要就对应着各种领导，因为领导者的首要任务是影响别人，对权力的需要显然是他们的主要性格特征之一。麦克利兰曾指出，人的成就需要是可以通过后天培养而得到加强的，成就需要可以创造出富有创业精神的人物，他们会促进社会经济的发展，因此全社会都应当认识到这一问题的重要性，鼓励人们努力建功立业，取得成就。

（三）自我意识

自我意识是对自己的洞察和理解，包括角色自知、社会知觉、自我评价以及自我体验，随着自我观察的加深，将逐渐上升到自我评价阶段。领导者对自己愿望、动机、行为和个性品质的评价，关系到自己参与组织工作的积极性，也影响到协调工作中的人际关系。自我评价可以是正确的，也可以是不正确的。正确、客观地认识和评价自己的存在价值和所作所为，对于组织工作、自我调节和个性完善都有重要的意义。

1. 领导者的角色自知

英国戏剧家莎士比亚曾说过“整个世界就是一个舞台，所有的男人、女人都只是演员，他们有自己的出场和入场方式，一个人在他的一生中扮演了很多角色”。领导者角色自知是领导者对领导者角色的知觉和意识，要时刻想到自己是一个领导者，应承担领导者的责任，履行领导者的义务。领导者角色自知的特殊性表现在：一是观察自己较之观察他人掌握的信息多；二是观察自己比观察别人更为熟悉；三是自己既是观察者又是被观察者。若一个领导者对自己所扮演的领导者角色的知觉和意识甚差，就有可能出现“在其位不谋其事”的现象，不能起到一个领导者应有的作用。在领导者角色自知这一过程中还有一个对待领导者角色的态度问题。由于领导者角色有一些优越感及某种权力，因而有些领导者的角色意识虽然很强，但忘记了角色和职责的一致，缺乏干实事的作风，这也是领导者角色自知的一个误区。

2. 领导者的社会知觉

领导者的社会知觉主要包括对个体的知觉和对人际的知觉两部分内容。

对个体的知觉主要指对别人外部特征的知觉，进而取得对他的动机、感情、意图、性格等的认识。唐太宗在魏徵逝世时曾感怀“夫以铜为镜，可以正衣冠；以古为镜，可以知兴替；以人为镜，可以知得失。我常保此三镜，以防己过。今魏徵殂逝，遂亡一镜矣”。领导者对下属的知觉不仅是考察下属的手段，也是自我认知的一个方面，一个善于发现他人善处与优点的领导者也会是一个正确自我认知的领导者。自我感觉良好的人会倾向于去观察别人的积极方面，而不是以非常消极的或批判的态度去对待别人。反之，一个忧心忡忡，疑虑过多的人，总会从别人身上观察到许多消极的问题。一个自我认识较为深刻的人在对他人知觉的时候必然会更加敏锐和准确。作为领导者要从不同的角度来观察和考验下属，克服诸如晕轮效应、首因效应以及定型化等主观偏见的影响，尽量做到中肯地认识和评价下属。

对人际的知觉主要是对人与人之间关系的知觉。这是一个相互认识的过程，有明显的情感因素参与知觉过程。领导者不可能是单独存在的，必然要与外界环境发生一定联系，人际关系的环境是领导者自我意识的一个不可忽视的背景。领导者的人际关系包括领导者与下属，领导者之间，领导者与上级的关系。有些领导者对人际关系的认识存在一些偏见：认为人际关系仅仅是权力赋予的职责关系或者纯粹的利益关系。有些领导者倾向于建立纯粹私人的友谊关系，这样在对工作或对自己和他人认识时会出现含混不清的现象，将私人的友谊关系带到工作中来，想当然地认为人际关系就是利益的结合，这也是容易导致腐败的一个隐患因素之一。领导者对人际关系的正确知觉主要集中在对心理距离和感情纽带的理解，领导者对人际关系的知觉一定程度上折射出领导者自身的个性品质和行为习惯，一个善于处理人际关系的领导者会更趋向于客观地认识自己。

3. 领导者的自我评价

心理学研究显示，人们对他们自己的看法和他们实际情况之间有很大的关联，多数人更趋向于用更有利的词汇来描述他们自己，他们认为自己有许多好的品质，这种现象在比较了自我评价和对多数其他人的评价时尤其明显，绝大多数个体会用比他们用来形容其他人好得多的词来形容他们自己。这种对自己进行的正面的、主动的评价就是积极的自我评价。一个具有较高自我效能感的领导者往往更愿意采取积极的自我评价。领导者积极的自我评价具体表现就是领导者对角色的认识以及自我能力可以说是了如指掌，而且能够充分意识到并发挥出自我能力的巨大实践作用。当然领导者积极的自我评价并不意味着盲目的正面肯定，而是客观而中肯地认识到自己的优势和不足，并能在行动中积极扬长避短，发挥优势，弥补不足，公正看待自己和人际关系。

英国作家萨克雷有句名言："生活是一面镜子，你对它笑，它也对你笑；你对它哭，它也对你哭。"领导者在自我评价的时候也有可能形成消极的自我评价。这里的"消极"也可以做"负面"理解，产生这种消极自我评价的原因可能来自两个方面：过分缺乏自我意识以及自我意识过度。中国传统儒家思想中的"过犹不及""度"强调的就是正确的自我评价。有些领导者自认为已经是领导者了就等于是权力的国王，可以凭借权力的皇冠以逸待劳，从而导致对权力的追逐，而自我的成长却成为其次了。也有些领导者对自己的能力很不自信，对自我的期望也只是安于现状，工作中缺乏必要的创新。领导者的消极自我评价一般表现在以下几个方面：一是领导者对领导角色意味着什么含混不清；二是领导者对自我能力的怀疑；三是领导者的消极情绪和不良心理表现；四是领导者的低成就动机和低自我效能感。领导者的消极自我评价常常使领导者陷入被动的应对状态。

4. 领导者的自我体验

自我体验是自我意识在情感上的表现，领导者在意识到自己的角色职责以及权利义务的同时，会形成一种积极的或消极的情感体验，拥有积极情感体验的领导者会自觉将角色要求内化为自己的个人需要和信念并促使自己采取积极的行动。此外，领导者在组织工作中形成的消极自我评价会带来不良的行为，而自我体验能促使自我评价制止这些不良行为的作用。领导者自我冲突是自我体验的一个重要组成部分，由于个体或环境的因素，领导者在意识的过程中产生的对自我认识的模糊和不确定，以及不能客观评价自己的一种心理状态，常常同时伴随一系列负面的情感体验的产生。

（四）价值取向

价值取向则是指当一种价值观经内化而成为人的行为向导时，就被称为“价值取向”（values orientation）；价值取向是稳定价值观的动态表现。领导者价值取向表明领导以什么样的态度来对待自我和社会，它是领导在进行价值活动时所表现的一种倾向性态度，是领导在价值活动中的一种选择。价值取向是价值观体系中最富有表现力的因素，通过它，价值观得以鲜活地表达出来。价值取向是把握领导思想及行为的最直接的切入点。价值取向是领导心理的核心要素，价值取向在社会生活中的实践过程，也就是领导者塑造自我、开创未来的过程。价值取向所表现的价值活动定式，一般体现在以下三个方面。

一是价值活动的心理定式。价值取向同心理活动是密切相关的，以至于有人常常将价值取向归结于一种心理活动。这种归结固然有其片面性，但二者的密切关系是显而易见的。价值取向离不开心理运作过程，并且在这种心理过程中通过记忆和想象形成的意向以及在心理活动中所产生的情感、意志，共同形成了强烈的心理定式。这种心理定式在价值选择和价值评价中发挥着调节和控制作用，并根据目的的支配调节价值活动，从而实现预期目的的心理过程。

二是价值活动的思维定式。价值选择和价值评价一旦以观念形态出现则说明价值取向已进入更高级的理性思维的层面。这样人们就可以用各种观念来评价和判断自己和他人的行为，从而形成了自己价值活动的思维定式。观念是个异常复杂、是非难辨的大系统，由于具有理性形式，可进行概念、判断、推理，从而形成抽象性强、涵盖性广、稳定性大的特点。人们常常用这些观念形态来对价值活动进行各种选择和评价，从而形成了自己价值取向的思维定式。

三是价值活动的行为定式。人们的行为活动是受思想意识支配的，行为是思维的外在形式，“思其所为，行其所思”。行为的发生是从感觉开始的，我们可以把行为理解为由感觉—需要—欲望—动机—目的—手段—方法—意志—结果的发展过程。从感觉到动机是行为的心理过程，从动机到效果是行为的实现过程，整个行为的发生都是在人有目的的自觉能动的意识活动支配下进行的。在价值取向中，由于一定的心理定式和思维定式的形成，使得人们的行为很明显地带有上述两方面的痕迹，从而形成了与上述两个方面相一致的行为定式。

价值取向具有以下特征和功能：一是认知特征和功能。它使个人和群体在历史和现实生活中对自身不同于他人或群体的地位和作用不断地产生新的认知，也就是我们平常所说的自我意识。一个人或群体与他人或其他的群体发生关系时他人或其他的群体仿佛成了一面镜子，在这面镜子中可以看到自己的形象是真还是假，是善还是恶，是美还是丑。通过这种反思可以择其善而从之，其不善者而改之。这种自我意识不断升华的过程也是价值取向不断升华的过程。二是激励特征和功能。价值取向可以唤起个人和群体的美好情感，这是人类行为动力结构中的一个重要环节，若这种感官或审美的需要得不到满足，它就会导致人们情绪迟钝、消沉，以及无力认识主体的自我。价值取向所引发的特殊的情感实际上是围绕特定的社会生活和实践，调动个人或群体的感情，增强他们的观念，陶冶和发扬他们的性格的特定手段。这种情感一旦被引发或调动起来，就会形成一种强大的力量，成为社会发展的动力。三是导向特征和功能。价值取向的特征和功能在于它可以引导个人和群体坚持鲜明的价值立场并根据价值准则对自己的社会行为进行引导。四是协调整合特征和功能。这种协调整合的作用是多方面的，既有政治和经济方面的，也有心理和思想方面的。前者往往带有很大的强制性，而后者则往往带有很大的主动性。它可以通过个人和群体在心理本能、认识水平、感情倾向、思想态度方面的相互交流、相互影响、相互制约和相互推动形成共同的心境和心态，从而增强人们的心理凝聚力。五是示范特征和功能。价值取向的一个很重要的特征和功能是通过人的思想感情和行为来对他人和群体树立榜样，进行示范，施加影响，促使被影响者跟着学照着做，树立与自己同样的思想感情和行为。价值取向之所以会对被影响者产生重大影响，改变他们的态度和行为，是由于人们的模仿心理在起作用。价值取向示范的心理依据是模仿。模仿就是群体或个人榜样的相应价值标准在思想、感情和行为中的直接反应的过程，它是自觉或不自觉地模拟榜样的态度和行为，以榜样的态度和行为为特点进行复制。这种模仿的心理倾向在集体行为中尤为显著。作为一个领导干部应当充分注意到人们的这种心理倾向，充分发挥自身价值取向的正面示范作用。

（五）领导情商

情商（EQ）又称情绪智商，这一术语最先是由美国新罕布什尔大学心理学家约翰·梅耶和耶鲁大学心理学家萨罗维和梅耶于 1990 年提出。几年后，美国《纽约时报》的行为科学和脑科学的专栏作家《今日心理学》前高级主编戴尼尔·戈尔蒙于 1995 年把一些有关 EQ 研究的深奥学术成果以非常通俗的方式编汇成《情绪智能》一书。情绪智商这一概念立即在全世界各地得到广泛传播。

所谓领导者的情商，是指领导者个人情绪稳定性、自我激励以及人际关系能力等的总称，是领导者通过控制个人的情绪来提高生活、工作质量的才能。从领导者个人成就的角度来看，领导者的情商包括以下 6 个方面的能力。

一是认知自我情绪的能力。即领导者了解自己的情绪与情感、长处与不足的能力，它是情绪智商的基石，影响着领导者个人的生活目标和自我发展目标。认知自我情绪能力，强调领导者会对自身真实的感受有一个准确的判断。会在不同生活、工作阶段给自己一个适宜的努力方向和动力，有自己的信念和长远发展的目标，对自己和他人都很忠诚，这些不仅能认知自我还能“自省”。《论语》提出“吾日三省吾身”，孟子提出“自反”“反求诸己”的思想，能经常反省自己的思想行为。辨察自我意识和言行中的善恶是非，严于自我批评，及时改正自己的过错。

二是自我调节能力。领导者在工作中有时会很难控制情绪、感情的冲击，但可以控制其持续的时间。领导者的自我调节是在认知自我情绪的基础上，持续不断地内在调节，以摆脱情绪的波动。领导者的工作充满了变革与风险，甚至是危机，竞争十分激烈。领导者必须能够时刻控制自己的情绪、情感，面对复杂的环境能调整自己的心态，适应形势的变化。这正如道家所说的“道法自然”，自觉地掌握事物的对立面必然要相互转化的规律，在各种危机、祸福、吉凶、得失、荣辱面前善于自处，调整好自己的情绪状态，从而才会产生人们所说的因祸得福、逢凶化吉、失而复得、辱而后荣等现象。一事当前，保持平静的心态，抛开个人的得失，摆脱荣辱的羁绊。如果没有控制自己情绪的能力，纵使满腹经纶，智力水平再高，也难有所作为，不能成为真正的领导者。

三是自我激励的能力。激励是一切内心要争取实现的条件，包括希望、愿望等所产生的一切动力，是人类活动中的一种心理过程。人们一切行为都是受到激励而产生的。通过不断地自我激励会使你有一股内在动力，朝着所期望的目标前进，最终达到成功的顶峰。自我激励要求领导者一直乐观地看待各种事物，即使遇到挫折，也能调动自我调节的功能，化阻力为动力，坚定个人和组织的发展方向。“志当存高远”，以此激励自己。艰苦奋斗，自强不息，去实现理想，成就功业。

四是认知他人情绪的能力。领导者重要的工作之一就是要不断面对不同的人，并根据人们的情绪，情感的反应，从细微的信息中观察他人的需求，了解他人感受的能力。领导艺术不仅表现在对自我情绪的了解上，还要求了解他人的观点，只有真正站在他人的角度，进行换位思考，才能切身感受他人的需求。从而容易沟通，取得他人的信任。对他人情绪的认知还包括对他人的理解、宽容能力的培养。“恕”便是领导者对他人的一个重要的行为准则，是领导者心胸宽广的表现。所谓“恕”，就是要推己及人，设身处地为他人着想，理解他人。“宽以接下，恕以待人”，是我国传统美德的一个重要方面。宽厚待人应表现为不念旧恶，不计前嫌，不为已甚，不苛求于人。自知和正确对待他人是一个完整人格不可缺少的两方面，领导者必须有这样的胸怀，才能信任人、团结人，才能顺利地开展各项工作。

五是人际关系管理能力。即领导者管理他人情绪、情感的能力。通过认知自我与他人，懂得何时动之以情，晓之以理。领导者在与他人的交往过程中，通过自己的行为感染别人，注意把自己的精神传递给上级、下级和同事，使之能够按照自己意识去工作。尊重别人，为别人着想的领导者，自然能与他人和睦相处，并从不断的交往中得到信任。人际关系管理能力强的领导者具有一种使人化解矛盾，消除敌意的艺术。他们除在工作、生活中向周围散发吸引人心的超凡魅力以外，还能激发发自内心的激情。在人际关系日趋复杂的现代及未来社会中，有效建立和适用良好的人际关系对领导者是至关重要的。

六是承受挫折能力。这是领导者情商的又一重要内容。领导者在工作过程中，时时刻刻都要面对复杂多变的环境，这些充满着不确定性的环境中，领导者遇到挫折是很常见的现象。失败就是领导者需要经常面对的一种挫折，挫折可以使领导者产生无力感、意志消沉、情绪忧郁，从此一蹶不振。但如果调试得当，是可以化压力为动力，自我激发出更大的潜力，继续前进。因此，承受挫折的能力是领导者情商的重要组成部分，是有效领导力的基础。

三、领导心理潜能开发

潜能是客观存在的，通过不断的挖掘和开发是可以认识、显现出来的。对领导干部的潜能考察和开发主要集中在以下几个方面。

（一）培养爱岗敬业的职业兴趣

人的职业兴趣是在一定的生活条件下形成和发展起来的。虽然它具有一定的稳定性，但它却不是固定不变的，也不是先天的，而是随着生活条件和工作环境的变化而变化的。在职业兴趣的培养中，有父母的耳濡目染及家庭潜移默化的影响，也有教育的整体引导作用，而对于成人来讲，其职业兴趣更多的是通过实践活动，在积极的感知认识过程中得到发展的。虽然某种职业兴趣一经形成，便具有一定的稳定性，但根据实际需要，还是可以通过多种途径，加上自己的努力去改变、发展和培养的。一般来说，人的职业兴趣的产生和发展要经历这样一个过程：有趣—乐趣—志趣。

有趣是职业兴趣过程的第一个阶段，也是职业兴趣发展的低级阶段，它往往短暂易逝，非常不稳定。处于这一阶段的兴趣常常与个体对某一工作的新奇感相联系，随着这种新奇感的消失，兴趣也会自然地逝去。对某种工作“有趣”的现象多见于个体刚从事该工作，对工作有种神秘感和新鲜感。当个体打破了对工作的神秘感和新鲜感之后，就会从“有趣”变为“无趣”，日常工作中的改行和跳槽现象多发生于这个阶段的后期。

乐趣是职业兴趣过程的第二个阶段，它是在有趣定向发展的基础上形成的，是职业兴趣发展的中级阶段。在这一阶段中，随着个体职业知识、技能的积累，同事关系的和谐，工作目的的明确，个体的职业兴趣会变得专一、深入起来。要享受工作的乐趣除了保持一种健康积极的“心态”之外，还有一个前提，就是要选择一份自己认为“有趣”的工作来做，然后努力从中寻找乐趣，并建立自己独特的处事风格。俗话说：“干一行爱一行。”认真地工作才能得到乐趣，工作的乐趣要来自对工作的胜任。

志趣是职业兴趣发展过程的第三个阶段，当乐趣同你的社会责任感、理想、奋斗目标结合起来时，乐趣便变成了志趣。志趣具有社会性、自觉性和方向性，是人取得成就的根本动力，是成功的重要保证。政治思想觉悟高的组织干部能自觉地把对组织工作的乐趣升华为一种志趣。他们这种志趣产生于对组织工作重大意义的深刻理解，产生于对党、国家和人民的无限忠诚。许多优秀的组织干部能抵挡住“经商热”“拜金热”的冲击，选定自己的人生坐标，始终不动摇从事组织工作的兴趣，根本原因在于他们脑子里始终装着国家和人民，把党和国家的利益置于首位，因而具有持久不变的职业兴趣。

（二）激发优势成就动机

1. 从领导者个人的角度来讲

第一，要健全自身的心理素质，领导者必须结合角色活动和社会实践加强个性修养，在自我教育、自我调节和自我完善的过程中，不断健全心理素质，始终保持清醒的自我意识、稳定的情绪状态、健全的性格和强烈的社会责任感。

第二，要保持适度的动机水平，领导者在进行角色活动的时候要根据自身的素质和外部客观条件的许可程度来确立一个合适的成就动机，避免出现“急于求成”或“安于现状”的两种极端现象。同时，领导者要善于将自己的成就动机化成工作目标和行动，加强成就动机的效应反馈，并据此来调节动机水平。

第三，作为一个领导者要做到胜不骄，败不馁，要始终保持良好的精神状态，不断修正和强化自己的成就动机，使自己向着更高的目标努力。

2. 从组织的角度来讲

第一，要确立合乎时代精神和社会规范的价值标准，通过宣传对领导者符合标准的行为给予积极评价，促使领导者产生积极进取的情感体验，激发更高的动机。

第二，制定和实施在领导者培养、选拔、奖励等方面有针对性的政策，鼓励推动领导者勇于向上，不断创新。

第三，在干部中实行公开、公平竞争，使干部在竞争中激发成就动机。

第四，努力创造一个和谐的人际关系环境、良好的工作条件和完备的后勤保障，使领导者精神愉快，无后顾之忧，全身心地投入事业中去，激发成就动机，发挥聪明才智，健康成长。

（三）提高自我意识水平

1. 正确认识自我

意识不仅具有一定的知觉性而且具有积极的主观能动性，领导者自我意识的提高不仅是正确认识自我、表现自我的过程，而且是积极地发展自我，完善自我，追求成功自我的过程。

一是站在他人的角度看自己。这里的他人可以是家人，也可以是上下级或者是人民群众。有些事情站在自己的角度看总是认为自己是正确的，而一旦站在他人角度看，才会明白自己是错的，有些领导者把自负当自信，把偏见当真理，而且在工作中不能坚定立场，考虑问题只是从满足个人私欲出发，忽视了家人或者人民的利益，必然导致自我意识的偏差，带来严重的后果。领导者植根于人民，服务于人民，人民群众往往是从领导者如何做人、怎样办事来认识和评价我们党的，所以领导者应多站在人民的立场考虑问题，全心全意为人民服务。

二是站在大局的角度看自己。《人民日报》曾撰文指出“领导干部要学会算账”，领导者应当学会算账，特别是要学会算大账，算长远账，算人民根本利益账。在算账中，不能拘泥于细枝末节，不能局限于小团体，而应当着眼于大局，着眼于宏观，着眼于全面，把工作放到一个更为宏观的整体发展中去把握、去研究、去实施，这就是算大账；领导者不能局限于眼前利益、短期利益，而应把眼光放长、放宽，着眼于未来，着眼于发展，这就是算长远账；坚持人民利益高于一切，把人民群众的愿望作为第一追求、把人民群众的呼声作为第一信号、把人民群众的满意作为第一标准，算好人民群众的收入账、冷暖账、安危账、权益账，这就是算人民根本利益账。学会算账的重要前提是树立正确的世界观、人生观和价值观。

三是站在社会角度看自己。领导者要打破站在自己角度看社会的常规思维，站在社会角度看自己是指正确处理好个人利益和社会利益的关系。领导者对个人利益的追求要以不损害社会利益为前提，以最有利的方式保证二者利益的最大化实现，在违背社会利益的选择前要有牺牲个人利益的意识和决心。有些腐化了的领导者总是觉得自己付出的多得到的少，慢慢产生不平衡的心理，进而向社会索取回报，以求心理平衡。

四是站在未来角度看自己。综观很多腐败案例，我们不难发现很多落马领导者在后来自我悔过的时候似乎都意识到这样一点：如果当时早些意识到为了这一点贿赂款的代价要用自己的后半生来换的话，就不会那么愚蠢了。《红楼梦》中有这样一副对联“身后有余忘缩手，眼前无路想回头”。古谚说：“早知如此，何必当初？”等发现自己付出的不仅是权力的失落，甚至包括自己的前程、自由或生命，那时已经来不及了。领导者应站在一个连续的、长远的角度来看待自己，在不断的历练中塑造自己的人格。

2. 自觉、合理尊重自我

尊重自我是建立在正确的自我评价基础之上的，当然，尊重自我也有益于客观地进行自我评价。领导者对自我的尊重从一般的道德意义上来讲，就是要尊重自己的人格，检点自己的言行，珍惜自己的名誉。待人处世端庄稳重，不做与自己身份不符的事情。简单而言就是自重。在无产阶级道德观看来，不尊重自我，丧失人格，是一种令人不能容忍的低级趣味，就是不道德的表现。可以说，自重是一种思想。领导者能否做到尊重自我与领导者的知识修养、道德素质、理想情操有着密切关系。具有远大理想、宏伟抱负和高尚情操的人一般都能坚持自重。领导者需要珍惜个人的名誉，努力做到自重。要增强政治责任感和使命感，务必正确行使自己的权力，务必注重自己公仆形象的塑造，务必时刻想到自己的身份和责任，加倍珍惜这个荣誉。

3. 客观、有效表现自我

我们已经知道自我有其社会性的一面，个体是生活在社会中的个体，所以自我表现行为即是自我社会性的一个重要方面。自我表现行为既是个体化的又是公共性的。领导者对自己的看法将影响到他们怎么表现自己，同时领导者在表现自我的时候又会自觉地创造、修改和保持他人对自己的印象。领导者自我表现有助于促进人际关系，使其能够得到别人的认可，并有助于建立自己希望的身份或形象。领导者要客观表现自我，首先必须对自我有正确的认识，同时有在他人心目中创造特定形象的动机，此外还要有能力认识到那些特定的行为会产生相应的印象并为实现其采取行动。心理学研究表明常见的自我表现策略有5种：（1）逢迎讨好（努力让别人认可自己）；（2）自我提升（向别人证实自己的能力）；（3）威胁（让别人认为自己是强硬无情的）；（4）榜样化（创造道义上善良和正直的形象）；（5）哀求（让别人相信自己的脆弱无助）。领导者在组织工作中要慎用这些策略，成功的自我表现需要在收益（展示在具体情境下最有利的形象）和可信度（确保别人会相信你的形象）之间取得平衡，所以领导者要客观表现自我，避免伪装和欺骗。

4. 积极、持续发展自我

领导者不断发展自我不仅有利于领导者人格的完善和发展，而且有助于领导者提高领导能力和个人素质。这里的发展不仅指年龄上的自我发展，在个体生命的早期，自我就发生了巨大的发展，但关于自我的看法在一生中是不断变化的，这也就一定意义上保证了发展自我的可能性。领导者在组织工作中要持续地发展自我还包括对角色的内化、自我学习、自我监督、自我管理和自我调节等。知识、信息时代，动静皆风云，世界瞬息万变，矛盾无时不在。唯有学习方能完善自我，超越自我。领导者在发展过程中需要将群众监督、社会监督、舆论监督相结合，但更重要的是自我监督。“欲胜人者先胜己”。领导干部必须要自觉树立学习意识，用高尚的精神激励和鞭策自己，积极进取，求实创新，奋发向上，建功立业。自励是发展自我持续的动力源泉。领导者依照个人的自我意识，来判断什么应该做，什么不应该做。如果领导者能真正地意识到自己所处的地位及所担负的工作责任和使命，他就会树立服务的观念，对工作尽职尽责。领导者必须认识到当前的时代背景，不断加强自我修养，方能适应社会的发展，经受住执政和改革发展的考验，勇敢担负起领导责任，积极完成党和人民赋予的领导任务。

5. 重视积极实现自我

人本主义心理学创始人马斯洛认为人的价值体系中存在着不同层次的需要，按照从低到高的层级排成一个需要系统，在满足了生理、安全、社交和尊重需要的基础上，人有自我实现的需要，即希望完成与自己能力相称的工作，“是什么样的角色就应该干什么样的事情”，使自己的潜能得到充分的发挥。领导者自我实现就是自我价值的实现。不同的人对“自我价值”的理解是不同的。

作为人民公仆的领导者“自我价值”是与社会价值统一的，是对社会的一种义务和责任。两者的一致表现在：甘愿吃亏，在个人利益方面自觉地吃亏；不怕吃苦，受累辛苦的事跑在前；受得委屈，既能够任劳，也能够任怨。合格的领导者应有的价值观不仅要认为人生价值是自我价值与社会价值的统一，而且坚持社会价值高于自我价值，自我价值要服从社会价值。这种价值观以集体主义为基础，在社会、组织大目标中寻找自己的小目标，充分发挥个人的积极作用为社会服务，在为社会服务中实现自我价值。只有这样，才能使自我价值得到充分的体现。这种价值观以无私奉献为无上光荣，以人民幸福为个人幸福，“先天下之忧而忧，后天下之乐而乐”，从而实现自我，进入有价值的人生境界。

（四）树立正确的价值取向

领导干部的价值取向有利于整个组织绩效和效率的提高。树立全心全意为人民服务、勇于奉献的价值取向，才能抵制腐朽的拜金主义和错误的权力观，用好自己手中的权力，为人民办好事，办实事。国家行政学院领导人员考试测评研究中心的科研人员通过对基层党政领导干部的实证调查研究，得出的结果表明，基层党政干部的价值取向主要有6个因素，分别是：钱权取向、社会取向、知识取向、生命取向、成就取向以及人际取向。研究认为，党政干部的钱权取向越低，其他取向越高，尤其是社会取向越高时，那么党政干部的组织公民行为就越多，继而就会提高整个组织的效率和绩效。反之，则较少出现组织公民行为，从某种程度来说，这对个体的组织的绩效和效率的提高是不利的。为此，确立正确的价值取向，从组织干部工作的角度来考虑，首先要从以下方面入手。

一是建立起“以价值观为基础”的领导干部的选拔和考核评估机制，优化领导干部的使用制度。在进行领导干部的选拔和任用时，应当将党政干部的价值取向列为测评要素，作为重点考察的对象，以了解基层党政干部价值取向的内容和结构。以价值观为基础的选拔和任用，可以实现人和组织的良好匹配，有利于个人能力的发挥和潜力的挖掘。可以为国家选拔出既有能力，又靠得住的党政干部。

二是在党政领导干部的考核环节，除了对德、能、勤、绩4个方面进行考察外，还应重点考察基层党政干部价值取向的内容，把对基层党政干部价值取向的考核与日常管理结合起来，将考核的结果与个体的奖惩、升迁制度直接挂钩，优化基层党政干部的使用制度。以评促改，通过对基层党政干部价值取向的考核，帮助基层党政干部了解自身价值取向中存在的误区和问题，以树立正确的价值取向。

三是在进行基层党政干部的教育和培训工作时，应及时调查和了解基层党政干部价值取向的内容和变化情况，做到未雨绸缪，防患于未然，对基层党政干部错误的价值取向做好及时的引导和教育，认真做好批评与自我批评，以帮助其树立正确的价值取向。

（五）提升领导者情商

1. 提升直觉自知能力

所谓“直觉”，是指在未作任何深入的分析研究的情况下，仅根据现象和直接感觉而产生的对事物的印象。虽然只是“凭印象”，却是自身长期的实践经历的总结，实质也是对客观世界的反映结果。例如，通过对以“立党为公、执政为民”为本质的“三个代表”重要思想的学习，直觉这是21世纪加强执政党建设、巩固和发展执政地位的当代中国马克思主义的必需，这就是“直觉”的结果。所谓“自知”，是指冷静、全面、不受外界干扰地客观认识客观事物的能力。一个有独立思想的领导者，并非就一定会是一个具有自知能力的领导者。而只有具有了良好正确的自我意识的领导者，才可能是一个具有“自知”能力的人。从诸多分析研究中我们可以看出，类似郑培民这样的21世纪领导者的优秀代表，其良好自我意识充分反映在其“权为民所用、情为民所系、利为民所谋”的领导实践活动中，应该说，这样的领导者的“自知”能力，是很强、很突出的。显然，直觉自知能力，是个体领导者诸多实际领导能力的重要基础之一。

2. 提升理解平衡能力

所谓理解，是指真实意义上的明白、了解、懂。包括对自己、对社会、对环境、对外人等诸多方面。试想，倘若没有理解能力，我们对于“三个代表”重要思想内涵中“精髓是解放思想、实事求是、与时俱进，主题是大力发展中国特色社会主义，核心是永远保持党的先进性，本质是立党为公、执政为民，实践要求是权为民所用、情为民所系、利为民所谋，工作重点是在建设中国特色社会主义过程中不断强化并发展执政党自身建设，任务目标实现中国最广大人民群众的共同富裕”等完整理论体系的认识，就会是模糊不清的，践行起来就必然会是口头表面的，甚至是言行不一的。理论起来，要具备理解能力，包括两个基本条件：首先，要善于理解人（包括自己），关键是要以关爱、平等为心理基础的设身处地和实事求是。凡是人云亦云、先入为主、心存偏见或习惯戴着“有色眼镜”看待人或事的人，都不可能是真正能够善解人意的人。其次，善于理解客观事物，关键是要深入地、多角度地看待客观事物，掌握事物发展的客观规律，凡事一知半解、不求甚解、只注重表面现象的人，都不是真实意义上具有理解能力的人。

所谓平衡，本义是指两个或两个以上的力作用在一个物体上，各个力相互抵消，使物体处于相对静止的状态。这一点，在现实社会中诸多良好的领导实践案例里已经有了不少反映：一些领导者勇于实践、大胆创新的心理特征，之所以能够显出与另一些领导者之间的区别，一是执政责任这个客观事物对其大脑进行刺激所产生作用的强度，较其他人强；二是其中枢神经系统的机能状态突出反映出一种舍己为公、不怕困难、不辞辛劳的状态；三是其神经活动类型属于那种在神经活动过程中的兴奋和抑制发展处于一种均衡状态的人。这种兴奋和抑制发展的“均衡”，就是我们所说的“平衡”。显然，理解平衡能力是现代领导者诸多实际能力的重要基础之一。

3. 提升控制冲动能力

所谓“冲动”，是指个体人的感情受到外界事物的强烈刺激，使语言、行为出现非理智现象的一种心理反映。感情受到外界事物的刺激，是领导者的领导工作实践过程中不可避免的一种必然现象；尤其是责任重、压力大、困难多的领导者，其遭遇外界施与的强烈刺激更是在所难免。在这种情况下，是否能够保持冷静和理智，是个体领导者的一种必不可少、难能可贵的基础能力。分析认为，对于现代社会的一般领导者来说，容易使之失去理智的一般有这样几种情况：一是受到强烈刺激；二是遭遇困难、挫折、失败等巨大压力时；三是自己的领导实践活动在上司、下级甚至家人所不理解的情况下；四是出于人的本能有时顾及虚假的“面子”；五是当自己的领导思路和行为受到顽固守旧之人的坚决阻碍的时候等。“冲动”的方式大致也有这样几种：一种是直接“冲动”，在语言或行为上明显失控，采取过激言辞或行动；另一种是间接“冲动”，崇尚“冷战”、萎靡不振、消极对抗。为什么说，“百折不挠”和“生命不息奋斗不止”，21世纪合格领导者良好自我意识的基本发展趋向？因为，倘若易冲动、易丧失理智，领导者便无力正确应对现实社会的诸多复杂环境和突发事件的，也不可能具有良好领导能力。显然，控制冲动能力是领导者诸多实际能力的重要基础之一。

4. 提升自我激励能力

所谓“自我激励”，是指振奋精神，自我进行激发鼓励。作为现代社会的领导者，应当不论在什么样的境遇之下，都能始终保持旺盛的斗志、激发鼓励自己不断奋进，这是保证其正视现实、恪尽职守、适应环境的一种必备领导能力。一般来说，领导者的境遇不外乎有三种情况：佳境——条件优越、“高人一等”、备受推崇；顺境——条件一般、“饱食终日”、无甚烦恼；逆境——遭遇失败、面对挫折、内心受伤。倘若不加强自我激励能力的培养，在这3种境遇下的领导者，都容易迷失自我，缺少前进动力，淡化领导责任。因此，领导者的“自我激励能力”也有3种主要反映：在佳境中，能够防止因自以为是、沾沾自喜、得意忘形而走向错误；在顺境中，能够防止因无所用心、不思进取、浑噩度日而遭遇失败；在逆境中，能够防止因悲观愤懑、浮躁冲动、消极颓废而丧失人格。由于事物的螺旋发展性，在不少现代领导者的领导实践过程中，上述3种境遇都可能会交替出现，因此，其“自我激励”能力的作用，应该是显而易见的。显然，自我激励能力是领导者诸多实际能力的重要基础之一。

5. 提升承受挫折能力

所谓挫折，是指领导者在进行领导实践活动的过程中，遭遇困难和阻碍或是失利和失败之后的一种情绪感受。既然是称为“情绪感受”，自然也能靠情绪的调节来进行积极的应对。所谓“承受挫折能力”，实际就是指领导者对自我的情感、情绪的自我调节能力。有心理学家说，“所有成功的故事都伴随着一些失败的故事，两者唯一的不同在于，那些最终成功的人们能在每次失败之后都重新站起来”。这就印证了“失败是成功之母”的那句俗话，既说明了承受挫折的必然性，又说明了具备承受挫折能力的必要性及其重要性。科学研究认为，由人的心理形成规律所决定，当成功到来的时候，人的心理承受力呈现出正向发展趋势；而当挫折到来的时候，人的心理承受力呈现出负向发展趋势。因此，作为现代社会领导者的心理，承受成功是没有太大问题的，其承受能力体现也不会太充分；而承受挫折，才是真正对领导者心理承受能力的考验。挫折越大，考验就越大，其能力强弱的反映也就越明显。这一点，在不少老一辈无产阶级革命家的领导实践活动过程中，都体现得非常充分。显然，承受挫折能力是领导者诸多实际能力的重要基础之一。

6. 提升移情能力

所谓“移情”，指的是对自身以外的事物的推测、估量、估计、判断等。“知己知彼，百战不殆。”移情虽然是一种心理换位，但绝对不是瞎猜，也不是臆断，而是必须以良好心态为基础、以实践经验总结为依据、以认真分析思考为前提进行分析判断。可以说，能否比较全面、客观和准确地推测、估量、估计、判断他人内心情感，是现代领导者必需的一种基本功。没有客观的揣摩，就没有客观的领导。也就是说，倘若没有移情这种能力，其他领导能力便无从谈起。由于现代领导者所面对的生活工作环境是复杂多样的，面对的人也是形形色色的，因此研究人、分析人、认识人、判断人，并针对不同情况来解决实际问题的能力，对现代领导者来说，显得尤为重要。为什么在现实社会中的一些领导者的思维方式总是显得格外特殊，解决实际问题的能力总是显得比其他人强？很重要的一个原因，就是其具有多角度揣摩客观事物的能力。如果在实际工作中或是解决实际问题的时候，幼稚无知、无的放矢，认识浮浅、思维偏激，态度武断、蛮横无理，甚至是捕风捉影、无中生有，必然就会出现错误。尤其是现实社会中少数唯我独尊、心态不好、自以为是的领导者，在实际领导工作中总是会产生揣摩他人内心情感的思维错位状况，要么片面地否定他人、要么错误地估计形势，导致主观臆断、牵强附会、不近情理、强加于人的动机行为，其结果往往都会是适得其反的。显然，揣摩他人内心情感能力是领导者诸多实际能力的重要基础之一。

7. 提升人际沟通能力

所谓“人际关系”，是指人与人之间的动态的、发展的联系过程。领导者是社会人，而且是面对社会大众且具有相当社会责任的人，不可能不与人交往。而这种人与人的动态的、发展的联系能力，一般体现在领导者与自身以外的人进行交流时的语言、态度及其方式上。它能够比较清楚地反映出一个领导者的内在修养水平和文明道德水准状况。研究认为，领导者良好的人际沟通能力应当具备这样几个特征：一是人际交往深刻有益，注意所沟通对象及过程是高层次、高质量、积极有益的，能够“与君一席话，胜读十年书”；二是不论职位高低，沟通双方在交流过程中始终处于平等状态，没有阿谀奉承、吹牛拍马、居高临下、不由分说、盛气凌人甚至以势欺人的表现；三是沟通交流时的语言和态度体现出真实、信任、诚意、谦和、不带偏见或成见，没有自命不凡、夸大其词、言过其实、圆滑虚伪、不讲诚信甚至讥讽贬低；四是交往系出于工作或心理的需要，而非出于相互利用甚至贪占他人利益的需要等。做到了这几点，应该可以说就具备了良好的人际沟通能力。显然，人际沟通能力是领导者诸多能力的重要基础之一。

8. 提升人际关系调整能力

所谓“人际关系调整”，是指领导者为适应领导工作需要而对人际关系所做的妥善协调、调配或整顿的过程。面对不同利益群体的复杂、多样、多变的人际关系进行正确而有效的协调和调整的能力，实质也就是妥善处理各式各样的矛盾、解决各种实际问题的能力。在现代领导者的领导实践活动过程中，这种能力是必不可少的：既要协调处理好上下级的关系，又要协调处理好所管辖范围内的各种矛盾关系；既要协调处理好自身与社会、与群众之间的关系，又要协调处理好不同地方或部门之间的关系。总之，从这个意义上说，其领导过程，也就是协调过程；其领导之责，也就是协调之责；其领导能力，也就是协调能力。对于现代领导者来说，具备人际关系调整能力的主要条件是：健康心理是前提、公道正派是基础、责任意识是保证、道德诚信是支撑、廉洁奉公是关键、科学方法是手段。显然，人际关系调整能力是领导者诸多能力的重要基础之一。

CHAPTER 09

第九章

领导情感体验

情绪（Emotion）和情感（Feeling）是人类生活最为丰富且复杂的内容之一。不论何人，若绝缘于情绪、情感生活，失去了人生的喜怒哀乐与悲欢离合，没有友谊的慰藉，也没有情感的温馨，就容易陷入苦涩与孤寂之中。领导干部虽为职场中人，但也具有普通人所共有的情绪、情感。情绪与情感似雨露浸润着每一个人的心理世界，丰富且激扬着领导者的精神生活。因此，对于人类情绪情感的探究一直是社会心理学乃至管理心理学研究体系中最为重要的领域，也是领导心理科学迄今为止，仍然亟须深入探索其内在机理的主要内容。

一、认识情绪情感

（一）什么是情绪情感

要了解情感体验，首先要从情绪说起。情绪是指那些与某些机体需要是否得到满足相联系的心理体验。如饥饿与口渴所产生的不愉快，舒适与温暖所引起的愉快与满意等。情绪的发生往往与那些比较低级的天然的生理性需要相联系。情感则是与人的社会性需要相联系，是一种比较高级的心理体验。如得到尊重与悦纳总会使人心情畅快，而被排斥与冷落总会使人感到十分郁闷，这与饥饿与口渴的满足所产生的心理体验有着鲜明的区别。由此，凡是与人类社会性需要相联系的高级复杂的体验是情感。情感是人类所独有的。由此，引申出如下几点。

其一，情绪与情感与内外环境作用直接有关。人高兴与不高兴，喜欢与不喜欢不是一厢情愿就会产生的，亲切的赞美和真诚的鼓励之所以令人感激，总是体现出人对情境的依赖性。人们讴歌那彤红的朝阳、峻峭的山峰和美好的形象，总是因为这些因素能够触发人领略情感的生活美和力量美，人们那无拘无束的欢笑于游戏于书山学海，总是在身体的健康和衣食的基本满足无虞的情况下产生的。因此，内外环境因素的变化无时无刻不在影响或左右着人的情绪情感反应，悲欢离合、喜怒哀乐也正是在人与内外情境因素交融作用过程中体验出来的。人的情绪情感离不开内外界事物的刺激与引发。

其二，需要是情绪情感赖以存在的土壤。人的心理与行为的发生是十分微妙的，同样，人的情绪与情感的产生也更有其独特之处，为什么同一件事一些人绝不会无动于衷，而另一些人则毫无反应，譬如一盘烧土豆有的人得到便会欣喜若狂而有的人则不屑一顾，这两种截然相反的心理体验深刻地说明了情绪情感与需要的内在联系。由于客观环境的复杂性，人的需要的复杂性，在此我们就不难理解人们的情绪情感变化多样的根由。对任何一件事情，企盼人们完全一致的赞同或反对是徒劳的，人们各自需求的不一样导致人们的反应也就不同，因此，在如何赢得他人的友谊与尊敬的心理感受当中，人必须学会宽容。

其三，情绪情感是一种主观的内在心理体验。尽管许许多多的人在表述情绪情感上花费了不少力气，但就情绪情感发生的内在机理研究上是特别困难，这种不尽合理的现象恰恰说明作为一种主观的内在心理体验形式，情绪情感的分析研究是一项十分艰难且复杂的工作。人们固然可以根据一个人的外部表情来判断一个人的情绪情感属于何种类型，是喜或是悲，但真正的情绪情感别人是不可能即刻感受到或明确判断的，只有个人才能深刻体验到。尽管现代科学研究当中试图用生理实验或控制研究等方法来测定情绪情感的发生改变的内在状态，但得出的结论却难尽如人意，譬如一个人的“深沉挚爱”，这种情感是无法用生理的手段或物理控制的手段加以明确表现出来的。因此，爱与恨虽然表现形式是客观的，但实质内容完全是主观的，人们不能在爱与恨之间画上一个永恒的数学符号。

（二）情绪情感的属性

从表现上看，情绪的反应较情感为强且具有冲动性和爆发性，但这只是相对而言。如人的悲伤与喜悦在情绪表现上就十分明显，而在情感表现上则显得相对沉稳。所以，情感较情绪而言较少冲动性，而总以一种微弱且久远的形式体现在人的心理体验当中。

1. 情绪情感来自认知心理

首先，人的任何情绪情感的产生总是在认识的前提下产生并得到强化的。世界上绝没有无缘无故的恨，也绝没有无缘无故的爱，在人际交往和社会生活中，人们通过彼此接触了解才体验到各自的情绪情感变化，产生各种相对应的情绪情感反应。领导看到下属或周围在歌颂他赞美他，一般总是表现出特别的兴奋与愉快。因此，人在对外界事物的感知中体验到自己的需求，并在需求的引导下表现并发展着自己的情绪与情感。

其次，人的情绪情感又不断地深化着人的认识，作家笔下的主人公，发明家手中的作品，总是浸透着作者深厚的爱和情，科学家废寝忘食地探索未知的世界，领导干部的积极奉献总有一股强大的情感力量在支持着和激励着。社会心理学研究告诉人们，任何认识活动只要付诸情感总会产生奇妙的效果，积极愉快的情绪情感会促使人的认识更加执着与坚定，而消极不愉快的情绪情感则往往对人的认识活动起着干扰和阻碍作用。

2. 情绪情感具有两极性

任何事物总有其正反两个方面，对立统一规律是自然界发展变化的统一法则，情绪情感不例外，其两极性具体有如下几个方面的表现。

（1）肯定与否定

愉快与不愉快、快乐与悲哀、爱与恨总是相伴而生，其间又存在着错综复杂的种种形式，因而肯定与否定之间没有绝对的排斥与对立，往往可以在同一个人心里或同一件事情的态度上相继或同时出现，如一个年轻的母亲对于孩子的说谎行为，一则表现为强烈的愤恨，二则还存在深沉的母爱与关怀。

（2）积极与消极

许多证据表明：当学生真正表现出关切和情感投入，学习会更加有效。如果处于不愉快的情境中学习，遗忘的发生会加快。强烈的情绪反应能够很快转入长时记忆中而保持不变。健康愉快的情绪情感或可以提高人的活动能力，使人干劲倍增心旷神怡，而愁苦伤感的情绪感往往使一个人萎靡不振、不思进取。

（3）紧张与轻松

一般而言，如果某项活动大中型任务对人越重要，人的情绪显得越紧张与忧虑。如考试、冒险、竞技比赛等，紧张程度与一个人的心理素质有直接关系，心理素质越差越受情绪反应所左右，反之，则越能控制紧张情绪。在生活中，紧张感是无法避免的，适度的紧张对人的行为会产生积极作用，但过度的紧张则对人的行为有不良影响，会影响一个人的应激水平，导致身心失调，妨碍活动的顺利进行。因此，轻松地生活与学习，不但能平稳情绪，同时对于心理健康也是有益的。

（4）激动与平静

激动的情绪情感与紧张的情绪情感反应有所不同，其在表现上往往十分强烈并多具爆发性，存在的时间也较短暂。如欣喜若狂、痛心疾首、悲痛难抑等表现是比较强烈的，但持续的时间是有限的，否则有害于身心。此类情绪情感，许多与事情的重要性有关，一旦出现了与自己愿望相反的结果，期待已久的结局突然转变，人无法控制自己剧烈的情绪情感活动，从而导致各种近似反常的行为表现。

（5）强与弱

情绪与情感的发生，从弱到强有着一系列戏剧性的转换。如悲，可以由失意、难过到伤心、哀痛；喜，可以由满意、高兴、快乐到大喜、狂喜；怒，可以由不满、气愤、恼火到愠怒、大怒、暴怒；惧，可以由害怕、惊恐、恐慌到惊骇等。情绪情感表现的强度越大，人付出的身心力量就越多。生活中我们可以看到，情绪情感的强度取决于客观事物本身对人所具有的意义。一件精心雕刻的艺术品被损坏与一件普通的物品被损坏心理体验的强度是不一样的。另外，人的期望值大小与情绪情感的强度也有直接的关系，期望值越高，情绪情感的反应越大，反之则越小。譬如一个做梦都盼望成为400米跨栏冠军的运动员，竞赛的成功与失败所引起的情绪情感表现往往是强烈而持久的。情绪情感的两极性总是相辅相成，它的存在，对于我们深入而全面地了解和认识人的整个心理世界的变化有着重要的意义。

（三）情绪情感的价值意义

情绪情感对于人类生活有着极其重要的意义，它是融洽人际关系的黏合剂，是我们了解他人、感受自己的窗口。情绪如同空气一样包围着生活中的每一个人，我们离不开它的影响与存在。如果说人的行为是骨骼的话，那么，情绪和情感以及需要和动机就是肌肉，一个健康的人，便是这两者有机结合积极作用的结果。

1. 情绪情感影响身心健康

心理学研究表明，不同的情绪情感状态对于人的身心健康有着不同的影响。从积极的情绪作用来讲，首先，积极的情绪反应往往能使人感受到生活的愉快。热情、乐观、温暖、爱不仅能给人带来舒适甜美的心理感受，而且持有这一情绪的人也有一种健康自得的自我感觉。生活中的人们总是期待着某个好消息所怀有的情绪意义给人带来的愉快感，在快乐而祥和的生活环境中所产生的情绪反应能给人以激励，而在幽默和笑声中所体验的情绪反应能使人感到生活的乐趣。其次，积极乐观的情绪反应能够改变生活中的单调气氛。日常生活中几乎每一个人都会有各种各样的心境。有时我们觉得十分快乐，有时我们又感到忧郁沉闷或沮丧不安，发生这些情绪变化就需要有一些积极的因素进行调节，如何使自己快乐和欢畅，就要善于改变自己的情绪反应，灵活而自然地转移自己的心境体验。最后，积极愉快的情绪情感有助于自己的工作学习。领导工作记忆最深的莫过于那些能使自己激动或引起情绪反应的事件。

2. 良好情绪有利于建立良好的领导人际关系

情绪是人类社会生活和人际交往中不可缺少的一个重要环节。美国心理学家杰·列文甚至认为：“会不会笑，是衡量一个人能否对周围环境适应的尺度。”此种说法虽不免有些夸张，但真诚的笑，的确能感染别人，消除隔阂。健康情绪通过笑这一表情，使人互相了解，彼此共鸣，以笑这个十分微妙的表情动作传递着信息。同时，健康情绪还有利于积极影响和调节领导者的认知过程，领导者在知觉和记忆中进行着信息的选择和加工。情绪像一个侦察机构，监视着信息的流动，它能促进或阻止工作记忆，推理操作和问题解决，就情绪的适应性而言，健康情绪帮助领导者选择信息与环境相适应，使决策更科学，用人更准确，行动更有效。我们会经常感到，在心情良好的状态下工作时思路开阔、思维敏捷、解决问题迅速。故健康情绪有利于领导活动的顺利进行和领导目标的实现。

3. 良好情绪情感有利于推动领导工作进展

由于工作性质的不一、社会角色的不同，人们表达情绪情感的途径和方式也不一样。律师与演员在表现情绪情感时，就存在着截然不同的情绪模式。但从情绪情感与工作效率上讲，二者却也有共同之处。不论何种人，不管从事何种职业，积极的、增力的情绪情感总是能提高人的活动能力，改善人的精神面貌，使人的工作做得更好。而消极的、减力的情绪情感总使人萎靡不振、郁郁寡欢，不但降低人的工作热情，还会妨碍工作效率的提高。面临重大事件或重要任务，领导者必须保持积极情绪状态。如果不能保持健康情绪，出现沮丧、怯懦、悲观等不良情绪，工作就不可能顺利有效开展，落实任务也会大打折扣。

4. 良好的情绪智力是领导成效的重要因素

心理学家认为，在决定成功的诸多因素中，学识上的智力仅起 20% 的作用，其余 80% 来自其他因素，包括情绪智力（情商）。大量的实践证明，在各行各业的人才中，其智商也有高低不等，他们之所以能从常人中脱颖而出，其中一个重要因素是情绪智商比常人高。古人曰："身心不宁，何论政治。"毛泽东也曾指出，领导者要具有热烈而镇定的情绪，紧张而有秩序地工作。因此，领导者要善于提高自己的情绪智商，学会在复杂的局面中总揽全局，化解矛盾，做到临危不惧，处变不惊，在任何情况下都能以平常的心态观察问题，以平等的态度对待下属和群众，以平实的作风处理政务，在平凡的工作岗位上做出不平凡的业绩。

二、情绪情感的类别

情绪情感的分类，自古至今存有许多提法和解说，这些不同侧面、不同角度的阐释向我们展现了情绪情感分化的基本轮廓。

（一）有关情绪情感分类的探索

《礼记·礼运篇》记载，我国古代关于人的情绪就有"七情"之说。分别为喜、怒、哀、惧、爱、恶、欲。随着时间的延续，"七情"之分又有了新的改变，《白虎通》中将其定为"六情"，即喜、怒、哀、乐、爱、恶。这些说法，表明我国古代思想家们已经将情绪进行了仔细的划分，并认识到情绪反应当中所存在的各种差异及其特性。

德国生理学家冯特（W. Wundt，1832—1920）在情绪的研究中曾提出可将情绪与情感划分为 3 个维度，即愉快—不愉快、激动—平静、紧张—轻松。美国心理学家施洛斯贝格（H. Schlosberg）于 20 世纪 50 年代，提出情绪的三维学说，将情绪划分为愉快—不愉快、注意—拒绝、睡眠—紧张，如图 9-1 所示。

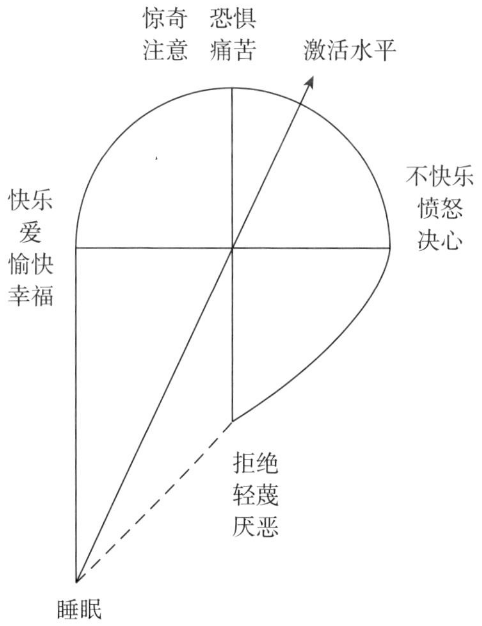

图 9-1　施洛斯贝格情绪的三维图

第一维度为愉快—不愉快。表示通过面部表情呈现出愉快或不愉快的情绪。

第二维度为注意—拒绝。注意时可以以关切、惊讶、好奇等反应表示，此时，人的眼睛瞳孔增大，嘴巴微张，身体前倾，许多感官表现出相应的动作。拒绝则相反，可以表示为厌恶、讨厌、蔑视等，此时表现为眼睛微闭、鼻孔缩小，嘴巴合闭，似不接收并试图排斥。

第三维度为睡眠—紧张。睡眠表示激活水平降低，感受性减弱。而紧张表示激活水平增高，感受性增强，情绪呈兴奋激活状态。

美国著名心理学家克雷奇（Krech）、克拉奇菲尔德（Crutchfield）、利维森（Livson）等在《心理学纲要》中，将情绪划分为原始情绪、与感觉刺激有关的情绪、与自我评价有关的情绪以及与别人有关的情绪四大类。

（1）原始情绪

包括快乐、愤怒、恐惧与悲哀。引起快乐的主要条件是一个人追求的目的达到或者完成。快乐程度取决于一个人在达到目的的过程中经历的紧张水平。目的越重要，紧张水平越高，一旦目的达到则越显得快乐与兴奋。譬如一场高水平的考试中，如果取得所盼望的成绩，顺利通过测试，往往会使人倍感欣喜和愉快。这意味着紧张水平的解除，心情负荷的消失。目的达到得越突然和意外，给人的快乐感也越强烈。引起愤怒的首要条件是目的受阻，紧张感增加。愤怒引起往往依赖于一个人是否意识到妨碍达到目的的条件。如果一个人没有发现他达到目的中的阻碍，愤怒多半不会发生，但如果意识到发生了阻挠并且有些是故意的或是恶意的，愤怒则易于发生，人的攻击意识会增强。恐惧是一种企图摆脱危险情境的，逃避的情绪。恐惧的发生是由于缺乏处理或应付可怕情境的力量与信念。如面对风暴、地震或战争场面，人一旦感到束手无策，恐惧感会油然而生。再者，过去未曾感受到的陌生奇怪的事物或图像，一旦给人以意外刺激，人也会由此而产生恐惧心理。恐惧心理的产生对个人的情绪与情感的影响是很大的，人处于恐惧气氛或状态下，不但会导致认知失调，也可能产生各种失常行为。悲哀一般与所热爱的事物的丧失有关，盼望的东西、热爱的事业如果遭到毁坏，人会产生伤感、痛心的心理体验。悲哀情绪的强度，依赖于所失去事物的价值，价值越大，对人越重要，其一旦被破坏失去则会使人的悲哀紧张感越大。所以，文艺作品中主人公的不幸，悲剧中的感人泪下的情节，正是由于其所体现的价值被无情地毁坏，人们内心世界受到强烈的震撼从而产生强烈的共鸣，于是在陷入悲哀情绪的体验中，感受到作品及戏剧表现的力量。

（2）与感觉刺激有关的情绪

这种情绪可以是不同程度的愉快，也可以是不愉快。包括疼痛、厌恶、轻快等。疼痛是由强烈的肉体刺激引起的情绪体验。其疼痛的强度依赖于肉体刺激的强度，刺激越剧烈，疼痛体验越深。如一根小棍轻轻敲击手背不会引起疼痛感，而一枚铁钉扎进手背的疼痛却使人铭心难忘。另外，疼痛与人的承受水平有关，承受水平越高，疼痛引起的情绪反应越小；水平越低，反应越大，越感到激动。厌恶是一种极端不愉快的情感，厌恶程度往往由被厌恶的物体与人距离的远近有关，窗外爬行的几只苍蝇所引起的厌恶和胳膊上周游的几只苍蝇给人的厌恶程度有着明显的不同。很多事物的刺激都会引起愉快的情感，这种情绪体验可称为轻快。轻快的源泉几乎是无穷的，有一些是身体上愉快的感觉，如接触、抚摸或拥抱。有一些是来自身体：运动和器官活动的感知，如有节奏的舞蹈、随着节拍的唱歌与拍手、肌肉的伸展和轻揉等。另外，人的感官本身还有一种需要刺激的特性，因此，外界事物的颜色、气味、声音、样式等均能产生轻快的体验。

（3）与自我评价有关的情绪

心理学家克雷奇教授认为，成功和失败的情感，羞耻、骄傲、内疚和悔恨的情感，主要都取决于一个人对自己的行为与各种行为标准的关系的知觉。

① 成功与失败。这种情感并不一定伴随着工作上的成就，而在于个人对自己成就的认识和渴望的水平。假如一个人达到或超过他的渴望水平，就会有成功感，反之则产生失败与沮丧的情感。再者，由于自我认识的参与，当别人认为他没有成功时，个人可以感到已经成功，而别人感到他已经成功时，他个人也许认为是一种失败。在此，社会环境对个人的认知水平和渴望水平有着直接的影响。

② 骄傲与羞耻。一般地说，骄傲的情感是一个人认识到他的行为是符合于理想化的自我概念时产生的。相反地，羞耻感则是认识到其行为达不到自己的理想形象的要求时产生的。由于社会环境极大地驱使着一个人按照理想形象的标准评判自己的行为，骄傲与羞耻的情绪往往受社会文化环境所左右。在儿童或青少年的社会训练当中，如果形成儿童自我评价的态度倾向，则对于个人道德形象的树立较之严厉的说教或鞭挞更为有效。

③ 内疚与悔恨。引起内疚的情绪主要是由于知觉到个人的行为与所要求的合理道德的行为发生了背离。内疚的情绪可以是轻微的、瞬间即逝的，是一种良心上的烦恼，而另一个极端，它也可以是由令人极度痛苦的评价引起的较长时间的折磨。内疚情绪产生的关键在于个人对自己违背的道德或原则的认识。

（4）与别人有关的情绪

生活中的许多情绪体验是由自己与他人的关系引起的。引起的情绪情感是纷繁多样的，由积极到消极这两个维度中，突出体现于爱与恨两个凝聚点上。

① 爱。爱是某种受别人吸引的情感和欲望，其有一种强烈的依恋与献身之

感。爱突出反映在男女爱情体验和母子之爱方面。男女之间的爱情依赖于共处的欲望与渴求，也来自与对象同甘共苦的想象。爱情中的性意识与对方适合于自己的性需求的认识有关。在爱情与喜欢的分界点上，两者只有中等程度的相关，两种态度量表的测试分数表明，其相关程度男性为 0.6，女性为 0.4，女性较男性而言，在爱情与喜欢之间界限分明。

② 恨。恨与怒密切相关，个人的企图受阻、受威胁，引起忌妒或羡慕，都可能强化恨。憎恨情绪的要害在于力求毁掉所恨的对象，其不只是一种不喜欢、厌恶或嫌弃的情感，因为这些情感只使人产生避开的倾向。憎恨的对象首先是生活圈子中对自己起主要阻碍或作用者，人们也只憎恨那种从心理观点来看和自己接近的人，诚所谓“既生瑜，何生亮”。但从心理观点上的接近，并不意味着事实上对这个人十分熟知，他可能是代表我们所嫌弃的或所忌妒的那一类人。在某些情况下，诸如家族的世仇或病态的执着、长期的积恨，都可能成为个人精神世界中带有某种积极意味的东西。一个人可以培养自己的憎恨，品尝着它，关注着它。如果一旦达到了摧毁憎恨对象的目的，反而可能会感到若有所失。这个憎恨对象实际上给予了他的精神世界以一定的意义，使他能围绕这个消极价值形成自己稳定的信念与态度倾向。

（二）情绪情感的类别

1. 情绪的类别

（1）心境

心境是具有感染性的、比较微弱而持久的情绪体验。心境的特性总是表现在一个较长的时间内，由于其发生的强度十分微弱，从而使人的一切活动都感染上具有同样色彩的情绪体验。譬如淡淡的忧伤，使人见什么东西都觉得郁闷而深沉，“见花流泪”“对月也伤心”“枯藤老树昏鸦，小桥流水人家，古道西风瘦马。夕阳西下，断肠人在天涯。”马致远的《天净沙・秋思》就巧妙而深刻地体现了人的心境体验过程，人一旦陷入忧郁愁苦的心境中，一切都那样悲凉沉寂。昏鸦、老树、枯藤、瘦马、古道、西风，这一系列萧瑟的景象，完全出自作者沉闷伤感的心境体验中，虽然十分微弱，但深刻久远。而当人处于十分愉快的情绪体验中，却又是另一番情境。诚所谓“人逢喜事精神爽”，“踏花归来马蹄疾，一日尽看长安花”。愉快的心境有时使人精神面貌焕然一新，处处感受到“风儿在低吟，鸟儿在欢唱”，使人赏心悦目、心旷神怡。而当人染上懊恼烦闷的心境时，却又是处处不顺眼、事事不顺心，连别人多看自己几眼也觉得恼怒或愤慨。有时还会发生“迁怒”，故意找碴子出气，无故地摔打，无端地发火，似乎路上的石头也跟自己过不去。

引起心境变化的原因很多，人际关系冷淡，事业受挫，恋爱成功与否、身体健康疲劳状况、生活环境轻松沉闷与否等都可引起各种各样的心境体验。再者，时令季节、气候好坏也直接或间接地影响人的心境体验。“清明时节雨纷纷，路上行人欲断魂”，“日出江花红胜火，春来江水绿如蓝”均可说是心境的写照。冬天寒冷萧条，人易抑郁；夏天炎热酷暑，人易烦躁；春天万象更新，人易振奋；秋天天高云淡，人易畅快。但这种心境变化也并非绝对，与人与事的变化都有关系。冬日抑郁，可也有人那样轻快愉悦；春日爽目，可也有人感到乏味沉闷。另外，心境的变化与人的生活信念和态度也有关，热爱人生和生活的人，总是表现得积极而乐观，而厌恶生活及人生者，总是显得悲观和消极。

（2）激情

激情体现的是一种快速的、猛烈的、短暂且具有爆发性的情绪状态。激情发生时，伴随着明显的外部表现，譬如狂喜时，手舞足蹈；发怒时，怒火冲天；痛苦时，悲痛欲绝；悔恨时，捶胸顿足；绝望时，歇斯底里；恐惧时，抽搐发抖等。引起激情的原因很多，生活中重大事件的发生，盼望已久的结局出现，长期积聚的情绪情感由于某些因素引发或情境的刺激，都可能使人欣喜若狂或出现激情。譬如奥运会上有位运动员得到了梦寐以求的金牌，绕着场地高声呼喊，极度兴奋中将珍贵的金牌抛向观众席，从此再也找不到了。因此，要对不良激情予以控制，转移注意力以缓和激情的爆发。印度哲学家劝告人们要在激情左右中力争做到“不动如山，不怒如地”。俄国作家屠格涅夫告诫那些容易动火、喜欢争吵的人在发作之前，舌头在嘴里转十几个圈，这些对控制不良激情是有益的，当然，积极的、正义的激情不需要控制，在暴徒面前就该挺身而出，当人民的生命财产受到损害的紧急关头，就要一马当先，勇往直前。

（3）应激

应激是在出乎意料的紧张情况下所引起的情绪状态。在突如其来的或危险关头的情况下，人必须迅速地几乎无法深入思考地采取行动，此表现为应激状态。如地震突然出现，汽车刹车突然失灵，桥梁坍塌，船体入水沉没等紧急危险状况，需要人立刻做出决定付诸行动。应激情绪状态会调动整个有机体的力量参与行动，人的激活水平、心率、血压、激素分泌都会顷刻发生变化，以保证行动的快速反应。在此，人的认识范围更小，有时会出现顾此失彼、惊慌失措、呆若木鸡的局面。譬如地震中本来想将女儿救出屋外，却将枕头抢了出去，本想将裤子穿在腿上，却双手扯在一起互不相让。有的甚至事与愿违，开门外逃，误将门推死堵在门内。研究证明：人的应激能力是有限的，不可能延续很长时间，否则人就会衰竭、思维错乱甚至昏迷或有害于生命。长期处于应激状态，对健康有很大的损害。加拿大生理学家谢尔耶（G. Selye）在 1974 年的研究发现：应激状态的延续能破坏一个人的生物化学保护机制，使人降低抵抗力、免疫功能丧失以致被疾病所侵袭。

2. 情感的类别

（1）道德感

道德感是关于人的言论、行动、思想、意图是否符合人的道德需要而产生的情感。如果生活中所评价的言论、行为或思想意念符合自己的道德需要，人就会产生愉快且肯定的情感，反之，则会产生消极且否定的情感。譬如诚实与正直的人，人们总是比较喜欢与之交往的，这是由于诚实与正直符合生活中做人道德准则的需要；反之，如果一个人比较虚伪和自私，往往会遭到人们的蔑视或嫌弃，这主要是由于虚伪与人们所崇尚的道德准则是格格不入的。

道德感的产生是由人的道德需要是否得到满足所决定的。而人的道德需要又是依人对特定社会中占统治地位的道德标准的理解和掌握为转移的。中国古代文化所崇尚的道德标准为“温、良、恭、谦、让”，诚所谓“文质彬彬，然后君子”，知识分子所向往的是“诚心、正意、修身、齐家、治国，平天下”的理想道德修养境界。不同的历史时期，不同的阶级或社会集团，有着不同的道德标准和行为规范，而不同的人们对这些标准和规范又有着不同程度的理解和掌握，产生不同的道德需要，因而也就有着不同的道德感。

（2）理智感

理智感是人在认识和探求真理的过程中产生的情感体验。理智感总是与人的求知欲、好奇心、创造欲相联系的。那种对于未知事物的好奇，对于新知识的渴求，对于不了解的事物的疑虑，对于新的创造与发现的喜悦，对个人认识成果的自豪和愉快等都属于人的理智感范畴。理智感是在认识探求真理的过程中产生的，并且也有力地促进着人们认识活动的变化。

首先，人的理智感体现在人对真理和信仰的追求与渴望上。“信念就是力量”促使人们追求真理，崇尚信仰；从心理发展来讲，人的认识水平与人的心理能力有直接的关系，社会治理现代化倡导人的理智感，其目的就在于使社会生活中的每一个人都有丰富的精神世界和良好的心理素质，一个信息闭塞、孤陋寡闻的人是无法达到更新自我目的的，也无法适应社会发展与变革的客观需要。因此，有理智感的人，对获取真理的渴望是十分强烈的，一个科学家可以尝尽人间辛苦来寻求自己所未知的世界，一位革命者可以为自己所获得的真理而甘愿献出自己的鲜血甚至生命。

其次，理智感还表现在自我完善与塑造的愿望与行动上。探索真理是自我完善中的一个方面，品格的健全、精神修养的提高对于个人的完善有着更加重要的意义。古今中外的大量故事与传说，都存在着这样一个事实，那就是教导人们如何走向完美的理想境界。那种坚强的性格、乐观的生活态度、对环境较强的适应能力在生活中往往给人以振奋与启发，理智感在不断地引导着人们学会怎样面对自我，怎样经历自己短暂而壮丽的人生。所以，不管人们怎样感受“金无亦足，人无完人”的含义，可心理深层仍然在孜孜以求其完美，充分说明在个人发展当中理智感对人心理的深刻影响。

最后，理智感还强烈表现在人们对生命的热爱上。一般地说，具有理智感的人，在追求知识、追求自我完善的时候，其内心对生命有着深深的眷恋与渴望。美国小说家欧·亨利的小说《最后一片叶子》，作品中那位身患重病的女画家琼西的故事，就深刻反映了这一点。医生诊断琼西已病入膏肓“只有十分之一的恢复希望”，“这一分希望就是她要活下去的念头”。琼西将这一希望维系于窗外那株老极了的常青藤上，由于一个众所周知的感人的原因，秋去冬来，常青藤上留下的最后一片叶子始终未曾落下，琼西从这具有顽强生命力的叶子身上，汲取到赢得生命的强大力量，最后，终于站了起来。

（3）美感

美感是人们根据审美的需要对事物进行评价所产生的情感体验。当人们依据个人美的需要来评价现实生活中的万事万物时，能够产生愉悦、欣喜和肯定的情感体验都可以说是美的；反之，若产生厌恶、憎恨、逃避等否定的情感体验则是丑的。构成美感的因素比较复杂，一方面与客观外界事物的呈现形式和内容有关，另一方面与人们的美感需要和审美水平也有关。产生美感的内心体验具有如下两个鲜明的特征：第一，美感是一种喜悦、享受的心理体验。表现在人们对于美的事物的渴望、欣赏和赞叹当中。越能使人产生愉快且美好心情的事物，便越使人流连忘返，乐而忘忧。它带给人的是心旷神怡，赏心悦目。第二，美感是一种带有鲜明倾向的心理体验。人们在感受美或体验美的时候，总是表现出珍惜、爱慕、留恋和依依不舍、美不胜收的心情。对于美，许许多多的哲学家、文学家、美学家都在从不同的角度进行探讨和阐释，有人认为美是一种理念活动，有人认为美就是“和谐”，还有人说美是形式与内容的完整与统一。心理学研究美感，主要是从美引起的种种愉快的心理体验来揭示的。由于人们对美的需要不一，审美能力也有着不同的差异，因而美的标准在人们的生活中也有着不同的确定方式。我们认为凡是积极的、进步的，能够激发人热爱生活、热爱自己事业的事物就是美的，由此产生的信赖、乐观、健康、愉悦的心理体验可以说是美感体验。

人们的美感不是生来就有的，它是在后天人与环境的交融之中产生的，并随着社会范围的拓展、生活内容的丰富、知识经验的增多而逐渐发展了起来。在现实生活中，美感不仅由客观事物的本质特点所决定，而更重要的是取决于人们对美的需求和审美能力。美的标准往往是依据两者所产生的。因此，培养领导干部美好的生活情趣，引导和提高领导干部对美的需求，对于感受美、体验美、追求美是尤为重要的。

三、情感心理体验积极特征

如果领导的身心不和谐，主客观矛盾冲突严重，领导者就难以感受到身心的健康与快乐。对于领导者来讲，以下几个方面尤为重要。

（一）人际和谐而温暖

心理学研究认为，任何人都具有普遍的社会性安全感需要。这种安全感的本质是人与人之间真诚的情感联系，其是获得心理健康的基本途径，领导干部亦不例外。在日常工作中，一些干部之所以看重同他人的交往，注重别人对自己的印象和评价，珍惜别人对自己的接纳和帮助，即希望能够尽快地同他人建立起良好的人际关系，获得积极的心理体验的表现。这种真诚的、亲密的人际关系一旦确立下来，不仅会增强开拓工作的新局面的自信心，而且会极大地满足社会安全感的基本需要。在此，需要指出的是，要拥有充实的情感体验，就必须把握真诚待人、勤政为民的要旨，真心实意地替他人着想，替百姓分忧，为群众动真情、办实事。这是获得充满人间温情的社会安全感、得到"群众公认"的奥秘所在。但有的领导干部使这种人际情感体验扭曲化、庸俗化，有的一味沉湎于觥筹交错之中领悟所谓的"情感深厚"；有的通过换帖子、拜把子，搞金兰结义，以求世俗化的情感效应；还有的视草芥若芝兰，迷魂汤一吃，迷魂舞一跳便恍恍惚惚，飘飘然，自以为感觉良好。殊不知，虽应酬繁，但难消寂寞空虚。由于脱离群众，失去真诚，忘记自己的职责和使命，终究难觅人生知己，越发会体验到情感的失落与不安全，这只能是一种人际关系适应不良的表现。

（二）了解自己多自得

著名心理学家密特尔曼（Mittelman）认为，"充分了解自己，并对自己的所学所能做出适当的评价"是成熟自我意识的标准之一。领导干部具备清醒的自我意识，首先就要在以下三个环节上下功夫：一是在自我认识上加强训练，包括自我观察、自我评价、自我审视等，亦即搞清楚自己是怎样一个人：是一个性格内向型的人还是外向型的人；是一个反应敏捷、思维灵活的人还是一个反应迟缓、想象呆板的人；是一个依赖顺从型的人还是一个独立支配型的人。二是自我体验要深刻，即"自重、自警"。这包括自我感受、自我珍惜、自我尊重、责任感、义务感和使命感等，就是要搞清楚人为什么要活着，人生的价值意义何在，领导干部的荣誉感和重要感体现在何处等。三是自我调节控制力要强，亦称"自励"。包括自我约束、自我监督、自我勉励、自我矫正等。亦即清楚理解怎样才会获得积极愉快的人生，怎样才能达到自我完善的境地。毋庸置疑，一个人只有清楚地认识到自己的所作所为，行为协调一致，内心才是稳定和踏实的，才感到充实而有力量。可是，在现实工作中，有的领导干部却不尽然。或自命不凡，自视清高，显得卓尔不群，兴趣索然；或自轻自贱，举止猥琐，显得不伦不类，让人鄙视。归纳起来，在领导干部自我意识发展中，具体表现为如下四种类型：其一，自我肯定型，这是主流。即主观与客观相统一，理想与现实相协调，自我意识清楚明确。如有的领导干部能够摆正自己的位置，心境明朗，情绪稳定，脚踏实地，各方面的工作井井有条，活而不乱；有的"自省、自励"，严于律己，宽以待人，团结协调，目标明确，表现出良好的精神状态。其二，自我否定型。即理想与现实相脱离，主观与客观相分裂。好大喜功，华而不实，不求实际效果，只图形式热闹；心境浮躁，不知所云，对挫折的承受力弱，稍遇不顺心，便归咎于客观事物，要么一蹶不振，意志消沉，要么孤芳自赏，自欺欺人，造成工作或事业上的损失。其三，自我萎缩型。不求有功，但求无过。不是积极进取，努力实现人生抱负，而是消极等待，退缩保守，"熬"年头、"熬"资格、"熬"待遇，浑浑噩噩，以求得暂时满足自居。这类干部虽是少数，但影响很大，必须认真对待。其四，自我混乱型。摇摆于理想与现实之中，动机冲突强烈，心理负荷较重。如有的领导干部虽以"淡泊以明志，宁静以致远"自省，以"达则兼济天下，穷则独善其身"自勉，以"天行健，君子当自强不息"自励，但是面对市场经济条件下各种利益矛盾的纠葛，时时陷入情感与理智、个人与集体、索取与奉献的两难困境之中。其心境体验也十分强烈，自我意识成熟水平有待进一步提高。

（三）心态宽松状态好

社会心理学研究认为，情绪情感是一种反映人内心与外界环境的特殊心理体验，人的任何行为都与情绪情感发生着密不可分的联系，不同的情绪情感状态对于人的心理有着不同的影响。积极的情绪情感总使人心情愉快，干劲倍增。健康、活泼、热情、乐观的心理体验不仅给人以轻松愉快的心理感受，而且会使人减缓身心负荷与压力，消除紧张恐惧，增强机体抵抗疾病的能力。另外，乐观积极的情绪情感也能够调节心理气氛，改变生活和工作中的沉闷感，有助于促进自己的工作与学习，提高工作效率。反之，消极不愉快的情绪情感则对人的身心有害。愤怒、焦虑、紧张、恐惧、嫉妒、忧愁不仅降低人的活力，而且会对人的行为活动产生干扰阻碍作用，诱发各种身心疾病。过度抑郁、苦闷、嫉妒，不仅使个人处于无穷无尽的烦恼中难以自拔，而且会使人神经功能失调，导致未老先衰。现代医学研究认为，长期焦虑、压抑和紧张，是胃溃疡、高血压、心脏病和肿瘤的诱因。作为领导干部，自身肩负着繁重的工作任务，面临着各种错综复杂的工作局面，迫切需要一个健康稳定的情绪情感状态，使自己始终满腔热情地投入工作，赢得事业上的成就与成功。但是，我们时不时会看到这样的情况：有的领导干部不善于做情绪情感的主人，而是处处被情绪所左右，工作或生活中稍遇不顺心的事，便心情烦躁，坐卧不宁；有的把家庭中的一些矛盾带到正常的工作中来；有的则将工作上遇到的不如意投射到家庭生活中，使得周围的人人心惶惶，无所适从；更有甚者，情绪反复无常，以个人好恶来对待工作，愉快时什么都容易解决，不高兴时什么都难办，这种不健康不稳定的心态往往还导致部门之间或上下级之间连锁的不良情绪反应。因此，领导干部讲究心理健康，情绪情感要健康，要学会控制自己的情绪，积极进行情绪调节，获得积极愉快且满意的情绪体验。只有这样，才能够把工作搞好。

（四）乐观开朗威信高

乐观开朗是良好性格特征的表现。良好的性格特征指的是性格在态度上、情绪上、理智上和意志特征上表现出的稳定性和完整性。从性格的态度特征上讲，主要体现在个人对社会、对集体、对工作、对学习、对待他人和自己的相互关系上。譬如有的干部为人正直，刚正不阿；有的热爱集体，一心为民；有的关心他人，富于同情心；有的虚怀若谷，勤奋朴实，工作责任心强。与此相反，有的自私、虚伪、善于阿谀奉承，为人狡诈冷酷；有的自负自满，任性放纵，工作缺乏责任心。从性格的情绪特征上讲，有的情绪活动大起大落，容易控制；有的情绪体验比较微弱，对身心状态和工作影响较少；有的精神饱满，积极乐观，不以升降论荣辱，不以职位高低评贵贱，心境平稳，神态自若。相反，有的则经常闷闷不乐，焦虑烦躁；有的一遇挫折便萎靡不振，郁郁寡欢；有的一旦失意，便情绪失控，几乎判若两人。从性格的理智特征方面讲，有的领导干部观察敏锐，善于发现问题和分析问题，能够仔细求证，大胆决策；有的工作上雷厉风行，果断刚强；有的粗中有细，富于思考判断，作风细腻，章法清楚。相反，有的是粗而不细，不求甚解；有的感情用事，不善思考；有的作风粗暴，独断专行；有的沉溺于幻想，罗曼蒂克，拍脑袋出成绩，拍胸脯耍威风；有的做工作虎头蛇尾，缺少章法，总想一鸣惊人，结果搞得一塌糊涂。从性格的意志特征方面讲，有的领导干部信念坚定，意志顽强，目标明确，工作扎实；有的果断积极，行动敏捷；有的勇敢坚定，不屈不挠；有的自制坚韧，锲而不舍。与此相反，有的优柔寡断，"人云亦云"；有的朝三暮四，退缩忍让；有的怯懦恐惧，消极防御；有的疑心太重，患得患失。由于性格品质的不同，反映在领导干部思想作风、认识水平、工作效果上也不一致。尤其是那些在性格方面存在种种缺陷的干部，如果不注意加强培养和锻炼，难当大任。即使一时当任，也难免出现失误，给工作和事业带来损失。

（五）亲和接纳有魅力

社会心理学研究表明，人与人之间牢固的情感反映，在于相互间的尊重和理解。由于尊重和理解，能够使对方体验到自身的价值和"重要感"，激发起与之患难与共的心理感受，增强工作的信心和勇气。日常工作中我们可以看到，许多领导干部以身作则，严于律己，宽以待人，干群之间关系融洽，上下级之间团结和睦。人们在这种宽容的心理氛围中工作和学习，共同品尝并体验到自身的"重要感"，群体凝聚力和向心力大增。如有的企业亏损，干群一心"精神不亏损"，短时间扭亏为盈；有的部门毫无生机，工作效益严重下降，换了领导之后，局面大变，士气上升，前后反差明显。其实质，就在于"多一点"和"少一点"的关系上。只要多一点尊重人，理解人，多一点宽容的公正，少一点冷漠与偏见，少一点自私猜忌，必然会产生截然不同的奇异效果。然而，在现实中，有的领导干部心胸狭窄，容人之心不足，妒人之心有余，总害怕别人超过自己，害怕看到别人的长处和优点，嫉贤妒能，排斥异己，造成人际关系紧张，严重影响到群体士气；有的同事之间缺乏真诚，心理不相容，彼此猜忌推测；尤其是个别主要负责人之间自立门户，互不沟通往来，较劲憋气，导致怨声载道、民怨沸腾；还有的貌似高明，颐指气使，指手画脚，独断专行，不尊重他人感情，不珍惜群众的劳动成果，造成干群之间、领导之间的情绪对立，给一些别有用心之人留下可乘之机；更有甚者，动机卑劣，拨弄是非，造谣中伤，打击报复，导致众叛亲离，给党和人民的事业造成不可挽回的重大损失。

（六）富于同情关爱多

同情心源于一个人对社会和他人真诚的关切和爱护，是一个人高尚情操的具体表现。心理学上把一个人的同情心和社会责任感从情感和理智两方面进行统一的评价，称为“良心”。当一个人从这两个方面来审视自己的心灵，并感觉到自己的追求与准则时，就会产生一种“无愧于心”的感受。同时，获得一种极大的愉悦和满足，进一步增强工作和生活的信心以及克服挫折困难的勇气。反之，则会产生“良心”上的不安与冲突，体验到羞愧和内疚的情感，促使自己改正自己的行为，并力图重新树立起自己的完整形象。譬如有的领导干部到贫困地区调查时，看到当地百姓的贫苦生活，心中涌现出无比的同情与关爱，以至流泪动情，送钱送物。其潜在原因即是一种高度社会责任感和强烈的同情心使然。相反，在现实生活中，我们也看到，有个别领导干部作威作福，侵吞民脂民膏，大肆挥霍浪费，贪污腐败的丑恶行径。他们不仅根本不可能获得“问心无愧”的极大愉快和满足感，有的只能是紧张、焦虑、内疚和不安全、不稳定感。这种不健康的心理意识必然侵害他们的精神世界，使他们坠入挣扎痛苦的边缘。

四、领导美好情感“六个心”

做一个有丰富情感体验的快乐领导者，需要有“力”，需要有“情”，根本点在“心”。归纳起来，要有“六个心”。

（一）责任担当心

心理学上定义为个人对自己和他人、对家庭和集体、对国家利益和社会发展所负责任的信念、认知和情感，以及与之相应的遵守规范、承担责任和履行义务的自觉态度。责任担当主要有三层含义：一是一种态度，是个体参与、感受、共享的积极心理体验。二是一种情感。责任心是对人生充满激情的渴望，是对百姓群众利益安危强烈的关切和同情，是对国家民族深沉的爱。“为什么我的眼里常含泪水？因为我对这土地爱得深沉……”诗人艾青的诗句打动了无数人的心。正因为爱得深沉执着，县委书记焦裕禄在病危中慨然出声：活着没有把沙丘治理好，死了也要看着把沙漠治好。保山地委老书记杨善洲，退休后放弃省会安逸生活跋涉大亮山林场植树造林，一干就是 20 年。三是一种担当行为。责任心的价值体现在担当行为上。勇于担当不仅是责任义务，更多的是困难和危机。领导干部在困难面前迎难而上，在利益面前为民做主，不是空喊口号，更多体现在实际行动上。基层群众反映强烈的一些领导干部“只想当官不出力、只想揽功不担责、只想谋权不舍利”的怠政懒政现象，纪检监察机关查处的大量失职渎职行为，并不一定都是领导干部思想观念或能力水平上的问题，实质上是责任心不到位的问题。责任担当主要体现为五种精神：第一种是对自己负责的精神。对自己负责不是明哲保身，自我放弃，工作中不做事少出事。而是主动担当，积极主动，力求多做事，尽量做好事，努力做成事。第二种是对组织负责的精神。责任心要求领导干部忠实贯彻执行党的各项方针政策，在党组织的召唤面前全力以赴。有的领导干部有利可图趋之若鹜，无利可图敷衍塞责，对上级布置的任务能拖就拖，甚至阳奉阴违对待组织，搞上有政策下有对策。目前个别地方资金沉淀、土地闲置、保障房空置、棚改水利建设迟缓，重大项目“落地”持续感染“拖延症”问题，以及经济新常态下部分干部的怠政懒政“偷闲”心态，折射出部分领导干部责任精神的弱化。第三种是对地区部门发展的负责精神。为官一任易，造福一方难；制造矛盾易，解决问题难。对地区部门发展负责不应是急功近利，对存在影响地区事业发展的严重问题尖锐矛盾视而不见，热衷于做表面文章，而应是精心谋划，把握全局，抓住地区部门发展中存在的关键问题，采取有力措施，组织力量抓紧解决。第四种是对群众利益的负责精神。官员的责任心，还体现在对维护百姓群众利益的态度行为上。托尔斯泰曾经说过：“一个人若是没有热情，他将一事无成，而热情的基点正是责任心”。对群众负责就是要满腔热情，真心实意维护人民群众利益，在工作中倾听基层群众呼声，想群众之所想，急群众之所急，盼群众之所盼，多替百姓群众分忧解难。第五种是对未来发展负责的精神。每一项规划设计，每一个重要决策发布之前，都要深入开展调查研究，既要能够解决现实迫切关注的重大问题，更要注重长远事业发展，以久久为功的敬业精神，一班接一班，一任接一任，一张蓝图绘到底。

（二）感恩快乐心

德国哲学家尼采说过：“感恩即是灵魂的健康。”懂得感恩就懂得快乐。领导干部思想作风建设上出现问题，表面上看是监管不到位、纪律松弛的问题，实质上是心理生活枯燥而得不到滋养，欲望强烈对荣辱得失计较太甚造成的。拥有感恩心才能够使自己重新认识自己，寻找理性的回归。对于领导干部来说，感恩快乐心主要体现在四个方面：一是感谢组织培养。个人成长与领导干部成长不同。个人成长离不开家庭亲情关怀，领导干部成长离不开组织培养教育。任何职位都是组织设立的，有了组织才有了职位。不论是乡镇干部还是国家主席，都是组织机构和政治制度发展的产物。领导干部要明白“铁打的组织流水的官”的基本道理，要清楚认识到没有组织就没有今天的自己，正是因为组织的培养教育，在组织关怀下得到培养锻炼，得到社会荣誉地位，获得提拔重用。因此，有感恩之心就会坚守岗位，做到心平气和。官大官小都是为国家效力，都是人生美好体验，都是为了完成组织交付的责任使命。二是感谢群众拥戴。没有群众就没有领导干部，领导干部是在群众拥戴中产生的，正所谓领导力来源于追随者。领导干部要做群众的主心骨，这个“主心骨”心里要有力量，要有目标和境界。力量从哪里来，来自群众拥护，来自集体智慧。有了感恩心就时刻不忘群众期待，就能够身体力行深入基层，从基层生活中汲取营养，从群众下属中得到支持与帮助。许多领导干部的烦恼痛苦是因为把自己抬得过高，看得太重，失去了感恩心就失去了必要的社会情感支持。领导干部的冷漠心态可以折射出个人的健康生活态度。三是感谢亲情呵护。亲情使人得到温暖，情感得到慰藉。但亲情不是私情，私情使自己留恋缠绵，忘记了担当。《三国演义》里吕布与貂蝉可谓郎才女貌，但吕布为什么难成大器，是因为儿女情长，英雄志短。亲情是一种比私情更加深厚的情感力量，是战胜挫折摆脱烦恼的心理驿站。亲情虽然渴望家庭温暖，更希冀前途坦顺，一生平安。有了亲情温暖，即便是山高路远，也能不畏艰难跋涉远方。感恩亲情呵护，就是要知道自己的一举一动不仅是为了自己，更要想到还有身后的目光期待，要为家庭朋友增加荣誉。四是感谢岁月沧桑。什么问题在岁月沧桑面前都是微不足道的。只有岁月沧桑才能说明一切。领导干部的仕途历程，是人生岁月的积极体验，但不是人生的全部内容。有的领导干部在升降去留中百般纠结苦恼，心理负担重，是因为被眼前的花草树木遮挡住原野大山的风景。大树理论告诉我们，一棵参天大树被世人崇拜敬仰，至少具备五个条件：第一个是时间。千年古树都是饱经沧桑，一轮又一轮岁月留下的都是斑驳痕迹。第二个是定力。安静生长。诚所谓“定而后能静，静而后能安，安而后能虑，虑而后能得”，不为攀爬争抢有利位置所苦，凭借自身耐力逐渐长大。第三个是根基。大树根深叶茂，从土壤岩石下汲取营养物质，水分充足。第四个是向上。饱受风雪侵扰，但始终不改变努力方向，积极有为。第五个是阳光。每个枝杈，每个叶片都向着阳光尽情伸展，得到阳光雨露滋润。为此，许多领导干部心态烦躁，焦虑苦恼，多是缺少大树智慧，把自己视同挺拔笔直的白杨，期盼抢占高位迅速长大，但因为缺乏定力，根基不稳，遇到风寒侵袭时缺乏自持力终难成功。

（三）组织忠诚心

组织忠诚，是一种心理契约。领导干部的优秀品格表现在对待组织、对待事业上的忠诚与坚守。忠诚远远大于能力。有的领导干部能力强学历高，但心术不正，阳奉阴违，不懂规矩，贪赃枉法，根本原因在于丢失信仰，缺少忠诚。有了忠诚心，就有责任心和使命感，就会忠于职守，满怀激情，对待事业殚精竭虑，对待工作认真负责，对待生活光明磊落。没有忠诚心，就会肆意妄为，背叛组织，无视党纪国法，陷入贪污腐败的泥潭。中纪委打掉的上百个“大老虎”，社会上扑面而来的“苍蝇蚊子”，之所以猖狂无忌，以身试法，都不是能力业绩上的问题，而是忠诚度上出了问题。在此，领导干部的忠诚心主要体现在以下四个层面：一是对国家的忠诚。不论身在何方，不论处于何种境地，对祖国的忠诚永远是领导干部的道德情操和行为准则。作为政府官员，只有情系祖国，无限忠诚，才能履行职责，不辱使命。公元前 100 年，汉武帝派中郎将苏武出使匈奴，被单于扣留，放逐苏武北海牧羊 19 年，苏武饱尝艰辛不改其节，感人的故事传颂千年。二是对组织忠诚。组织忠诚是领导干部的职业操守。

为什么党员领导干部要重温《党章》和宣誓词，就是要时刻提醒自己党旗下的庄严宣誓，要忠诚组织，履行组织重托。《西游记》里的唐僧去西天取经，跋涉万里，经历千难万险，赢得世人尊敬，就是因为唐僧忠于职守，履行承诺。三是事业忠诚。国家公职人员，其政治使命和职责重要感要远高于其他社会组织成员。政府领导干部事业忠诚，聚着社会期盼和公民重托。一些领导干部玩物丧志，假公济私，奢侈萎靡等腐败现象之所以屡禁不止，不是能力经验不足方面的原因，而是事业心的失落。诚如一株病树一样，树干内部出了问题，仅靠提供阳光雨水是远远不够的。四是信仰忠诚。古人说，人无信不立。有了信仰就有了骨气，就能够挺直腰杆，不为金钱物质诱惑驱使。信仰是清正廉洁的精神支柱，有了这个支柱，才能做到“富贵不能淫，贫贱不能移，威武不能屈”。南非前总统曼德拉被囚禁牢房 27 载，之所以在苦难面前坚强不屈，是因为拥有坚定的人生信念和强大的心灵力量。

（四）利他关爱心

积极心理学研究认为，利他行为是一种积极行为，是个人身心健康快乐的愉快体验。现实生活表明，关心他人所获得的快乐满足感要远远高于自己得到时所获得的快乐，这也就是许多人乐善好施的心理动机。利他关爱心蕴含着丰富的中国传统文化精神品格。《大学》中开宗明义首先就讲道“大学之道，在明明德，在亲民，在止于至善。”这里的“明德”目的，就是“亲民”。“亲民”需要利他关爱心，只有在利他关爱心得到满足的基础上，才能够达到“止于至善”的目标境界。《孟子·尽心上》上讲：“古之人，得志，泽加于民；不得志，修身见于世。穷则独善其身，达则兼济天下”。在此，“得志”就是实现的抱负理想和所取得的显著成就。对于领导干部而言，仅考虑“得志”是远远不够的，最重要的是“泽加于民”，让大家分享收获的喜悦，共同体验成功的愉快感受。领导干部被称为“人民公仆”，作为“公仆”的重要使命就是以利他为行为目标，这样才能胜任“公仆”角色，不辜负这一崇高称谓。比如，有的党政领导干部呕心沥血、一心一意为老百姓做实事，不是因为工资报酬有多高，而是体验到工作岗位的重要感和自豪感，最终是一种心理上的幸福感。这种积极心态成为许多领导干部努力拼搏实现自我价值的内因。由此，衡量领导干部的成功不是权力大小，也不是职位台阶的高低，而在于百姓群众的肯定与评价，诚所谓“金杯银杯不如老百姓的口碑”。领导干部有了利他关爱心，才会孕育出深厚强烈的民生情结，才能积极传播正能量，真心实意为群众办实事办好事，让群众感受到社会和组织的温暖。

（五）积极进取心

为什么有的人积极向上取得成就成功，有的却无所事事甘于平庸，究其原因，是否具有进取心是一个重要因素。进取心是一个人不甘落后，积极行动，努力工作获得成就的心理动力。缺乏进取心主要表现在：一是被动适应。在工作和生活中，自怨自艾，消极被动，没有那种主动积极精神，没有那种求得突破的气魄，这种被动的适应往往失去发展机会。二是缺少激励。心理学研究表明，人在缺乏激励的时候，只能发挥 20% ～ 30% 的潜能；在良好的激励环境下，人的潜能能发挥 80% ～ 90%。要使一个人的积极进取，保持良好精神状态，激励是一个重要因素。激励包括物质激励，也包括精神激励，要掌握激励的艺术，把激和励紧密地结合起来。三是兴趣索然。有的人觉得工作枯燥没有乐趣，是因为对工作对生活失去了热情，感觉百无聊赖，平庸乏味。从积极心理学的角度来看，人的精神健康快乐来自丰富的精神生活。造成领导干部“职业心理枯竭”的主要原因是对未来产生了迷茫以致造成怀疑、紧张乃至忧虑，失去了进取的精神追求。四是心理负担重。生活中，有的人总是与过去较劲，觉得过去的日子苦不堪言，反悔过去做过的事情。还有的人不能投入积极现实生活，不能真正理解“活在当下”的积极价值，不能适应现实，不能接地气顺应时代潮流，不能在当前的职位上尽心尽力，与现实生活要求格格不入。还有的人对未来感觉恐惧担忧，现在的路没有走好，对未来的路失去了信心。现实生活中的浅薄之词充斥耳目，不时造成人的心理烦躁。比如“不能输在起跑线上”造成了许多国人的焦虑等，严重污染了社会风气，毒害了稳定、和谐的健康从政心理。

（六）敬畏自律心

敬畏顾忌之心是正确处理社会经济发展中人与人、人与社会、人与自然关系的心理基础。一是敬畏制度。在规矩面前，领导干部要怀有敬畏之心，做遵守党纪国法的表率。中央已经三令五申但还不停手者，问题的实质不是不懂法律，而是藐视法律，无所顾忌，把自己的权威凌驾于法律规则之上，肆意践踏法律尊严。二是敬畏权力。“立德之本，莫尚乎正心”(《群书治要》)。“正心”就是要有历史敬畏之心。权力既是一把“双刃剑”，更是“试金石”，对待权力的态度就是对待事业人生的态度，只有心怀敬畏之心，才能殚精竭虑，在权力面前诚惶诚恐。春秋战国时期，宋国有个人捡了一个宝玉，献给齐国大夫子罕，子罕拿到这个宝物谢绝了，说你的宝我不要，因为我以不贪为宝，你送来的宝是真宝，结果把我的宝丢掉了。在个别领导干部眼前，追逐权力荣誉成为一种病态需求，权力已严重异化，成为贪图享受敛财致富的工具。中央提出领导干部要“严以用权”，首先要敬畏权力，珍惜权力，才能用好权力。三是敬畏历史。现实不能证明历史，而历史能够证明现实。只有经过历史的检验才是最公正的评价。现实中，有的领导干部只对官帽负责，而不对历史负责，主观武断，不惜浪费国家财力物力，不计成本后果，罔顾人民利益，大搞脱离实际的“政绩工程”和劳民伤财的“形象工程”。有的好大喜功，热衷虚假浮夸，追求表面业绩。这种病态政绩观所酿成的恶果，玷污的是政府形象，损害的是我党的威信。当下中国环境污染加剧，生态环境恶化，少数是天灾，多数是人祸。而人祸无不与个别领导官员浮躁折腾、寅吃卯粮、贪图一日之功相关。

C H A P T E R 1 0

第十章

领导胜任特征

胜任力是领导心理素质的基本内容。胜任力是由一系列内外要素组成的动态结构，是领导取得成就或成功的重要条件。要提升胜任力，就必然从胜任心理属性、胜任特征与领导心理的相互关系，胜任力产生的内在因素以及领导者的岗位实践活动等方面进行系统考察。

一、胜任力或胜任特征的探索

胜任力（Competency）或胜任特征（Competence）是为顺利完成某项工作，达成某一绩效目标所要求的一系列不同基本素质的组合，包括动机、个性与品质、自我形象与社会角色特征以及知识与技能水平等。胜任力的本质是心理影响力，是影响人们心甘情愿、满怀热情地为实现群体目标而努力的作用过程。一个领导者对他人具有影响力，他人愿意追随他时，便具有了胜任力。与以往人们在评价一个人多从能力、知识结构或经验技能角度所不同的是，胜任力将一些影响人们行为的深层因素如价值观念、自我意识等都涵盖了进去。如果说原来的评价是从静态的平面角度看人，那么胜任力可以理解成从动态立体的角度进行的。

麦克莱伦认为，胜任力是与生活各方面结果联系着的绩效的组成部分。胜任力是一系列广泛的特性，只要与成功有关的心理或行为特征都可以看作胜任力。为此，他把胜任力模型划分为 6 个层次：

（1）知识，是指对某一职业领域有用信息的组织和利用；

（2）技能，是指将事情做好的能力；

（3）社会角色，是指一个人在他人面前想表现出的形象；

（4）自我概念，是指对自己身份的认识或知觉；

（5）人格特质，是指一个人的身体特征及典型的行为方式；

（6）动机／需要，是指决定一个人外显行为的自然而稳定的思想。

这些胜任特征通常用漂浮在水面上的一座冰山来描述。知识、技能属于表面的胜任特征，漂浮在水面上，很容易被发现；社会角色、自我概念、人格特质和动机／需要，属于深层次的胜任特征，隐藏在水面下，且越往水下，越难发现。深层特征是决定人们的行为及表现的关键因素。

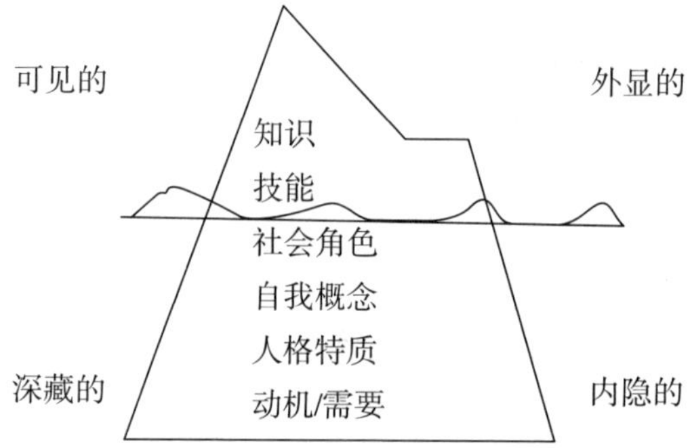

图 10-1 胜任力“冰山”模型结构图

胜任力对于不同岗位的人有不同的要求。一个人能够很好地完成其本职工作就是胜任的。通过领导胜任力模型可以判断并发现领导绩效差异的关键因素，从而成为改进与提高绩效的基点。对于领导自身而言，胜任力的分级为领导安排或选择合适岗位提供了参考依据，也对领导职业生涯提供咨询指导。

（一）胜任特征基本结构

胜任心理特征具体包括哪些内容？一个世纪以来有关胜任特征结构的研究可以为我们提供哪些有价值的东西？根据胜任力模型以及一系列前期研究成果，胜任特征的基本结构包括智力水平、管理知识、专业技能、领导经验、领导方法、价值取向、情商、自我意识等内容。同时，又可将胜任特征结构成分分成表层结构和深层结构两部分。

1. 表层结构

（1）智力水平

智力水平与领导行为有着正相关。一个领导者如果具有良好的观察能力、知觉能力以及推理能力，他的工作就会做得更好。但是研究者们又发现，领导者的智力水平不应该与下属相差太大。在许多情况下，如果领导者的智力水平与追随者的智力水平存在太大的差距，这可能对领导行为产生一定的反作用。领导者具有太强的反应能力会导致他与追随者交往发生困难，这是因为他总是处于优先的地位，或者是因为思想行为太超前而无法被追随者接受。

（2）管理知识

管理知识包括管理理论、管理方法、管理技能等，这些都是领导者应该掌握的管理知识。领导者在决策、指挥、协调、执行的过程中离不开相应的管理知识。现在的管理理论和方法，是前人不断探索的结果，是管理经验的结晶。有了相应的管理知识有助于管理能力和管理水平的提高。

（3）专业技能

关于领导技能的研究强调，领导技能比领导能力更具有决定性。领导技能通常被分为 3 类：专业技术技能、人际关系能力和认知能力（详细内容见表 10–1）：

表 10–1 领导技能分类表

分类	描　述
专业技术技能	工作流程、方法、工具和技术知识
人际关系能力	人际关系方面的知识，包括沟通、冲突解决、协调和团队建设
认知能力	解决问题、逻辑思考、决策制定、创造性和一般推理性的知识

资料来源：Based on descriptions provided by Norman（1963），Digman（1990），and Barrick and Mount（1991）。

领导者和管理者在组织行为过程中，较少靠专业知识，而主要是靠人际关系和观念技能。一个部门领导并不需要执行各种各样的工作细节。然而，他们却应该在部门内外进行成功的沟通协调和有效处理各种人际关系。对高层领导者而言，判断和观察他们所处的内外环境并做出及时决策，这些被认为是解决问题的技能。

（4）领导经验

对于领导者而言，丰富的领导经验是能力强的表现。领导者可以通过积累经验来提升胜任能力。一个人的工作经验是长期积累的过程。领导经验不仅指亲身经历，也包括前人和他人的工作总结。认真学习，仔细观察；取人之长，补己之短；吃一堑，长一智，都是积累领导经验的办法。古往今来，成功的领导者都大量吸取了前人和他人的经验智慧，站在历史巨人的肩膀上，创造更加辉煌的业绩，才逐渐成为优秀领导者和重量级的人物。

（5）领导方法

在领导活动中，追随者所感受到的、模仿或学习的领导行为被称为领导方法。它是领导行为中所表现出来的技能、特质和态度的积极组合。每种方法不论是简单明确的还是复杂多样的，都反映了领导者对下属所施加的影响力。

2. 深层结构

（1）价值取向

价值观是一个人对事物拥有的一种信念，是一个人对正确与错误、好与坏的理解判断。价值观决定行动的方向。领导者应清楚自己的价值观，要理解价值观对领导方式和行为的影响及其对追随者行为产生的作用。比如，1996年美国总统选举提出的所谓“性别鸿沟”显示了男人和女人价值体系的差别。根据选举期间的调查，妇女认为家庭和社会问题更重要，而男人则更加看重经济问题。除了基于性别的不同，代际不同和文化差别也使价值体系不同。

在此，优先选择价值观对形成个人价值体系非常重要。比如一些人的家庭价值观与其他（比如信仰、职业和社会关系）相比，可能处在最优先的位置；另一些人则看重职业胜于家庭，有的人或把精神信仰看得最高。每个人都有自己优先选择的价值体系，有些人清楚自己的价值与选择顺序，而另一些人则不清楚自己优先选择的东西，仅仅在面临一种价值冲突时，才能分辨出这种顺序。对于领导来讲，选择什么或放弃什么，都直接影响着领导者的行为追求，左右着领导者的发展成长轨迹。

（2）情商

情商（EQ）是一个领导者成功的关键要素。情商是一种心灵力量，是一种为人的涵养，更是一种性格的素质，是要能感知和了解情感的力量，并加以有效地运用，使它成为领导者个人的魅力和领导团队的影响力。研究认为，情商包含以下5个基本要素：情绪控制力；自我认识、自我激励（自我发展）能力；创造和创新能力；认识他人、理解他人、影响他人的能力；卓越人际交往和领导的能力。高情商的领导者能有效控制自己的感情。他们有持久的成就动机与事业注意力，能够平静自己的情绪，保持一种平衡的心态。高情商的人能够通过理解、冲突接近于协商来发展一种有利的人际关系。与下属友好交往，注意满足下属的情感需要，激发下属工作热情是领导水平高低的关键因素。

（3）自我意识

自我意识通常包括了自信、自我灵活性、自我控制和自尊等，反映了个人在待人接物方面和工作上的成熟程度。一个人的心理发展历程一般都要经历从幼稚到成熟的过程。形成正确的自我意识是心理成熟的标志，对心理健康起着重要作用。

一是促进社会人际适应。实践证明，许多人社会适应不良及人际关系不协调是由于自我意识不健全或不正确造成的。如果一个人对物质自我、现实自我和社会自我的认识、体验不正确，尤其是在自我评价及自我概念与客观现实差距太大时，就会造成社会适应不良和人际关系不协调，从而影响人的心理健康。正确的自我意识通过客观的自我评价，并且通过正确认识自己与他人之间不同的感受和需要，在与他人保持良好人际关系中体现出来的。

二是促进自我实现。完整的自我意识通过合理的自我认识、良好的自我体验、自觉的自我调节和控制，最大限度地挖掘心理潜力，从而促进自我实现。健全的自我意识是心理健康和心理状态最佳的标志。

三是有助于自我完善。当现实的自我和理想的自我不能统一，或在理想的自我实现过程中受到挫折时，有健全自我意识的人能够自省，自觉地寻找其原因。一方面通过自我调节、控制，纠正心理偏差，努力缩小理想的自我与现实的自我的差距；另一方面重新调整认识，形成新的“理想自我”的内容，使自己的心理行为个体化与社会化协调、平衡、完善发展。

（二）国家公务员胜任特征模型构建

国家行政学院胡月星教授承担国家公务员局《竞争上岗司处科三级公务员胜任特征框架体系及测评方法研究》重点项目，通过编制胜任特征调查问卷，全国范围内共发放调查问卷 2700 份，收回有效调查问卷 2506 份，有效回收率 92.81%。调查层级包括中央国家机关、省市机关部门和县级机关单位以及乡镇四级机构；调查范围涉及北京、黑龙江、宁夏、湖北、河南、江苏、深圳等省

（市）、地区。在抽取诸要素的基础上由此设计了调查问卷，开展了较大范围的问卷调查工作。通过对 2506 份调查问卷进行数据处理分析得出了公务员通用胜任特征模型结构，并绘制了胜任特征通用模型结构图。通用模型主要由核心知识、核心能力、关键品质 3 个层面构成，如图 10–2 所示。胜任特征通用模型结构的研究确立，为开展胜任特征考核评价提供了基本依据。

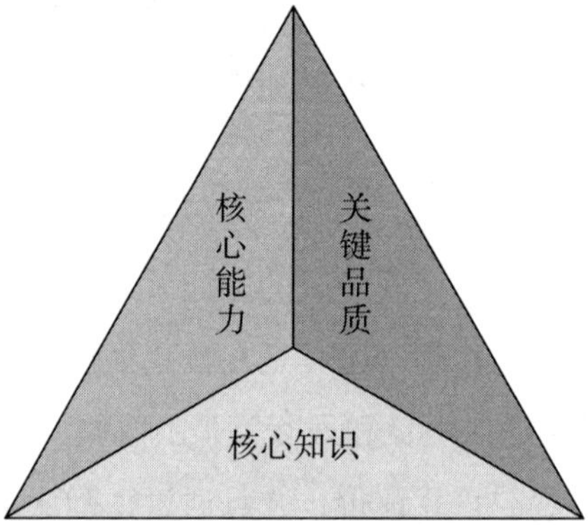

图 10–2　核心胜任特征基本模型框架

1. 能力通用模型指标体系

根据调查结果，由此得出了被调查的公务员在 28 项能力要素的提及频次分布表，依据频次分布表绘制了核心能力要素的频次分布图，并从中得出公务员胜任特征必备的 7 项核心能力，如图 10–3 所示。

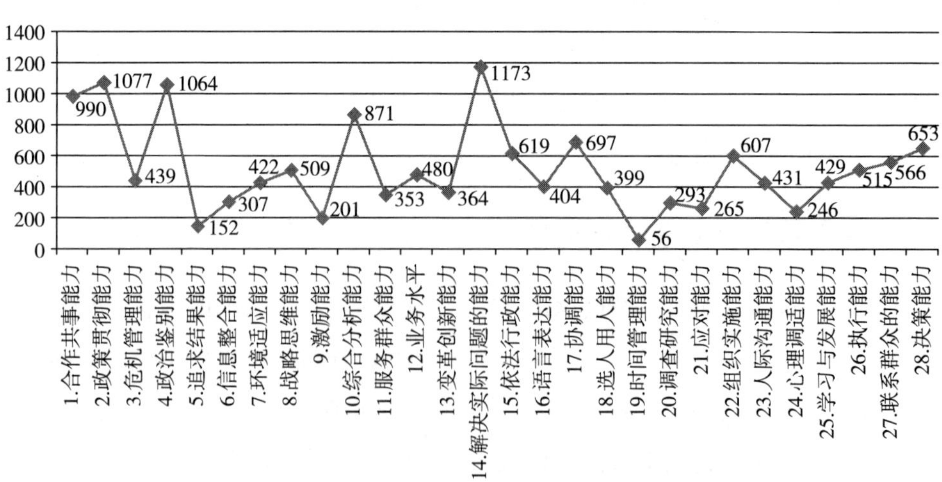

图 10–3　能力要素提及频次分布折线图

从 28 项能力要素的分布趋势来看，解决实际问题的能力（1173，占 8.04%）、政策贯彻能力（1077，占 7.38%）、政治鉴别能力（1064，占 7.29%）、合作共事能力（990，占 6.79%）、综合分析能力（871，占 5.97%）、协调能力（697，占 4.78%）和决策能力（653，占 4.48%）这 7 项能力要素居于前 7 位，高于其他的能力要素，如图 10–4 所示。在此，选择频次最低的 7 项分别是：时间管理能力（56，占 0.38%）、追求结果能力（152，占 1.04%）、激励能力（201，占 1.38%）、心理调适能力（246，占 1.69%）、应对能力（265，占 1.82%）、调查研究能力（293，占 2.04%）和信息整合能力（307，占 2.10%）。由此得知，解决实际问题的能力、政策贯彻能力、政治鉴别能力、合作共事能力、综合分析能力、协调能力和决策能力 7 项核心能力要素构成了国家公务员胜任特征中的关键能力要素指标。

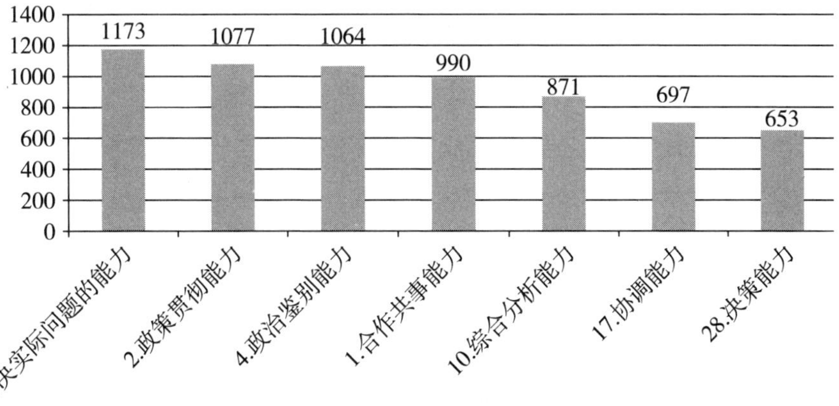

图 10–4　核心能力要素分布图

2. 品质要素通用模型指标体系

根据调查问卷处理结果，对 26 项品质要素在排序问卷中出现的频次进行了统计，得出了品质要素提及频次分布图，如图 10–5 所示。

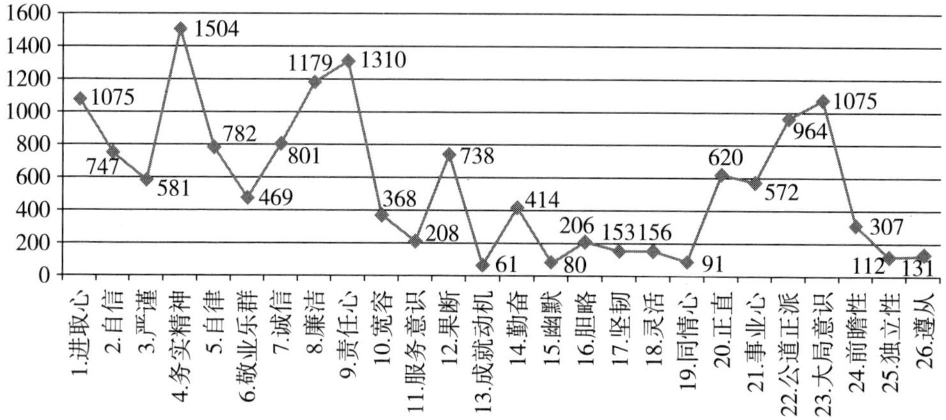

图 10-5 品质要素提及频次分布折线图

由图 10-6 所知，26 项品质要素中的前 7 位分别是：务实精神（1504，占 10.23%）、责任心（1310，占 8.91%）、廉洁（1179，占 8.02%）、进取心（1075，占 7.32%）、大局意识（1075，占 7.32%）、公道正派（964，占 6.56%）和诚信（801，占 5.45%）。可见，务实精神、责任心、廉洁、进取心、大局意识、公道正派和诚信 7 项品质要素构成了国家公务员核心胜任特征的关键品质要素指标。

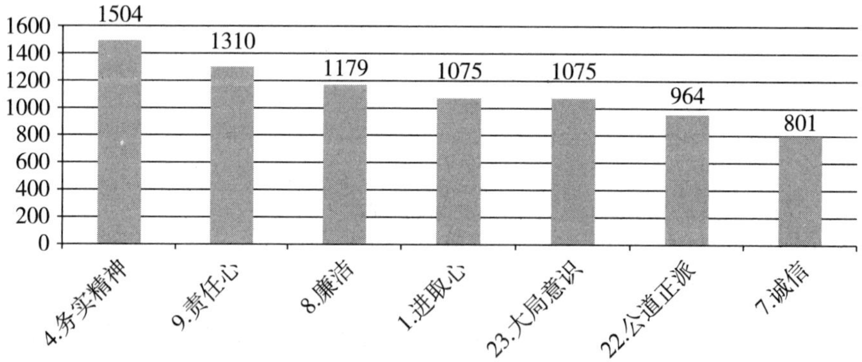

图 10-6 关键品质要素分布图

3. 知识通用模型指标体系

通过调查访谈和编码分析，对集中显现的 10 项知识要素进行了计算机统计，得出了知识要素提及频次分布图，如图 10-7 所示。

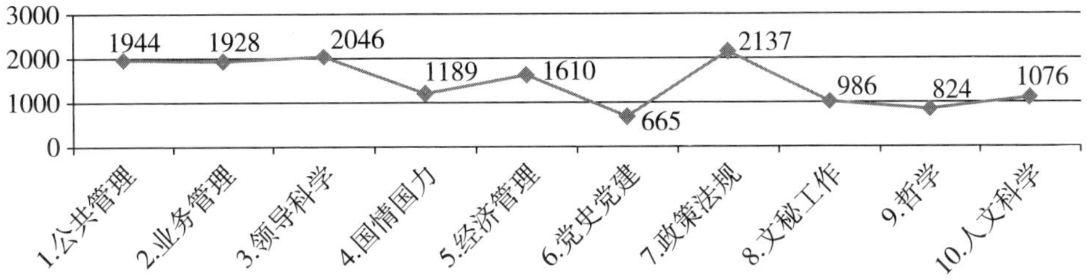

图 10-7　知识要素提及频次分布折线图

从图 10-8 中可以看出前 5 位的分别是：政策法规（2137，占 14.84%）、领导科学（2046，占 14.20%）、公共管理（1944，占 13.50%）、业务管理（1928，占 13.38%）、经济管理（1610，占 11.18%）。可见，政策法规、领导科学、公共管理、业务管理、经济管理这五大知识要素是国家公务员胜任特征知识中的关键指标。由此构成了国家公务员核心胜任特征通用模型，见表 10-2。

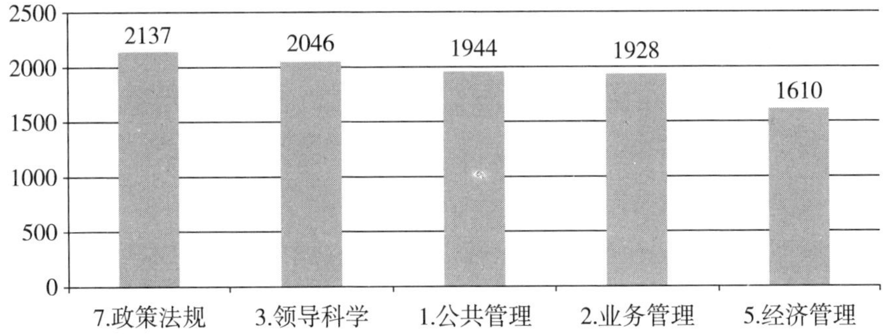

图 10-8　关键知识要素分布图

表 10-2　核心胜任特征通用模型结构

知识要素（5 项）	核心能力要素（7 项）	关键品质要素（7 项）
政策法规	解决实际问题的能力	务实精神
领导科学	政策贯彻能力	责任心
公共管理	政治鉴别能力	廉洁
业务管理	合作共事能力	进取心
经济管理	综合分析能力	大局意识

续表

知识要素（5项）	核心能力要素（7项）	关键品质要素（7项）
	协调能力	公道正派
	决策能力	诚信

（三）成功领导者需要什么样的胜任特征

在最新的领导学研究成果中，有学者把领导者必备的素质分为8种[①]：①前瞻性：领导者要综观全局，并把整体观点通告给大家，树立共同目标，创建一个单一的、有凝聚力的、生机勃勃的组织。②信任：要能与他人交流，分享权力，营造诚实的组织文化氛围。③参与意识：领导者要调动员工的积极性，使大家心往一处想，劲往一处使。④求知欲：领导者对自己要深入了解，对自己的长处与不足要有清楚的认识。鼓励员工更新思想观念，学习掌握新技能。⑤多样性：以赞赏的态度鼓励人们各有侧重的积极方面。⑥创造性：对下属和员工的聪明才智特别留意，注意取长补短。⑦笃实精神：领导者必须有信仰，有自己的道德准则和是非观念。好的领导者深知，遵守道德规范是很划算的事情。⑧集体意识：成熟的领导者都很重视其所在部门对周围社会所承担的责任。以上8种要素是领导者必备的素质技能，是领导智慧的核心内容。西方学者曾经提出了“6C”标准，对领导特质进行了概括：①可信（Conviction）：一个人对自己的幻想表现出明显的激情和承诺；②品质（Character）：一贯地表现出正直、诚实、尊重和信任；③关心人（Care）：表现出对其他人的人身和职业安全的关心；④勇气（Courage）：维护自己的信仰，接受他人的挑战，承认错误和必要时改变自己行为的意愿；⑤能力（Competence）：熟练掌握一些硬件技能，如技术上、职务上和令人满意的专业技能，还应该熟练掌握一些软件技能，如处理人际关系、相互沟通、团队合作和组织的技能；⑥沉着（Composer）：一贯地表现出合适的情绪反应，尤其是在困难与危机时刻。

---

① ［美］保罗·B. 布朗：《领导的艺术》，国际文化出版公司，2000年版，第22～23页。

心理学研究表明，一个人的非智力因素（性格是其中一个重要方面）在一个人的成长中具有十分重要的作用。一个人具有优良而成熟的性格能最大限度地发挥自己的主观积极性，并能创造性地开展工作。领导者的坚韧、果断、自信、乐观等性格特征是领导胜任力的集中体现，决定着领导事业的成功。在社会实践中，对不同职业者有不同的职业性格要求。例如，做医生要有严谨、认真、细心、安定的性格；做企业家要有独立、进取、坚强、开放、灵敏等性格；而作为军人就要有勇敢、坚强、果断、自制、机智等性格。不具备相应的职业性格特征的人，往往难称其职。在日常生活和人际交往中，热情、真诚、友善的人受欢迎，生活得也幸福；冷漠、虚伪、孤僻、不负责任的人受冷落，生活也多不幸。

表 10-3　导致胜任力失败的性格因素①

性格分类	描　　述
易激动的	喜怒无常并且很难取悦；很热情，但是对人、项目和事情的热情不能持久
多疑的	愤世嫉俗的，不信任别人，并且怀疑别人的真实意图
谨慎的	不愿冒险，因为畏惧被拒绝或是被消极的评价
保守的	与人疏远，并且不善于联络；缺少对别人感觉的兴趣和敏感性
随意的	独立的；忽视人们的需求，当别人坚持自己的意见时，他会变得易激怒和与人争论
过于大胆	过于自信；有炫耀感和权力感；对自己的能力过分自信
有趣的	善于表达，活泼的，充满戏剧性的；想被别人注意或是成为关注的焦点
勤奋的	小心翼翼的，精确的，完美主义的；对规则和程序教条；对他人的要求很苛刻
忠诚的	为了得到支持而取悦和依靠别人；不愿意单独行动或是违背众人意愿
富有想象的	以创造性和奇怪的或异乎寻常的方式来思考问题和采取行动

资料来源：Hogan 和 Hogan（2001）。

① ［美］约翰·安东纳基斯等编，刘宁、吴宝金译：《胜任力的本质》，上海人民出版社，2007 年 9 月第 1 版，第 255 页。

表 10-4　各个研究流派的成功和不成功胜任力的例子①

成功胜任力	不成功胜任力
主题：在工作效率、人际关系和适应性变化之间寻求平衡	
当做决定时，要考虑到组织和员工的需求 在把事情做好的同时不要破坏人际关系 教会雇员如何实现目标	雇用有很好技能但不善与人沟通的员工 在应对变化的过程中，不花时间解释基本问题，也不听取大家关心的问题 不能够很坚决地处理那些忠诚但不能胜任的雇员
主题：培养开发个人心理素质和人际交往能力	
当与其他集体共事时，能完成任务又能找到共同立场 对自我有一个诚实的评价 从客户那里很快地获得信任和尊重	不能与各种不同类型的人打交道 很友善，很难预知 过分相信自己的能力
主题：行为上富于变化充满领导魅力	
富于想象，是一个能激发他人努力工作的人 奖励工作刻苦和追求卓越的人 在应对变化前能够得到他人的支持	不帮助别人理解怎样使他们的工作达到组织的目标 对周围的人发号施令，而不是努力让他们参与进来 不能够鼓励团队成员，并让他们参与进来
主题：以更加多样的形式思考和行动	
一旦解决了工作安排中比较明显的问题，就能够洞察出以前潜在的，但又不明显的问题 懂得更高层管理的价值以及他们看待事物的方式 认识到每个决定都存在互相矛盾的利益和群体	被繁杂的工作束缚 不能够实现从技术管理者到总管理者的转变 工作时着眼于日常琐事而不是长远大计
主题：弥补不利于成功的不足	
当项目的开发不以自己的意志为转移时不要变得太敌对 不由于自己犯了错误而去怨天尤人 有情况时不惊慌失措	不听取为行动上做出必要的改变而进行的反馈 选择一个不能融入一起的团队 自我提升，但是没有结果来保证

① ［美］约翰·安东纳基斯等编，刘宁、吴宝金译：《胜任力的本质》，上海人民出版社，2007 年 9 月第 1 版，第 247 页。

续表

成功胜任力	不成功胜任力
主题：寻找多种多样的领导经历	
当机会来临时能够准确把握 为了得到有价值的经历愿意采取特殊的行动 主动寻求改变	拒绝从失败的决定或错误中吸取教训 选择过窄的开发路线 身处陌生的领域时感到不舒服

由此而言，成功的领导者应该具备下面5个胜任条件或特征：

第一，胜任能力。领导能力是指领导者依靠组织力量，沿着组织目标，带领追随者到达目的地的能力。能够领导他人，首先要使追随者相信自己有足够的能力。如果人们对领导者的能力产生了怀疑，那他就很可能失去追随者。为此，领导者的决策能力、沟通协调力、组织实施能力以及解决实际问题的能力等，都是在领导工作中充分表现出来的。领导要始终关注自己的能力状况，要注意提升自己的领导能力领导水平，要关注能力上的表现程度差异，表现的程度不同，领导的威信和影响力也不同。

第二，富有远见。作为领导者，必须富有远见。如果领导者希望别人愿意并肩作战、共同前进，领导者自己必须首先知道前进的方向。领导者对组织的长远发展有着详细的描述，追随者才能选择最合理的路线到达目的地。组织的发展从某种程度上意味着组织成员的发展。领导者对于组织发展阐述即是对组织成员个人发展的描述。远见为领导者和下属阐明了对未来的预测，这种预测是基于现实的，有一定可靠度的，而且对下属具有充分的吸引力。当然，远见并非是说领导者有神奇的魔力，对将来发生的事情可以先知先觉。事实是，必须在无数的目标中做出最合适的目标选择。有了远见目标，领导者就拥有了奋斗的激情，就可以为目标实现充分调动组织成员及下属为目标而奋斗的积极性。

第三，有较高的个人信誉。在组织机构中，大部分人都将诚实作为领导者与追随者之间关系的最基本的内容。不论在什么状况下，每个人都希望得到组织信任，得到领导者的信任，其前提是领导者也必须是诚信可靠的。人们认为他所追随的组织或领导者是值得信任的，就愿意分担风险责任，愿意与其前行。反之，如果领导者被视为不可信任的，充满了欺骗奸诈，就必然会失去大家的尊重，也会影响到组织成员对组织的忠诚度。

第四，满怀激情。不论在什么样的复杂环境中，领导者对理想信仰的坚守和积极进取的态度都非常重要。领导者目标坚定，满腔热情地带领下属工作，下属更会义无反顾地勇往直前。尤其是在事业发展初期，人们需要与领导者精神层面对话交流，以坚信领导者一定能够带领大家战胜困难走向成功。领导者所表现出来的热情，对梦想的执着追求以及对未来的美好憧憬是组织成员的精神支柱。

第五，关注需要。需要是行为的动力。每个人在不同需要的驱使下会产生不同的行为动机。如为了生理需要的满足，人们会寻找食物；对交往需要的满足会寻找朋友；对发展成就需要的满足，会积极寻找工作表现机会。领导者要学会关注大家的需要，要提升下属需要的层级水平，把物质需要与精神需要结合起来，把组织发展与个人发展结合起来，使合理需要的满足成为提升领导胜任力的重要措施。

二、影响领导胜任力的主要因素

领导胜任力是一个渐进的过程，与领导者个体心理因素、社会文化环境、组织培养教育以及岗位锻炼都有密切关系。总的来说，主要包括个体心理和外在环境两个方面。

（一）个体心理因素

影响领导胜任力提升的个体心理因素，主要有以下几种。

1. 政治理念

身为领导者，必须识大局，顾大体，所谓“识时务者为俊杰”。在英文中，领导的词根是“lead”，是带领众人前行，在法文中，词根是“head”，代表人身体的最高和最有智慧的部位。可见身为领导者的重要性，必须高瞻远瞩，披荆斩棘开路，做时代的先锋，因此，必须要“识时务”，也就是懂政治，有良好的政治理念和政治胜任力。因此，所谓政治胜任力，是指政治权力主体在社会组织中对权力客体行使组织、协调、指挥的各种领导能力的综合与集成。其含义包括政治辨别力，强化忠诚度，用政治眼光看问题，从政治高度决策用人，举政、明政、勤政、廉政，以做一个政治家型的领导者为己任等。崇高的志向会使人产生巨大的精神力量，独立的人格能维持人们心理状态的稳定。提升政治智慧、善于用政治眼光看问题，是时代对领导者提出的要求。作为一名出色的领导者，光有领导之心是不够的，必须具有与时俱进的政治眼光，否则就是短视的领导者，蛮干的领导者，最终将成为一个符号意义上的领导者，而非真正凝聚人心，率众前行的领导者。

2. 态度及个性

态度是对事物所持的一种主观体验及行为选择。积极态度能够使领导及追随者的行为趋向热情投入，而消极态度则使行为退缩保守。比如，满意度高的领导者比满意度低的领导者流动率和缺勤率要低，考虑到组织要想达到人员流失和缺勤减少，尤其是对高绩效的领导者，组织应努力创造积极的工作氛围。尤其是满意度与领导绩效的关系，对领导者来说有重要的意义。使“员工快乐”的目标导致高生产率的假设可能是错误的。领导者应将注意力集中到如何帮助下属提高工作效率上，这可能会得到更好的结果。良好的工作态度可以产生成就感，增加收入、升职和其他奖励，这都将会提高工作绩效。

个性倾向性是态度、动机、性格以及行为的整体表现特征，是知、情、义、行的协调统一。完整的人格表现为对他人热情信任，对工作积极投入，对组织忠诚信赖，对自己珍惜爱护。人格是领导胜任力的根本因素，领导者的人格力量最具有魅力。因此，在提升领导胜任力中，如何塑造领导人格，不断追求高尚人格和理想人生，是胜任领导永恒的话题。

3. 学习与认知

学习与认知能力是领导胜任力的关键因素。学习的目的在于使自己不懂不会的东西尽快懂起来，所谓“本领恐慌”实际上也是知识恐慌。是因为不懂的东西太多了，而个人的时间精力又是极其有限的。人不可能穷尽毕生精力而唯学，关键在于感悟消化，变成推进工作所需要的营养，因此，如何善于学习是领导面临的重要任务。作为领导者，只强调书本知识学习是不够的，还要善于观察，工作生活中观察到的也是知识，从观察中学会学习，从交流中不断提高不失为一种途径。从认知方面来讲，认知能力其实就是一种观察判断和消化加工能力。认知是把自己学习到的知识和掌握的信息资料与实际生活结合起来，认知是一种高层次、高水平的学习形式。如果只埋头学习不与实际工作结合起来，不进行深刻的思考体会，就无法把知识运用到实际工作中。为此，领导胜任还要学会理解体会，体会到的东西本身就是学问。领导对工作的体会，对人生的体会，对挫折困难的体会等都会内化成自己的知识系统，转化运用为实际工作能力水平。

（二）影响胜任力的外部因素

1. 组织类型与领导风格

组织的类型可以根据不同的标准产生不同的划分结果。不同的组织会有不同的文化，不同的氛围，提供不同的场所与机遇，造就不同的人才——不同的领导人才。各种风格，都存在各自的优点和缺点（详见表 10-5）。通常，领导者在某个时间阶段会同时运用这三种类型，但是某一种风格会起到主导作用。例如，某位领导一般情况下是独裁者，但是在决定假期安排时，他会表现出参与性，并且在为安全委员会选择一位部门代表时，他可能又是放权的。

表 10-5　不同领导风格的特点

类　型	特　　点
独裁型领导	它可以满足领导者；决策快速；可使用能力较低的员工；为员工提供安全感和工作结构。它的主要缺点是大多数员工不喜欢这种领导风格，特别是极端独裁可以产生恐惧和挫折感。另外，它很难让员工产生对组织的强大承诺，也就不利于形成低的离职率和旷工率。
参与型领导	参与型领导（participative leaders）采取分权的形式。参与型决策不像独裁型那样是单方面的，它们产生于向追随者咨询和追随者的参与。领导者和群体按照社会单位活动，员工被告知有关工作的条件，并鼓励员工表达思想和提出建议。普遍的趋向是更广泛地使用参与型领导，因为这与组织行为的支持和团队模式相一致。
无控制型领导者	无控制型领导者（free-rein leaders）回避权力和责任。他们主要依靠群体来建立自己的目标和解决问题。群体成员是自我培训和自我激励的，而领导者的作用只是次要的。无控制型领导忽视领导者的贡献的方式类似于独裁型领导忽视群体贡献的方式。它容易使组织中的不同单位按照交叉的目标工作，从而造成混乱的局面。正是由于这个原因，它不常作为主导的领导风格；但是当领导者可以将决策权完全交给群体时，它还是有用的。

2. 教育培训

领导胜任力的实际工作表现，由知识、技能、社会角色、自我概念、特质等多方面的因素决定。因此，在教育培训中，应把培训和实践紧密结合，把培训课程与总结提炼领导工作中的新鲜经验和分析解决当前面临的新矛盾、新问题紧密结合起来。加强教学培训方法与培训内容的匹配性研究。根据教学目的和实施条件，大力改革和创新教学方式方法。推动培训方法从讲授式向研究式、互动式、启发式转变。积极推行研究式、案例式、体验式、模拟式、现场式、行动式等现代培训方法，以增强教育培训的吸引力和感染力，有效引导领导干部增强解决实际问题的能力。动机是胜任力的主要要素之一。要保证干部参加培训的效果，必须增强干部自身参加培训的动机或内驱力，为此，健全对培训学员的激励约束机制是提升干部参训内驱力主要的方法。

3. 社会变革与发展机遇

社会变革与发展机遇是锻炼、开发胜任力的重要因素。一个组织的胜任力是所有成员的行为的总和，通过这些行为，组织的所有成员勇敢地面对不确定性、风险、逆境和挑战，以此来不断地创造理想的组织前景。明天的领导者将必须学习如何创造一个能够确实不把变化当威胁，而是当作机会的环境。历经30多年的改革开放后，人们的政治素养、民主意识、法制意识日益增强。如何满足人们这些更高的需求？这一历史的重任就摆在领导者们的面前。另外，随着世界经济一体化和经济政治的不平衡以及不可确定因素的增多，领导者们不得不去面对新的竞争形势。在这种新的环境里，那些曾被实践证明很管用的领导体制、管理经验等在新的环境之中可能将不再适用。在发展变革的关键时期，既是挑战也是机遇，领导者如何顺势而为，积极主动适应社会变革挑战压力，考验着领导智慧和领导水平。

三、胜任力提升的思路方法

领导胜任力是领导外在因素和内在因素相互作用的结果。提升领导胜任力，除了在领导观念、领导知识、领导体制、领导能力、领导方法、领导潜能开发上关注之外，还有一些重要的思路办法需要给予必要的重视。

（一）实践锻炼

从实践中得出的经验很多是书本中难以弥补和掌握的，实践对于领导能力的提升，至关重要。领导胜任力一个重要启示就是，以往我们在“冰山”上关注的程度较多，而“冰山”下面关注的太少。领导实践活动恰恰给我们提供了“冰山”里和“冰山”外的结合点。一个优秀的领导者之所以优秀，除了知识广博、经验丰富之外，更多的是责任心、进取心强，更多的是有强烈的成就动机。领导干部的实际工作能力和优秀工作业绩，是事业心、热情投入的外化表现，也必然是理论学习积累转化的结果。为此，要重心前移，把领导的实践活动、基层锻炼和阅历评价作为考察提升胜任力的重要内容。

小案例1

胡耀邦的一个建议

伍绍祖与胡耀邦在“五七”干校时有过一段很密切的接触，伍绍祖对胡耀邦的一段回忆道：他对我感情非常深，却不赞成我担任较高职务。他在党内担任较高职务时，有不少人向他推荐我，说要重用我，但他不以为然。1982年，我在部队新成立的国防科工委当了副主任。有一次外事活动中他见到了我，突然对我说：“你也当了‘大官’了。”这句话只有我能听懂其中的含义。因为在干校时，有一次他对我说：“你不能当‘大官’，因为你没有当过县委书记。”他认为县委书记是每一位在党内当“大官”的同志必须经历的位置。因为县委书记直接面对广大老百姓，要处理的问题多且复杂，只有经过这样的锻炼，才能胜任更高层次的工作。我当时对这句话也只是听一听，没有太在意。后来在军队工作，由于“文革”造成干部断档，年轻干部奇缺，所以一下子把我提拔上来了。回想23年的“大官”生活，我才真正体会到胡耀邦同志讲得太对了，我的确是缺乏基层岗位的锻炼，理想主义有余，但太脱离实际了，这是我人生中一个很大的缺憾。[①]

① 《银潮》2006年第1期。

（二）培训教育

以胜任力为核心的人力资源管理新模式将带来教育培训理念的深刻变革，对胜任力的合理利用和有效开发被视作保障组织发展的战略武器。在传统经验技能培训向基于胜任力的综合素质培训教育转变过程中，基于胜任力的领导人才选拔考核和教育培训日益成为组织核心竞争力的关键，成为组织竞争优势的来源。胜任力概念已经对当代教育培训实践产生重大的影响，而且必将在今后的数十年里继续在这一领域内产生影响。主要体现在，一是案例教学、情境模拟、角色扮演、行动学习等都将带来干部教育培训方法的新变化。领导潜能开发将是未来领导干部教育培训活动的新选择，驱使教育培训的方式方法更加柔性化、多样化和情境化。以现实问题为中心，相互观摩，共同交流，使培训活动更加精彩生动。二是态度、兴趣、需求、行为表现的有机统一对培训者和培训机构的要求将更高。知道需要什么比给予什么更加重要。教育培训流程将从制定胜任特征入手，在此基础上进行课程构思和模块设计，选择专题内容和操作方法。每一项培训活动都以胜任特征为主线精心设计，进一步增强教育培训的针对性。三是建设责任政府目标要求已将领导干部履行职责的核心胜任特征纳入干部培训教育工作的新视野。因此，领导干部教育培训不仅在于明确领导责任，更重要的是履行职责所需要的基本能力素质。唤醒领导责任意识，大力培育胜任责任政府要求的能力素质将是党政领导干部教育培训面临的又一重要课题。

小案例 2

GE 的胜任力培训体系

GE（美国通用电气公司）的培训体系分为基础培训、职业发展培训、专业技能知识培训以及胜任力培训四大部分，GE 的胜任力培训是其中重要的一部分。

GE 的胜任力培训让所有 GE 人引以为豪并享誉全球，为 GE 培养了大批的高级领导人才。从成为最基层的领导开始，到最高层的总裁，每个阶段所需要的胜任力技能是不一样的。当领导一个团体时，需要给大家及时地反馈信息，对员工的表现做出评价，而反馈与评价需要领导技巧，既不伤害员工的自尊心，又能让团队员工接受领导者的想法，对员工起到激励作用。在GE，作为一名合格而出色的领导者，必须懂得如何发现与选拔人才，要明白什么样的人才是GE所需要的人才，面试时该具备什么技巧等。这些都是GE经理人很基础的领导能力的一些方面。

作为一名GE的高层领导者，则应该有能力去驾驭文化的变革，像六西格玛在GE推行之初，如何让员工接受六西格玛的新思想并在公司中实施，作为CEO，如何让员工认识到六西格玛的重要性，领导员工去推动六西格玛在GE的施行。这些方面都需要非常强的领导能力。

作为GE的高层领导，还应该具有高瞻远瞩的眼光与能力，认识到未来的市场发展趋势。比如，GE高层认识到蓬勃发展的中国市场对GE未来战略的重要性，2002年，GE一个非常重要的全球高层培训便在中国实施，来自GE全球高级管理层的50多名高级CEO来到中国，参加为时4个星期的全职培训。

这也将GE培训的特色阐述得十分透彻，GE的培训不但是理论上的学习，而且是理论与实践的完美结合。在中国培训的4个星期中的大部分时间，这些全球各地的GE高层领导们，纷纷走出课堂，与中国当地的客户交流，与政府部门交流，考察中国当地的市场，对中国的交通设施、法律法规、工厂条件以及GE如何适应市场的变化，如何进行变革等有了最客观、最直观的了解与感受。

GE的为期2年的管理培训项目是GE胜任力培训中的重要组成部分之一，GE专门招聘各领域优秀的人才参加这些培训项目。6个月或8个月轮一次岗，安排3～4个不同的岗位，包括岗位学习与课堂培训。这不只是待在教室里上课，而是2年内在3～4个不同的岗位上做轮换工作，每个岗位轮职半年。这是非常具有“GE特色”的培训方式，几十年来被GE在全球范围内重复运用。

在工作中学习，在不同的岗位上培训，是这种培训项目的特色。当然，这种培训是针对不同的工作岗位而设立。如财务管理项目培训（Financial Management Program，FMP），人力资源胜任力项目培训（Human Resource Leadership Program，HRLP），商务领导人项目培训（Commercial Leadership Program，CLP）等。

（三）考核评估

世界许多国家都把研制国家核心能力，作为参与国际人才竞争的重要手段。比如，美国、澳大利亚等西方发达国家通过制定法律，建立国家高级公务员核心能力框架体系，完善选拔考评制度，来加强国家高级公务员能力建设。在人才选拔中，突出表现为强调公开、平等的原则：在评价方法上，以职位分析为突破口，以人之匹配为基本理念，以核心能力标准体系为基本依据，把人才培养、选拔和能力开发紧密结合起来。由此，在领导胜任力提升中，应结合各级各类领导干部岗位特征，研究制定相应的领导胜任特征模型，并以此作为领导干部选拔培养和监督管理的重要措施。

要建立的领导胜任特征模型，应当通过一个严格的程序来建立起来。首先，建立的领导胜任特征模型应与具体的领导岗位相适应。其次，通过行为事件访谈、实地调研等方式收集相关领导岗位的卓越的领导者的知识、技能、具体行为和个性特点等，搜集具体环境对领导岗位的具体要求等资料。再次，对这些资料进行有效的归纳和整理。最后，领导胜任力模型具体观察指标。依据建立的领导胜任力模型，在不同领导岗位不同层级干部中进行检测，把最关键的行为品质指标作为考察领导者的主要依据，由此延伸到干部培养使用的各个环节。

（四）提倡自我提升

为什么有的领导不能胜任，或没有领导影响力，问题就在于领导方式古板陈旧，思维僵化迟钝，缺乏思路办法。面对复杂多变的形势任务，每个领导者都要责无旁贷地转变角色，要学会换位思考，开阔视野，积极适应形势发展的客观需要。因此，领导者不论出身何处，不管岗位多重要权力多大，因为只有胜任才是硬道理。如果不从个人需要出发，领导胜任力提升就失去了根本动力，就会变成理论说教。因此，要提升领导胜任力个人的积极性、主动性是关键因素。应当清楚地看到，胜任力不但与领导工作有关，与个人的成长发展更密切，胜任力伴随着人的一生，不论从事什么工作都需要能够胜任，人人需要胜任，人人皆有胜任力可以挖掘，要提倡在发展中自我关注、自我提升。

小案例 3

胜任力的发掘者马歇尔

第二次世界大战期间，马歇尔将军曾坚决主张立即撤换没有杰出表现的将军们。他认为，如果让这些人来指挥，那是与军队和国家赋予军人的职责背道而驰的。马歇尔坚决反对如下这种论调："我们找不出人来接替他。"他指出，"最关键的问题是此人无法胜任工作，至于如何去找可以接替他的人，则是下一个问题。"马歇尔还认为，要撤掉某人的指挥权，这与其说是反映了对某人的看法，倒不如说是对任命他的人的一种看法。"我们只知道此职务不适合他，"马歇尔解释道，"但这并不意味着他做其他的事也不行。任命他担任此职务是我的过错，现在还得由我来给他再找个合适的岗位。"

只有当某人的缺点或短处妨碍了他充分发挥其优点和长处时，马歇尔才会关心起这些缺点和短处来。他通常是通过给某人以合适的工作或职业机会来帮助他们克服这些缺点和短处。20 世纪 30 年代中期，年轻的艾森豪威尔是个少校，可是马歇尔却有意将他安置在作战计划部门工作，以帮助他获得系统的战略知识。这种知识对一位高级军事领导人来说是不可或缺的。艾森豪威尔虽然没有成为一位战略家，但他因此懂得了战略的重要性，并对战略计划工作产生了某种敬意。这一经历使他克服了某种严重的局限性，使他在做组织和策划工作时能充分发挥自己的长处。

马歇尔喜欢提拔最有才干的人，尽管原单位也十分需要这些人。当原单位的人——通常都是高级领导人——请求他不要调走他们，因为他们在那里是"不可缺少"的人才时，马歇尔总是这样回答："这是工作之需要……是此人发展之需要……也是军队建设之需要。"

在他的一生中，只有过一次例外，那就是当罗斯福总统觉得实在离不开马歇尔，恳求他留在自己的身边时，他毅然决定将欧洲最高统帅的职位让给了艾森豪威尔，自己却留在了罗斯福的身边，从而放弃了实现毕生最伟大之理想的一次机会。

后来，马歇尔终于意识到（别人也可从他的经历中学到这一点），每做一次人事决定，就好比是下一次赌注。然而，只要能抓住某人有什么长处这一条，那么至少可以说：你的赌注下得有些道理。

C H A P T E R 1 1

第十一章

领导心理监督

心理监督就是运用心理手段对领导者行为实施监督。运用心理约束手段进行监督，是按照领导者心理的特点和规律，通过社会经济利益分配及其精神上的满足，去激发领导者的积极性和创造力，以保证权力的正确运用。由于心理约束注重于精神层面的触动，因而心理监督不仅具有针对性和启发性，而且具有灵活性和长期性。但从本质上看，心理监督手段在作用范围上具有一定的局限性。它只能通过领导者心理感知体验上的自觉接受，进而对从政行为发生重要影响。

一、监督对领导心理的影响

（一）监督对领导个性心理的影响作用

领导个性心理倾向性主要包括：领导者的世界观、人生观、理想、信念、需要与动机、道德倾向、兴趣爱好等。监督对于领导者个人倾向性的形成、保持和逆转都会产生重要的影响。

1. 监督对领导者的动机具有调节作用

领导者的动机对领导行为有明显的选择性与活动性作用。例如，具有某种动机的领导者，其行为总是指向于某一目的，而回避另一目的。在正确方向的督导下，领导者的动机越强烈，则其行为越富有积极的社会意义；反之，缺乏正确的督导，方向不正确，动机越强烈，其行为就给社会带来越大的消极作用。如有的领导者的动机是以权谋私，如果缺乏有效的监督，这种错误方向的动机力量就会恶性膨胀，给社会和党的事业造成破坏。领导者的动机是多种多样的，但是占主导地位的是社会性动机。这些动机受社会存在、社会生产方式的制约，具有社会历史性。

2. 监督对领导者的理想信念具有督导作用

理想、信念体现了领导者的世界观与人生观，是领导者动机系统中最高层次的社会动机。领导者按照自己的世界观与人生观中的观点与原则，组成了最高层次的能被意识到的动机系统，以此来观察周围世界，并通过领导行为来影响周围世界。一个品德败坏的领导者，大都是在信念动机上发生了变化，他们不再以正确的世界观来指导领导行为，而是以腐朽的个人主义世界观来指导其行为。

3. 监督对领导者的道德倾向和兴趣爱好具有制控作用

人们除了要受到法律等条文的制约外还会受到道德的规范，因而道德本身就意味着无形的制约与规范，作为起表率作用的领导者就更应该在社会公德、职业道德、家庭美德这些方面做得比普通人更胜一筹，这是对领导者素质的基本要求。然而个人成长环境不同，所受的教育各有差异使得领导者之间的道德素养参差不齐。良好监督机制能让领导者为人处世更符合社会、工作和家庭的规范，形成良好的工作和为人作风、高尚的道德境界。每个人都有自己的兴趣爱好，领导者也不例外，这是人的一种基本需要。兴趣爱好具有多样性和发展性的特点，兴趣满足会给人无比愉悦、乐在其中的心理感受，反之则会耿耿于怀。兴趣爱好对领导者的工作来说有两面性，一方面它可以使领导者丰富生活，以愉快的心情充沛的精力投入工作中。另一方面如果领导者一味沉迷于自己的兴趣之中，或是利用职务之便满足一己之好，那么它就会影响领导者的工作，甚至会变成别有用心者腐蚀领导者的糖衣炮弹。而良好的监督机制能有效地防止领导者玩物丧志、玩物丧德，使领导者引以为戒。

（二）监督对领导决策心理的影响

从领导方面来说，领导产生的影响力的一个重要方面是领导需要权威。目前实行的各级领导者负责制，就是加强领导的权威。但并不是有权就有威，这是一个复杂的政治、社会和心理的问题。这里需要注意这样几方面：领导者与被领导者心理的融合；执行者对任务与自身利益关系的认识；领导者的个人品质和社会心理素质。权威不能只靠领导者个人的素质，不能有随意性，必须把领导者权威同被领导者的监督结合起来，这样才能真正形成权威。

监督影响领导决策心理变化，决策的心理特征是目标性、意图、自觉性、符合期望、行为监督。决策理论的创始人西蒙和马奇在《组织》一书中提出“决策人”模式，指出“决策人”应把学习、记忆、习惯等心理学因素作为其决策行动的基础。而他们所强调的这些基础正是一个人心理素质方面的因素。心理素质是心理健康状况、心理承受能力等多项指标综合的表现形式。它是领导实行决策的基础，对领导决策起着决定性的作用。

心理学家穆勒曾指出，人的行为是人的心理过程的反映。因此，研究领导行为也就必然需要研究其中的心理效应与心理作用。由于决策划分为4个阶段，各个阶段领导决策的任务不一样，行为也就不一样，因此，影响它们的心理效应与心理作用也不一样。

在第一阶段中，领导者的任务主要就是收集正确的情报并加以分析。所以这一阶段中所要注意的心理效应与心理作用主要是主观认识中可能会出现的一些心理过程。这些心理过程都是属于习惯化、固定化的知觉模式。第一阶段工作完成之后，决策随即进入第二阶段与第三阶段。由于这两个阶段都是围绕着方案的设计与选定，它们之间有着很强的关联性与延续性。因而，我们将这两个阶段所产生的心理效应与作用结合起来研究。它们主要为参与式决策的心理效应、权力性的心理效应、风险型决策的心理效应和不确定型决策的心理效应。

（1）参与式决策中的心理效应。参与式决策是指领导者组织群体成员共同做出组织决策的行为方式。在现代生活中，随着生产力的日益发展，人们生活和工作的速度不断提高，领导决策所面临的问题也就更趋复杂。若单凭领导者的个人能力很难做出最优的决策。因此，领导者将不得不借助群体的力量来帮助决策。领导者需要群体成员参与提出方案、论证方案，需要集思广益。参与决策要求领导者在第一阶段搜集情报结束后，组织群体成员将当前掌握的情报资料和所需解决问题的性质与严重性告之他们，请他们提出解决办法。在方案提出后，领导者还需发动群体成员讨论、论证方案的可行性、可操作性与实际效果。在论证阶段，群体成员要有充分发表意见的机会，不作为任何权威的代言人。英国心理学家奥斯本在《应用的现象》一文中提出了“头脑风暴法”，即让主持人提出待解决的问题，鼓励群体成员尽可能多地提出新颖创见，因而不允许互相批评。由于每一个体受到其他人提出意见的刺激和启发，激起发散性思维，结果在同样时间产生两倍于他独立思考时的意见数量。由此可见，参与决策的优势作用是明显的。但是，参与决策也同样存在着一些消极作用。在参与决策中，由于每个群体成员的知识水平、认知能力、实践经验等的不同，因而有些人参与决策的积极性很高，但有相当多的人存在着事不关己，高高挂起的消极态度。因此美国心理学家邓尼特也曾指出，独立思考时提出的意见较群体思考时提出的意见更多、更高明。因为在群体中采用“头脑风暴法”，个人常因注意别人发表意见或自己的表达机会受剥夺，使自己的思维受到干扰而中断，因而无助于新思想的产生。所以，我们在进行参与式决策监督中，应防止以下几种倾向：防止领导将群众当作表决机器；防止领导失控；防止小集团意识；防止出现决策失误由大家共同负责变为大家都不负责，从而产生冒险性迁移心理。

（2）权力性决策中的心理效应。权力性决策是指某种组织通过其领导者所拥有的合法权力对实现组织目标及其方法和途径的决断过程。作为领导者，由于其处于领导地位就享有与其地位相当的权力，这种权力是一种特殊的影响力和控制力。领导者行使自己的权力进行决策是领导者最基本也是最重要的职责。参与式决策只是为领导做出科学、高效的决策创造一定的条件，而决策真正地做出还是需要由领导者行使自身的权力。因此，最优决策的做出需要领导者自身具有科学的认知水平和敏锐的决断力等良好的心理品质。领导者行使权力性决策由于受权力行使正确与否的影响，因而会产生两种心理效应：一是积极的心理效应；二是消极的心理效应。

从积极心理效应上讲，首先，由于领导权力的合法性保证了决策具有权威性，使得决策的执行者必须以高昂的热情去执行，否则国家将以法律的形式强制执行。其次，由于其强制性从而保证了执行决策的高效率，避免了议而不决、决而不行的消极抵制。最后，领导权力的行使使得决策目标的实现成为可能。

从消极心理效应来讲，权力性决策产生消极的心理效应多为领导不当行使权力所造成的。第一，领导权力的专断性无疑将会压抑群众参与决策的积极性。

专断必将导致群众对参与决策失去信心，产生压抑感与失落感，不再关心决策，使决策失去群众基础，增加决策的风险性。第二，领导者行使强迫性权力将加剧领导者与群众之间的矛盾，为决策目标的实现制造障碍。领导者由于错误理解权力的强迫性，变强制为强迫，只能制造矛盾冲突，不利于做出决策的科学性、客观性。第三，领导者因拥有最终决定权若产生骄傲自满等情绪，将导致决策失误，偏离组织目标。

为了保证领导者决策的科学性与可行性，必须依靠有效监督保证领导者正确地行使权力，发挥权力的积极作用。心理学家曾提出几点原则与方法：考虑权力影响以外的因素对权力使用效果的影响；使用权力时要建立选择有效权力方式的直觉；使用权力过程中要避免道德或偏见因素的影响；权力行使者要明确决策目标；行使权力要注意人际关系；避免绝对性原则。

（3）风险型决策的心理效应。风险型决策是指领导者在进行决策时，由于存在不可控制的随机因素，使得一个决策方案可能导致几种不同结果时所采用的决策方法。风险型决策对于几种不同结果可以事前把握并掌握其出现的概率。由于领导在风险决策中事先对出现的结果及概率是可知的，因此，导致领导对决策的选择与领导者自身对随机因素的认识和把握是相关的，与领导者的个性、气质也是有关的。对于黏液质的领导者来说，由于其性格内倾，反应缓慢，办事按部就班等特点的决定，其必然会慎重决策，对失败率与成功率比较再比较，对决策方案考虑又考虑。因而其选择会比较稳妥，但常常是保守的，甚至会坐失良机。对于多血质的领导者来说，性格外倾，乐观主动等特征必然影响其将着眼点主要放在成功的可能性上，而对风险考虑较少。这对于决策的迅速、果断是有利的，但也容易铤而走险、孤注一掷。前面两种领导无疑都有许多的缺点，对于高效的决策来说，真正需要的是理智的风险决策。这要求既要追求成功，又需尽量减少风险，严格按损益值与期望值的高低来选择方案，要求理智的冒险而非铤而走险。要达到这一点，必须建立有效的监督机制。

（4）不确定型决策的心理效应。不确定型决策与风险型决策有类似之处，都因随机因素的出现使决策方案可能产生几种后果；不同之处在于不确定型决策对后果出现的概率是不可预知的。在不确定型决策中，由于风险系数大至不可预知的地步，领导者在各种方案比较时的矛盾冲突就更趋复杂，心理作用也就更为突出。其中主要有 4 种典型心理：

一是乐观心理。决策者在乐观心理的指导下会分析决策成功的可能性与效益的大小。若成功的可能性被认为较大且效益也大时就会确定这种决策。因此可见乐观心理下的决策是一种“大中取大”或“小中取小”的决策。它带来的影响是决策风险大，但成功将导致高效益。

二是平衡心理。平衡心理对决策者来说是一种较理智的心理。它要求平衡悲观与乐观两种心理，将所有可能出现的机会均等看待，反复考虑得失利弊，效益与风险兼顾。平衡心理要求决策者寻找效益与风险的平衡点，力求高效益低风险。

三是侥幸心理。侥幸心理其实类似于观望，见风使舵。决策者对每一个方案都不肯定也不否定，考虑到效益大就实行。然后对决策实施效果听其自然，寄希望于偶然机遇。若第一次决策受阻，他会选择下一个方案，然后继续观望，等待机遇。产生侥幸心理是领导者无能的表现。

四是悲观心理。这种心理作用下的领导者以悲观的心态来选择决策的方案。他们认为决策的负面效应要大于正面效应。悲观心理多产生于对信息掌握不全面，没有自信心，害怕承担风险这一类领导者中。他们会首先找出为应付最坏情况下的几种方案，然后再从其中选出一个较好的。悲观心理作用下的决策必然导致低效益。

决策进入第四阶段，需要对决策方法进行评估，对决策的运行效果进行监督，对决策出现的偏离进行纠正。因此，也就因追踪与应变两种对待执行的方法中产生响应的矛盾心理。对于原决策者而言，由于追踪决策与应变决策首先认同的是原决策不完善或错误，因而可能因为自尊心或情感因素的驱动使原决策者极力维护原决策，掩盖决策的真实情况，制造假象，从而迷惑追踪决策者与应变决策者。对于原决策的反对者而言，由于原决策被认定有误将激发他们本已失衡的心理，对原决策一概否定，以使受偏见与压抑的心理得到宣泄。对于原决策的决策对象而言，由于原决策已实行了一段时间，因而可能产生某些正面或负面的影响。所以对原决策的修改也将使得决策对象如同前面的推行者与反对者一样产生心理失衡与矛盾冲突。对这些消极的心理效应可以采用一些手段来避免。首先，应注意采取保密措施；其次，加强对原决策各方的讲解、说服工作，弱化他们之间的矛盾冲突，不得已时可以采取回避措施。

（三）监督对领导者行为心理的影响

从心理学来看，人的行为是由人的心理支配的，行为是人心理的外部表现。而人的行为又是受外部条件和环境制约的。

1. 监督对领导者行为心理的制约力特点

（1）导向性。首先，领导行为的制约力的表现形式，如领导法规、领导制度、领导职业道德等，则受一定的领导价值观支配的，本身包含着一定的是非善恶的价值标准，制约力对领导行为的制衡，就以蕴含其中的既定的领导价值为准绳，规定着领导行为运作的走向和范畴。其次，领导行为的制约力服务于确定的领导目标和领导任务。制约力对领导行为的制约和规定，其目的就在于使领导行为运作的趋向与领导目标方向上的一致。最后，领导行为的制约力在一定意义上说，是被领导者即人民群众对领导者要求的一种意向体现。制约力对领导行为的规定和制衡，就是要求领导主体应该按照人民的要求而进行领导活动，对人民负责，代表人民利益，正确行使人民所赋予的公共权力，充分体现领导的服务本质。因而，领导者领导行为的制约力，如同规定领导行为运作走向的“轨道”，体现出了鲜明的导向性特点。

（2）强化性。领导行为的制约力作为领导行为运作的必然要求，通常是以行为规范的形式发生作用的，使其合乎一定的标准和行为模式，因而体现出了强化性的特点。这种强化性主要体现在：当领导行为能导向正向性后果时，即领导行为符合公认的领导价值范畴和趋向于既定的领导目标时，制约力就会对领导行为产生积极影响，肯定激励其行为，以促使这种正向行为的发展；当领导行为带来负向后果时，即领导行为违背人们所认同的领导价值观，背离既定的领导目标的取向，改变领导的本质时，制约力就会对领导行为产生制约作用，否定、调节、控制乃至惩罚其行为，以避免负向领导行为的再现。通过这种强化，使领导行为运作于既定的领导范畴之内，符合人们所认同的领导价值标准。领导行为制约力的强化方式包括：硬强化，即运用领导法规、领导制度、行政命令等形式对领导行为进行的强化；软强化，即通过一定的领导价值观念，职业道德和领导文化等形式对领导行为进行的强化；外强化，即由外界来控制领导行为，强化领导行为；内强化，即由领导主体自觉地设置绩效评定标准，进行自我评定、自我调节和自我控制其行为。

（3）平衡性。动力机制与制约机制必须保持平衡状态，协调发展。发挥动力机制的激励功能与制约机制的制衡效用，必须坚持这样一个原则，即加强动力机制要以适度的制衡为条件，加强制约要以保证动力机制的充分发挥为前提，必须保持两种机制的平衡，协调发展。

其一，两种机制的平衡、协调发展，是保证领导行为正确走向的基本条件。只有两种机制的机能保持平衡，协调发展，才能保证领导行为的正确走向，否则，动力机能过大而制约不够，或制约机能运作过大而激励不足，都将导致领导行为运作走向的扭曲。

其二，两种机制的平衡、协调发展，是保持领导行为正常运作状态的根本保证。领导行为运作状态是否正常，与两种机制的功能的发挥是否平衡密切相关。不平衡，动力过大，制约不足，则领导行为容易导向过激行为，如武断，专断，自以为是滥用职权等行为；制约过大，动力不足，则领导行为主动性相对弱化，成为一种被动行为，唯命是从，处于迟滞状态，就会导致行为的僵化、保守和教条，失去主动性、创造性。因而只有保持两种机制的平衡，才能在克服因不平衡而导致的领导行为的负向状态，保证领导行为既能“从心所欲”，充分发挥其主动性和创造性，又能“不逾矩”，即不违反领导原则、领导规律而科学运作。

不恰当的监督形式会对领导者的心理产生负面影响。近年来，鉴于领导干部的腐败行为大多发生在8小时之外，许多地方提出对领导干部要加强8小时之外的监督。但在实践中一直未能找到行之有效的办法。一方面8小时之外的监督有可能涉及领导者自身公民权利的合法保障问题；另一方面很难确定8小时之外监督的实施主体。过去重庆忠县法院曾采取监督进入家庭的改革措施，把法官的配偶发动起来，跟她们签订责任书，要求她们对法官丈夫进行“人盯人式防守”。8小时之外加上周末时间，丈夫外出要先盘问确实，做什么，跟何人在一起，在什么地方吃饭，而且要定时跟法院汇报丈夫的行踪，法院还要对于表现好的妻子授予荣誉称号外加奖金，表现不好的，则要负连带责任。[①] 这种监督形式显然会对领导者心理造成不利的影响，未必能达到监督的真正目的。

2. 监督条件下领导者行为心理特征

领导者处于监督之中，在行为表现上常常出现以下几种心理特征。

（1）逆差心理。即领导者认为监督触犯了自己的权力和利益而产生的一种社会心理，表现为或多或少对监督的抵触情绪或逆反心理。应当说，权力具有无限扩张的本能和私人化的趋势，如果权力不受任何监督和制约，必然会导致权力独裁和以权谋私。因此，作为权力的拥有者，对来自任何一方的制约和监督都有一种本能的抵抗。权力监督中的逆差心理一般有以下几种类型：

一是“观念型”——是指过去形成的僵化模式、固定观念、政治结构的“趋稳态”，权力高度集中的管理体制，对于因改革而形成各种监督机制、监督制度，不仅不适应、不习惯，还认为是“非正统”“乱了套”，因而产生抵触情绪或反感心理。尽管这些都是观念性的东西，但往往会形成心理上的“负差”状态。

二是“利益型”——是指人们的实际利益出现某种“负差”时产生的社会心理。这种“负差”往往是相对的，如在利益结构调整过程中，尽管一些领导者的利益得到同步提升，但与那些“一夜暴富”的富翁相比，仍在心理上产生相对的逆差感，在对待权力监督方面，也会形成心理上的“负差”状态。

（2）攀比心理。实际上是攀高心理。一般都是自发地，并凭主观设立的“高位指标体系”做参照物来进行横向比较的，即只比高不比低，从而产生失落感。这种攀比心理，有的是由于改革的不平衡，机会不均等，也有的是由于社会分配不公或认识的偏差等种种复杂因素造成的。如一些领导者在与大款交往中，或出国考察后，很容易产生盲目攀比心理。这种攀比貌似有理，实则失当，陷入认识误区。攀比者把目标设置得越高，心理倾斜度就越大。

（3）失衡心理。社会心理平衡是相对的，而不平衡是绝对的。改革在一定程度上打破了原有平衡的基础及条件，使社会心理的不平衡更为突出。这期间，旧的社会行为规范被突破，而新的行为规范尚未成形，人们必然会产生许多不适应的心理“异向”。特别是随着市场经济的发展，经济成分、利益主体、社会

---

① 报道见 2003 年 6 月 12 日《南方周末》。

组织和社会生活方式日趋多样化，给人们的思想观念和人与人之间的关系不可避免地带来一些影响，包括一些消极影响。如利益分配挣脱了高度集中的传统计划管理体制的束缚，按照市场规则运作，由此形成多元化的利益分配方式和不平衡的利益分配格局，造成一部分社会成员利益扩张，另一部分社会成员利益受损，致使一些人“心理失衡”。在这个过程中，一些领导者由于经不起考验，利用手中的权力谋取私利。据有关人士分析，在接触的1000件贪污受贿案件中，有80%的犯罪分子是由于这种“不平衡”心态的驱使而走上犯罪道路的。

（4）粉饰心理。有的领导者利欲熏心，但慑于党内外监督的强大威力，在行为特征上表现为极力乔扮自己，来改变一下自己的形象。贪官的“包装术”虽然五花八门，奇招迭出，但均是金玉其外，败絮其中。

（5）侥幸心理。这是监督机制不健全的条件下产生的一种心理。在目前情况下我们不可否认在具体的监督范围上还存在一定的“盲点”，如对实行双重管理单位的领导干部难以进行有效的监督，对领导干部生活圈的行为难以监督等；制度的执行不严格，有些单位执行起来不够认真严肃，甚至重形式、走过场、拉关系等；此外制度的落实措施跟不上也比较突出。这些缺陷的存在使得某些领导者对监督工作漠然置之，心存侥幸，总以为自己即使有问题上级部门也未必会知道，即使知道了也能通过某些渠道来“摆平”。但这种侥幸心理是不可取的，随着监督机制日益完善、法制的不断健全，那些道貌岸然的贪官甚至领导者中的犯罪分子必将无所遁形。

（6）模仿心理。模仿具有双向性，既可“正向”模仿，也可“负向”模仿；既可模仿好的，也可模仿坏的。但作为改革时期的社会心理倾向，却是指它的消极方面，它是党内不正之风和不良社会风气得以繁衍蔓延的重要心理因素。社会心理学的研究表明，有两种人的行为易于被模仿：一是权威者的行为易被模仿，即所谓“上行下效”；二是同类型的人之间易于互相模仿。本来，党内不正之风是一种腐败现象，不仅不应被模仿，而且应当受到谴责和惩治。但由于不正之风往往是某些领导干部或党员搞起来的，于是模仿的人便越来越多，使不正之风得以强化，而强化又促进了更多的人模仿，于是便形成了“恶性循环”，愈演愈烈。领导心理中的监督因素是指领导者个体心理过程与个性心理特征、品质特征、行为特征中存在的影响监督效用的因素。研究领导心理中的监督因素，对于最大限度地发挥对权力运用者的监督效能具有十分重要的意义。

二、社会心理对领导者的行为监督作用

社会心理是一个外延非常广泛的概念，属于社会意识形态范畴，是社会存在的反映，往往表现为一定社会的心理定式与社会心理效应等。各种社会心理的综合作用构成一定的社会心理环境。社会心理环境的好坏，直接影响到社会人的工作效率，社会心理环境良好，如团结、融洽，精神振奋、积极向上，即使自然环境恶劣，设备陈旧，也能创造出人间奇迹；反之，社会心理环境不好，如懒散扯皮，互不信任，有令不行，风气不正，即使物质条件再好，也不可能取得发展与高效。根据系统论的观点，整体功能大于各孤立部分的总和。如一个单位的心理环境良好，它所发挥的作用就不止于各成员作用的代数和，而是有着“放大”的、全新的意义。社会心理是一定社会成员在共同价值观指导下所形成的具有一致心理倾向的社会态度，对人们的社会行为具有很强的诱发和导向作用，往往成为具有现实意义的无形而巨大的社会潜在力量。对领导者来说，社会心理是一种外在的监督约束力量，通过领导者内在心理活动而产生作用，从而对领导者实施监督的社会心理环境、领导者自我监督意识的形成和权力监督的效能实现具有十分重要的作用。

（一）社会群体心理对领导者的监督作用

1. 不同群体心理产生不同的监督效应

群体是个体的共同体，个体按某个特征结合在一起，进行共同活动、相互交往，就形成了群体。群体可能建立在相同的利益、任务或是兴趣爱好基础之上，群体成员因共同的需要走到了一起。各个群体由于各自不同的价值和利益趋向而形成该群体特有的氛围及集群心理。因群体心理的差异所产生的监督效应也是不一样的，在一个“任务型”群体中各个成员围绕特定的任务展开合作，能逐渐形成以任务为中心的群体规范。这种规范本身就具有监督效应，这类群体中的领导者也往往乐于接受监督，因为这对群体完成任务是有益的。相反在一个“俱乐部型”群体中成员遇事相互推诿，都不愿承担责任。这种群体较为

松散，没有严格的群体规范和高凝聚力，这类群体的监督效应就不明显，成员或是领导者都不愿接受严格的监督。

2. 群体心理能形成强大社会压力机制

群体心理会对群体成员产生一种压力，迫使其按照群体目标和准则调节自己的行为。这种压力与权威命令是不一样的，后者是由上级发出的，具有强制性，而前者作为大多数成员的一致意见，虽不具有强制性，但个体在心理上感到难以违抗。如果个体的行为超脱了群体心理所能接受的范围，就会受到群体的惩罚，这种惩罚不仅有明文规定的措施，还有令人在心理上难以接受的群体大多数成员的疏远和孤立。这会给个体带来无所归属和依附的失落感，在心理上形成强大的压力。有时由群体心理给个体带来的压力比权威命令还要大，能对个体形成强有力的监督效应。

3. 正确引导群体心理，加强对领导者监督

既然群体心理能通过对个体的压力形成显著的监督效应，那么就有必要对群体进行大力的正确引导，使其具有符合组织总目标群体规范，具有良好的群体协作氛围，具有廉洁高效的工作作风。最终使得群体心理能对个体形成与实现组织目标相一致的正向压力，对群体的正向引导能起到加强对领导者监督的效应。无论是正式群体还是非正式群体都有自己的领导者，领导者对群体规范与群体心理的产生起着至关重要的作用。加强对领导者的监督有利于对群体的引导，两者是共同发展，相互促进的。

（二）社会习惯和社会习俗对领导者的监督作用

1. 传统文化习俗中的封建思想不利于对领导者实施有效监督

中国是一个有着悠久历史的国度，长期的封建统治制度已经被消灭，但封建思想并没有随着制度的消灭而一起进入坟墓，其余毒还在当今社会发挥着影响。几千年来的等级观念、官本位思想，尤其在对官员的监督过程中以权代法，以令代法以及官位特权思想和封建纲常伦理思想的影响现在仍然不可忽视，我们经常会听到“刑不上大夫”“父为子隐，子为父隐，直在其中矣”，就是突出的表现。

2. 领导者监督的社会心理基础

当下领导者监督的社会心理基础比较脆弱。突出表现为“三不”，一是

不敢，下级对上级不敢监督，怕打击报复；上级对下级不敢监督，怕丢了选票；同级之间不敢监督，怕伤了情面。二是不要，监督与被监督双方未能达成共识，人为地把二者对立起来，思想上有抵触情绪，心理上有仇视情结。三是不懂，认为监督检查是职能部门的事，与己无关，自己没有监督的义务和责任。

（三）社会风气对领导者监督的影响

1. 社会风气对领导者心理的误导

当前，我国正处在改革的攻坚阶段，处在经济和社会发展的关键时期，在建立社会主义市场经济的进程中，经济和社会生活也必然会发生一系列深刻变化。这种变化不可避免地要反映到人们的思想道德领域，使一些不健康的思想道德内容侵袭到人们的社会生活中来。当我们客观地去审视当前人们的思想道德现状时，既要看到已经取得的巨大成就，也要看到仍存在的问题，看到我们所面临的挑战。当前我们的社会上，诸如社会风气不正，伦理道德失范，不道德的行为在经济和社会生活领域仍时有所见，一部分领导道德意识淡薄，道德约束力弱化，甚至极个别的人还存在着见利忘义、贪污腐化、良知泯灭，以至于违法乱纪等行为。这些都导致了新形势下某些领导者的心理行为的偏差。

2. 加强对不正之风的治理

行业不正之风是权力资源分配不均衡的后果。一些部门利用本行业的垄断权力或行业的特殊性滥用职权，形成一种腐败的风气，引起了社会公众的不满。纠风监察就是要对这种有组织、有规模的滥用职权进行突击性的监督检查。纠风监察要把握住两个重点。首先，要把群众关心的热点问题作为纠风的方向，热点部门作为纠风的重点，应切实解决带有一定普遍性的滥用职权现象，稳定社会情绪，化解社会矛盾。其次，纠风要突出效果，因为纠风是一个接一个选项的开展，如果不从深层次抓起，容易搞成应时之作，风头认真，风过息兵，形成“野火烧不尽，春风吹又生”的恶性循环。反复性越大，破坏性越大，公众对行业权力的滥用会越来越麻木并成为一种不良的示范效应。因此，纠风监察必须注意形成震撼力和影响力，防止其反复。

三、积极倡导领导者的心理监督

心理监督需要借助外力产生作用，更需要依赖领导者的政治自觉与个性修养，依赖个人的心理认知能力水平。积极倡导和完善领导心理监督，包括以下几个方面。

（一）树立全社会的监督意识

全社会的监督意识是对领导者实施有效监督的思想基础和前提条件。它的强弱直接关系到权力监督是否坚强有力，关系到社会监督机制是否健全完善。思想政治道德教育是增强党员监督意识的重要手段，是解决问题的关键。教育要有针对性，对不同对象进行不同的教育。对监督职能部门的同志，主要是进行职业道德教育，使他们充分认识到党内监督工作对加强党的建设的极端重要性，明确肩负的责任，积极研究探索新形势下加强党内监督的有效途径和方法，做到既敢于监督，又善于监督。对基层党组织和广大党员，要进行党员权利和义务教育，使他们以对党高度负责的态度，履行监督权利，放下包袱，勇于对上级党组织和领导干部进行监督。尤其是要对上级党组织的各项决策程序、制度的执行情况实行严格的监督。对正确的决策，如在执行过程中发现了问题，要及时向上级党组织反馈，使之及时做出补充和修改。对被监督者，特别是各级领导干部，主要是通过开展法纪观念等方面的教育，组织他们认真学习《党章》和《关于党内政治生活的若干准则》，学习党的十八届四中、五中全会决定，学习马列主义、毛泽东思想和邓小平理论关于加强党的建设的一系列论述，最重要的是学习系列讲话，学好党章党规，在“两学一做”中解决好领导干部自觉接受监督的认识问题。明确无论是一般党员，还是领导干部都必须接受党内外群众的监督，党内不允许有不受监督的特殊党员存在。充分认识到任何一种权力，如果不加以有效的监督和制约，都必然产生腐败，给党和人民的事业带来严重的危害，从而克服特权思想，主动将自己置于党组织和党员群众的监督之下，理解、欢迎、支持来自各方的监督，确保正确行使党和人民所赋予的权力。

这里需要指出的是，强化监督者的监督意识，充分调动监督者的监督积极性，除了通过加强思想政治道德教育外，还应从以下三个方面努力：一是要真正造成一个扶正祛邪的良好环境。要在立功受奖、职务提升、职称晋级等方面，真正让勇于监督者受益。二是通过树立典型、表彰先进等形式大造舆论，创造一种勇于监督、监督光荣的氛围。三是领导干部要正确对待和妥善处理群众的监督意见，切实保护群众监督检举的权利，以增强群众监督的主动性、自信心和积极性。

（二）健全完善领导者监督软约束机制

党内监督软约束机制，主要是指通过思想宣传教育和道德教育等工作，使党员、干部强化自觉进行监督和接受监督的意识，使党内形成一种监督的内在力量。当前要建立、完善党内监督软约束机制，必须克服一些党员、干部监督意识淡薄的倾向，强化党员、干部的监督和自律意识。要引导党员、干部学习党中央关于搞好党内监督的一系列论述；学习习近平总书记关于领导干部要讲政治，提高领导干部队伍素质等论述；尤其要深入学习党章及其他党规党纪，不断提高广大党员、干部接受监督的自觉性，增强监督的责任感。要加强领导者的理性修养。加强理性修养，就是从理论上武装领导者，使之养成理论思维的良好习惯。经验证明，好多领导者步入人生误区都与领导者的理性修养不够有关。理论思维差，认识能力弱，必然抵挡不了各种腐朽思想的侵蚀与诱惑，从理智上控制自己行为的能力弱，就没法不落入各种权、利、色的“陷阱”。

（三）积极营造心理监督文化氛围

加强领导法规和领导文化建设，是健全领导行为心理的制约机制的重要方面。

1. 加强领导法规建设

一是健全组织法，使领导机关的隶属关系、职责权限、机构设置和员额编制等方面的法律规范日臻完善；二是健全领导干部法，使领导干部的任用、考核、奖惩、晋升、工资待遇、培训、回避、退休等问题程序化、制度化；三要健全领导监督法，保证各级领导机关及其领导者的全部活动在法定的范围内运作，把自上而下监督和自下而上监督、党的领导监督、国家权力机关的行政监督、群众监督和社会监督有机地结合在一起，建立完善的监督体系。领导法规建设必须以国家宪法和有关法律为基础，把客观需要与发展可能结合起来，把创制新法与理顺旧法结合起来，逐步实现领导行为运作的法制化、规范化、程序化，从而做到“不因领导者的改变而改变，不因领导者的看法和注意力的改变而改变”。

2. 加强领导自身文化心理建设

领导文化心理从广义上讲是指领导者从事领导事业所依据的社会心理环境，狭义上是指影响规定领导行为运作的领导价值观点、领导思想、领导理论、领导职业道德和领导文化传统等。既定的领导文化是特定的领导行为的社会基础。领导文化对领导行为的影响虽不像领导法规那么直接和具有强制性，但它是一种潜在的、影响深远的、渗透性很强的内涵式的制约力。领导文化建设的根本任务，是不断激发和培养领导主体的服务意识，提高领导者素养。它包括塑造高尚的领导人格、树立高尚的领导价值观、培养良好的领导道德风范、健全的领导心理品质、高远的领导见识和高超的领导技能等。与领导法规相比，法规强调外在的强制制约，而领导文化则侧重影响领导主体的素质，以激发领导主体自觉地进行自我控制，这两个方面具有很好的互补性。

3. 培养领导者良好角色意识

社会生活中的每一个人，都处在一定的社会体系之中，总是居于某种特定的地位，具有某种特殊身份，担任某种特定职务。心理学将个人在社会组织活动中所获得的身份、地位和职务，称为一个人的社会角色。社会角色与社会行为是紧密相连的，一般地说，处于什么角色应当表现出什么行为，这当然不是指角色行为的共性，而是指角色行为所拥有的个性。角色行为既有群体制定，也有约定俗成。个体扮演每一社会角色的过程，通常分为角色占有、角色认知和角色实践这样三个阶段。占有是基础，认知是心理上确定行为模式的过程，实践是将认知内容即行为模式表现于外在行为的过程。

强化角色意识，对领导者来说，主要有两条：一是要明确自己扮演的社会角色应当具备的心理品质；二是明确自己与群众的关系。就心理品质而言，包括认识品质、情感意志品质和个性心理品质。认识品质是领导者有效进行认识活动所必备的各种特定心理特点，是应备的观察力、注意力、记忆力、想象力和思维能力的综合。情感意志品质是领导者对所认识和所做的一切，以及对周围事物的态度体验，即情操，包括美感、理智感和意志。一般说来，领导者应当是“独立型”兼“服从型”的双面性格的人才。“独立”才会有胆略，才能勇于开拓和富于创造，但没有“服从”就极易独往独来，形成抗上或专断。认清自己与群众的关系，对领导角色认知也非常重要，既要明白自己是群众的领袖、首脑、领路人，又要明白自己是群众的勤务员。认清前者，能够增强自我修养的紧迫感，严格自律，成为名副其实的领路人；认清后者，才能摆正自己的位置，端正对待群众的态度，成为群众的贴心人。如果既能成为领路人，又是贴心人，就能够正确对待手中的权力，自觉接受人民群众的监督。

（四）充分发挥新闻媒体及网络监督作用

新闻媒体及网络监督是指利用报刊、电视、音像、互联网等大众传媒，对国家政治生活事务以及涉及公众利益的社会事务，对国家机关及其工作人员的违法乱纪行为以及各种腐败现象，表达有社会普遍性的意见，以引起社会的广泛关注，并形成代表人民大众意愿的强大舆论力量，促使国家机关对施行不当的法律、政策和活动进行修正，促使国家工作人员对违法违纪行为进行纠正，对责任人予以处罚。舆论监督是党内外监督链条上的核心部分，是反腐倡廉的重要环节，是对领导者实施心理监督的有效手段。深入搞好反腐倡廉，应营造使广大党员干部以自觉接受监督为荣，逃避、对抗监督为耻的氛围。从而使广大党员特别是各级领导干部始终置于党组织和人民群众的立体监督之下。

与其他任何监督形式相比，唯有新闻网络监督最具有广泛的社会性，它可以包括社会所有阶层、组织和全体网民。此外，网络监督还具有监督方式的公开性和监督效应的快捷性等其他任何监督形式所无法比拟的突出特点。因而网络监督越来越受到世界各国政府的重视。

从新闻媒体实施舆论网络监督的效力机制来看，也主要依靠的是一种非强制的道德力量，而并非行政权力或其他强制力。这种监督作用能否发挥、发挥作用的大小，关键在于批评、建议本身的质量，即在选题上是否具有宏观性、针对性，在分析问题上是否具有客观性、科学性，在所提意见和建议上是否具有建议性、可行性，而不是靠言辞的尖锐和情绪的激昂来解决问题，更不是借助于主体本身的权威性或是法律赋予的权力单方面地发生作用，如果硬性规定被批评者有必须接受和改正的义务，舆论批评就成了“网络审判”，网络媒体也就成了“审判机关”或法院。网络舆论监督是人类文明的产物，是全社会的权力，说到底，舆论网络监督是人民的监督，是人民通过新闻传媒及强大的互联网对社会的监督。

C H A P T E R 1 2

第十二章

领导团队建设

20世纪60年代末70年代初，西方一些大的跨国公司把团队概念引入生产过程，曾成为新闻热点。发展到今天，团队已经成为管理领域的流行概念，团队及其团队凝聚力不仅是企业始终探讨的热门话题，也是领导心理研究关注的重要内容。

一、团队及团队精神

（一）团队

团队，又叫工作团队。美国组织行为学专家斯蒂芬·P. 罗宾斯在比较它与群体的异同时认为，工作团队是通过其成员的共同努力能够产生积极协同作用，其团队成员努力的结果使团队的绩效水平远大于个体成员绩效的总和[①]。这个定义启示我们：团队不等于群体。因为在工作群体中，成员只是通过相互作用，共享信息以帮助自己更好地承担责任，并不一定要参加到需要共同努力的集体工作中去，也不存在成员间的积极协调沟通，群体的工作绩效仅仅是个体工作绩效的总和。构成团队的共同要素是目标、定位、职权、计划和人员。因为这五个要素英文的第一个字母都是P，所以我们把团队的构成要素简称为"5P"，即目标（Purpose）、定位（Place）、职权（Power）、计划（Plan）和人员（People）。

1. 目标（Purpose），也叫愿景。团队的目标和一般群体的工作目标不同，它是所有成员共同讨论并达成的共识。尽管不同的团队具体目标各不相同，但

① 斯蒂芬·P. 罗宾斯：《组织行为学》（第七版），中国人民大学出版社，1997年版，第270页。

所有的团队都有一个共同的目标。

2. 定位（Place）。团队并非是孤立的，它需要依托现有的组织系统。因此，团队的定位要考虑由谁选择和决定团队的组成人员、团队向谁负责、采取怎样的措施激励团队及其成员、如何建立规章制度等一系列的问题。

3. 职权（Power）。团队要明确自己的职责和相应的权限，坚持权利和义务的统一。

4. 计划（Plan）。目标的实现是一个长期的、复杂的甚至是曲折的过程。成功的团队不仅有总目标，还要把共同的目标转化成具体的、可以衡量的、现实可行的工作计划。通俗地讲，这叫“大目标，小步子”。

5. 人员（People）。构成团队最后一个也是最重要的要素是人员的选择。最好的团队规模都不大，成员一般控制在 12 人以内。团队的高效运作离不开 3 种不同技能类型的人。一是需要具有技术专长的成员；二是需要具有解决问题和决策技能，能够发现问题，提出解决问题的建议，并权衡这些建议，然后做出有效选择的成员；三是需要善于聆听、反馈、解决冲突及其他人际关系技能的成员。

（二）团队精神

团队精神，一般是指经过精心培养而逐步形成的并为全体组织成员认同的思想境界、价值取向和主导意识。它反映了团队成员对本团队的特征、地位、形象和风气的理解和认同，也蕴含着对本组织的发展、命运和未来所抱有的理想与希望，折射出一个组织的整体素质和精神风格，成为凝聚组织成员的无形的共同信念和精神力量。

团队精神一般是以高度概括的语言精练而成的，从字面上看，虽然极为简朴，但细加琢磨，却蕴含着丰富的内涵。团队精神体现在以下 5 个方面。

1. 员工对团队的基本意向

在团队与其成员之间的关系上，团队精神表现为团队成员对团队的强烈的归属感与一体感。所谓归属感与一体感，是指员工热爱团队，对团队具有高度的责任心和荣誉感，自觉地把自己的命运、个人的利益与团队活动保持一致，自觉地调整自己的目标使之与团队的目标相协调和默契。团队成员为团队的利益与目标尽心尽职，对团队无限忠诚。

2. 员工对团队其他成员的态度

在团队成员之间的关系上，团队精神表现为成员间相互协作及共为一体，团队成员间同舟共济，荣辱与共。团队精神意味着信任、宽容、热诚等基本态度；意味着互相协作、配合默契的自觉意向；意味着创造团结、和谐、融洽、亲切的群体氛围的强烈愿望。团队成员是相亲相爱一家人，容纳各自的差异性、独特性。发生过失时，大义容小过；工作中互相协作，生活上彼此关怀，利益上互相礼让。团队成员在互动中形成了一系列行为规范，和谐相处，充满凝聚力，追求整体绩效。

3. 较强的业绩观念

没有业绩增长或者显著成果的团队不能称为团队。业绩挑战是建立团队的前提。出色成就的追求、生产增长的新纪录、产品开发的加速度等意义重大的业绩挑战能给团队以能量。同时，业绩是目标，团队是手段，应树立强烈的业绩观念，把高层主管的远大理想拉近到可触距离。另外，业绩追求是团队活动的中心，也是其他活动的基础。团队要求其成员用业绩目标调整自己的态度和行为方式。

4. 体现员工价值

强调团队的整体利益的同时，我们要尊重人的个性特长发展和个人所做出的贡献。一方面，团队精神不仅不否定个性特长，反而主张张扬个性和特长，为员工营造能激发其潜能的舞台，实现人力资本的价值最大化；另一方面，团队成员必须有良好的合作机制和协作精神，实现人力资本配置的最优化，以提高和保持团队的整体作战能力。

5. 追求共同目标

在团队成员对待团队事务的态度上，成功的团队有一个大家共同追求的、有意义的目标。它能够为团队成员指引方向、提供推动力，让团队成员自觉为它贡献力量，对其事务尽心尽力及全方位地投入。

（三）团队对领导班子的影响

由于领导班子成员具有不同的气质、性格、能力以及分工的不同，由此导致其思维方式、行为方式上的差异和分歧。通常把领导班子分为融洽型、合作型、缺陷型、内耗型 4 种类型[①]，不同类型的领导班子对团队起着不同的影响和制约作用。

1. 影响领导班子的整体效应

领导班子作用不是其成员的简单相加。如果领导班子的心理结构合理，彼此融洽合作，领导班子整体效应就会是“1+1>2”；反之如果一班人离心离德、一盘散沙，不是“战斗的堡垒”，而是“在堡垒里战斗”，那就不仅不会出现“1+1>2”的效果，还会内耗出现“1+1<2”的现象。

2. 影响领导班子个体作用的发挥

领导班子内部民主、平等、团结、互助、和谐的心理环境和心理氛围，能使个体始终处于心情舒畅、精神振作、情绪高昂的状态，从而促进个人专长的发挥和工作效率的提高。相反，缺陷型和内耗型领导班子容易使个体处在一种紧张、彷徨、苦闷的心理状态中，能力和专长得不到充分的发挥。一个团队的领导班子是否坚强有力，关键在于“班长”，在于“班长”有没有凝聚力，能否成为班子高效运转的“润滑剂”、班子亲密团结的“黏合剂”、班子潜能发挥的“催化剂”。

3. 影响班子其他成员的团结和积极性

领导成员之间融洽和谐的心理气氛和良好的领导形象会感染部属，使部属产生一种积极进取、奋发向上的心理，从而形成一股强大的凝聚力。反之，如果领导班子成员心理不相容、闹意气、泄私愤、钩心斗角，就会造成部属的思想混乱，无所适从，从而严重挫伤部属的积极性，最终使领导班子失去感召力、向心力。此所谓:“其身正，不令而行；其身不正，虽令不从。”

二、团队凝聚力的形成

团队凝聚力是团队赖以生存的基本要素。它就像太阳系中各星球对太阳的向心力（即太阳对各星球的吸引力），太阳系一旦失去这一引力，它就会在宇

① 俞文钊:《现代领导心理学》，上海教育出版社，2004 年版，第 391 ～ 393 页。

宙中消失。同样，团队失去凝聚力，也就会很快地瓦解消失。因此，团队的凝聚力历来受到人们的普遍关注。

（一）团队凝聚力的评价

团队凝聚力是团队成员相互聚合程度的一种表现形式，它由每一个成员对其所在的团队产生向往倾向的总和构成。因此，我们可以通过一定的方式对其进行评估。在对团队进行凝聚力评估时，我们一般考虑以下4种因素[①]。

（1）团队在成员心目中的地位。一个团队的成员如果把自己所在的团队放在一个不可替代的位置，成员自然就会关心他的团队，把团队的利益看得很重，时时处处都在维护团队的形象和利益。

（2）成员对团队的向往程度。团队成员渴望参加团队活动，团队活动的出席率高，团队的凝聚力就强。要是成员无心向往团队，团队活动的出席率就低，团队的凝聚力就弱。

（3）成员接受和执行团队任务时的态度和积极性。成员积极地接受任务，工作卖力，不斤斤计较，说明成员希望继续生存和不断发展，愿意为团队达成目标而努力奋斗，团队的凝聚力就强。相反，成员不愿意接受任务，工作拖拉，斤斤计较，这样的团队的凝聚力就弱。

（4）团队成员相互间的态度。团队成员间相互尊重，互相维护成员的良好形象和名誉，当看到或听到有损团队其他成员荣誉或利益的事时，坚决予以制止，更不会做有损团队其他成员名誉或利益的事，时时处处都在维护团队其他成员的良好形象和利益，像这样的团队凝聚力必然是强的。

（二）影响团队凝聚力的心理因素

团队凝聚力的大小受多种因素的影响。这些因素既有外部的，也有团队内部的。从外部看，影响团队的凝聚力首先是团队所处的环境。团队所处的环境不同，其成员相互接纳的程度就会有所不同。另外，团队所受的外部压力变化也可能引起团队凝聚力的变化。研究表明，在外来压力和威胁面前，团队成员

---

① 李宁：《群体心理学》，暨南大学出版社，2002年版，第37～41页。

会产生焦虑，渴望帮助，从而增强团队存在的价值，使团队成员关系更加密切。不过，也会有例外的情形。如果成员认为无论如何团队无法抵御外敌，对个体已无保护能力，则团队凝聚力并不会增加。如果成员认为威胁只是针对团队而非个人，如果团队威胁会自动消失，那么凝聚力反而会减小。从团队的内部看，影响团队的凝聚力主要有以下 6 个方面。

1. 团队成员的同质性

如果团队成员有着相同的世界观、相似的兴趣和爱好、相近的知识水平等，他们彼此容易相处，加深了解，凝聚力就会很强。其中信念和价值观最为重要，它是产生共同一致目标的前提条件。

2. 团队的目标与成员个人目标的相关程度

团队的目标与成员个人的目标联系紧密，个人在为实现团队目标而工作的同时，容易看到个人目标的达成，团队对个体的吸引力就大。反之，只强调团队目标，员工看不到自己晋升、加薪的希望，团队对其吸引力就小。

3. 团队成员所获报酬的公平程度

美国心理学家亚当斯（Adams）于 1967 年提出公平理论。该理论认为，职工的工作动机，不仅受其所得的绝对报酬的影响，而且受到相对报酬的影响。也就是说一个人不仅关心自己收入的绝对值（自己的实际收入），也关心自己收入的相对值（自己收入与他人收入的比例）。每个人都会不自觉地把自己付出的劳动和获得的报酬与他人进行社会比较，也会把自己现在付出的劳动和获取的报酬与自己的过去相比较。比较的过程中发现与他人或过去相等，便认为是应该的、正常的，因而心情舒畅，努力工作。否则，就会产生不公平感，满腔怨气，影响工作。

4. 团队的规模

团队的规模应该既能工作又能维持团队凝聚力，不要有很多替补队员。唐僧师徒西天取经，历经九九八十一难。这支团队成员仅由唐僧、孙悟空、猪八戒、沙僧 4 名成员组成。研究还发现，规模大影响很大同性别有关。由单一性别组成的团队，规模越大，凝聚力越小；性别混合的团队，规模越大，凝聚力也越大。

5. 团队的领导方式

不同的领导方式对团队的凝聚力有不同的影响。心理学家勒温（K. Lewin）

曾经做了一个领导方式及心理效果的实验，他将领导方式分为“民主”“专制”“放任”3种类型，实验研究表明，“民主”型的领导方式比其他两种更能提高凝聚力。在民主型领导方式中，群体成员具有较高的工作积极性，领导者不在场时也较少变化；在人际关系方面比较友好，具有集体主义精神，“我”字用得较少；成员的满意感较高；遇到困难时试图解决问题，表现出高水平的创造性；群体工作效率较高。

6. 团队对成员工作的重视程度和评价方式

大多数人都有趋利避害的倾向，都希望和喜欢得到别人特别是所在团队的领导和成员的重视和赞扬。如果团队能够满足成员的这种心理需要，成员对团队就有更强的趋向，凝聚力就强。

（三）团队组织凝聚力的发挥

在一个团队组织中，要想将组织的作用发挥到最大，除了有正确的组织目标，良好的团队精神以外，在整个组织中，下级服从上级，个人服从集体也是不能忽视的。对领导的服从，就是对领导的尊重。下级服从上级，彼此才能融洽相处，也才能有条不紊地开展工作和提高效率。下级能否主动服从上级，是领导观察和评价下属的一个“切入点”。下级唯有从大局出发思考问题，从领导的角度出发执行决策，服从才能主动并成为自觉行动。尤其是关键时刻的一次服从，胜过平时的N次服从。从这个意义上说，服从是一种尊重。管理的实质，就是被管理者的追随和服从，管理的权威也是以服从为前提的。

首先，在组织中，服从是必需的，因为服从是一种纪律，是对组织内部人员行为方式的一种约束。服从有利于每个组织成员做到做事正确、行为有效、执行到位。在这样的组织纪律面前，每个成员都是平等的。只有雷厉风行，不打折扣地执行领导指令才能获得满意的效果，反之，如果行为散漫、做事拖拉、纪律观念不强，即使做了也无法获得让人满意的结果。

其次，对于每个组织成员来说，服从就是其工作和责任。这就意味着毫无怨言，对上级下达的指令或任务欣然接受，全力以赴地去贯彻执行；意味着不讲条件，不问原因，不计报酬，不折不扣地去落实完成；意味着恪尽职守，无论遇到什么困难，遇到多大阻力，都会想尽一切办法去实现目标。

由此可见，服从对于组织目标的实现极为重要。但这并不意味着在一个组织中服从是唯一和绝对的。如果对上级的指示、决定，在不理解其意图的情况下一味附和、一概听从、一律执行，那这样的行为是盲从。而服从则是无条件地执行，不找任何借口，快速认真地依从上级指令完成任务。两者之间有很大的差距。服从可以建立在对领导者的能力、水平、人格认同和赞赏的基础上，但是并不意味着对领导者的一切迷信、崇拜和不分是非。在执行领导者决策的过程中需要服从，但这种服从是建立在辩证思考、学会分析、处事有主见的基础上的。对领导者的决策要学会思考，充分领会领导者的意图，从领导者的角度出发来考虑问题，这样才能认同领导者的决策，并认真执行其正确意见和主张。

三、塑造富有执行力的团队

执行力，决定着组织的生存和发展，也决定着组织的兴衰与成败。要打造一个具有战斗力的优秀团队，首先要明白：什么是执行？执行，就是想到、说到、做到。

（一）基本条件

打造团队执行力，必须从以下 3 个方面入手：打造领导的执行力；培养组织成员的执行力；培养组织成员的创新能力。

1. 打造领导的执行力

领导者，是团队目标的制订者和决策者，要打造领导的执行力，领导首先要做到以身作则。领导者的身体力行，从上而下将会对员工产生强大的震撼力和影响力。在这样的氛围下，员工也乐意服从和跟随。另外，为了起到良好的榜样作用，领导者还需要具备很高的威信。领导在员工心目中的威信高，员工就高度信赖领导者，就会以领导者为楷模，严格落实领导者的各项安排。而一个有威信的领导者，往往就能够做到一呼百应，有很好的群众基础。作为一个领导还必须认真务实，踏踏实实，认认真真做事，为组织做事，为下属做事。作为一个领导者，就要想为社会多做事，就要想为社会多做点好事和有意义的事。

2. 培养组织成员的执行力

组织成员是群体中的大多数，很多工作是大家去完成的。光有领导的执行力，从影响和效果来说是远远不够的。那么，如何培养员工的执行力呢？可以从以下几个方面入手。

第一，挖掘和培养组织成员的悟性。悟性高的下属，能够迅速领会领导的意图，知道自己的工作职责，知道自己需要做些什么，以及工作的标准和所要达到的效果。只有知道了这些，下属才会知道做什么，如何做，怎样才能做好，才会思想上引起重视，追求执行的速度，落实的力度，以及完成的效果。组织成员的悟性高，还可以借鉴组织中他人的成功经验，举一反三，少走弯路，少犯错误。

第二，提高规划管理能力。组织工作千头万绪，十分复杂。如何保证按计划完成，高效率完成？这就要掌握工作的轻重缓急，要科学规划，合理计划，掌握关键。科学的计划，明确各项工作的主次和时间限制，便于进行合理统筹，实现有效管理，提高工作效率。有效的规划可以保证组织成员明确工作的进度和标准，及时对自己的工作进行总结和调整。

第三，增强组织成员的自我管理能力。领导者要在工作中引导下属，让其指挥自我，管理自我。在能够成功管理自我，提高效率的基础上，还要引导下属指挥他人，正确地学会授权和合作。这样既能提高组织成员的协调能力，又能增强员工的合作意识和团队意识。

第四，加强执行的过程控制。强调对执行过程的检查监督，可以促使员工从思想上给予重视，使每个细节都趋向完美。强调执行速度，又能促进团队内部的交流和沟通，明确掌握工作进度和工作标准。控制的过程，既是抓落实、讲考核的过程，又是增进沟通、统一思想的过程。

第五，重视培养组织成员沟通协调能力。重视沟通和协调，既能提高组织的工作效率，也能培养成员解决问题的能力，还能实现员工思想的统一，促进团队成员间互相理解，紧密合作。

第六，培养授权能力。授权，对领导来说，能有效提高工作的效率，是领导智力和能力的延伸，使领导可以集中精力做重要的事；对员工来说，一方面可以提高工作的责任感，另一方面也可以实现自我的价值，培养自己的能力。

因此，执行力强的团队，都擅长授权，善于调动每个成员的积极性和责任感，增强团队的凝聚力。

第七，培养组织成员向前看的能力。一个组织不仅要看到眼前，还要看到未来，要看到隐藏的问题和机会。作为组织的一员，也是如此，领导在工作中要注意培养成员对于工作预见性，这样才能在工作中看到机会，抓住机会，把握机会，也才能在工作中看到隐忧和危机，才能够未雨绸缪，有充足的时间和精力去化解危机。

3. 培养组织成员的创新能力

世界在变化中发展，组织也必须顺应外界的变化且不断地调整自己的发展方向。因此唯有创新，才能生存。作为组织的一个基本组成部分，每一个组织成员必须具有创新的意识，并培养自己创新的能力，这样才能使组织焕发出新的活力和发展的动力。许多老字号正是由于一味地保守，缺乏创新，没有跟上时代的变化，便落伍被淘汰了。因此，要敢于创新，要努力创新。

（二）创建执行力的团队

团队的执行力，不仅取决于团队领导和员工的执行力，还取决于团队所建立的执行氛围和环境。拥有良好的执行环境，才能充分发挥个人的执行力。

第一，加强团队内部的沟通，增加沟通的渠道。通过沟通，可以促进组织成员之间，以及上级和下属之间的交流，实现技能和能力的互补；可以统一思想，增进协作和配合；可以随时准确了解情况，反馈执行，有效地发挥团队的作用，提升团队执行力。

第二，坚持“人岗匹配”的原则。每个人的能力和兴趣不是完全相同的，所适合的岗位和工作也是有差异的。这就要求团队掌握每个人的能力和特长，对每一个岗位所需要的能力进行仔细的分析，对人员进行科学、合理的配置。既不能“大材小用”，也不能“小马拉大车”，要做到“人尽其才”。这样才能充分利用每个人的优点，发挥各自的特长，调动工作热情和积极性，帮助员工实现价值，进而提高工作的效率和组织的效率。

第三，树立明确的目标。目标是指引团队前进的旗帜，是团队发展的动力。树立明确的、可实现的目标，可以得到团队成员的重视和认可，激发他们努力去实现。另外，目标还需要细化和量化，既要有组织的总目标，也要有各个部门的分目标；既要有长期目标，也要设立阶段性目标，总之目标的设立尽量做到可衡量。量化的目标，可以实现用数据说话，让大家明确掌握工作的具体标准，促使大家重视执行的力度和完成的效果，提高整个团队的执行力。

第四，强调执行速度。在激烈竞争的现代社会，速度决定一切，快慢决定成败。机会人人都能看见，反应的速度、执行的速度决定了能否抓住机会，把握机会。有时候即使是很好的计划，但是因为没有迅速执行，从而丧失了最佳的时机而导致最终的失败。因此，执行就是要坚定决心，毫不犹豫，快速行动。

第五，坚持人人“严格要求，以身作则”。团队的强大执行力，需要每个成员的共同保证。团队犹如一个链条，任何一个环节的薄弱，都会直接影响到整个团队。因此，团队的每个成员，特别是领导和关键人物，必须“率人先律己”，坚持“以身作则”。

第六，打造团队执行力文化。团队文化，对团队执行力的强弱有很大的影响。优秀的团队文化，能统一成员的思想，增强团队的凝聚力，为实现团队目标奠定基础。团队文化犹如团队的灵魂，是成员之间相互理解、共识的产物，是团队精神、团队价值取向及行为方式的总和。团队文化的建立有助于团队成员树立正确的价值观，形成良好的风气。对现代组织而言，执行力文化的建设应从以下两个方面进行。

一是强化组织文化培训。任何组织、任何团队都是由每一个个体组成的，优良的团队行为都是由团队成员中个人行为组成的，优良的行为必然由高尚的思想所支配，而高尚的思想则来源于良好的组织文化的熏陶，但组织文化氛围的建成往往非一日之功，这就要求团队的领导者都要从百年企业、百年树人的高度，用稳定而向上的组织文化熏陶组织成员，用非凡的领导人格魅力引导组织成员，用严明的纪律约束组织成员，使成员真正从思想深处认识到执行是对组织的一种应尽的义务，将自己的成败与组织的兴衰紧密联系在一起。

二是建立科学的执行强化制度。执行文化的核心在于转变组织中全体成员的行为，使之能够切实地把组织的战略、目标和计划落实到本职岗位与日常工作中去。美国心理学家斯金纳提出的强化理论认为，人的行为是对其所获刺激的一种反应。如果刺激对其有利，其行为就有可能重复出现，若刺激对其不利，则其行为就可能减弱，甚至消失。因此，领导要能够通过行为强化营造一种有利于组织目标实现的环境和氛围，对符合组织目标的行为要适当的奖励，对与组织目标相悖的行为则要加以适当的惩罚，通过这种方式使组织成员的行为符合组织的目标。

第七，建立完善的激励体系。实现目标，需要团队建立完善的激励体系，促使员工为实现团队的目标而努力拼搏。激励的方式有很多种，包括物质激励、精神激励、培训激励、职位晋升、情感激励等。

第八，营造积极的竞争氛围。竞争，能激发活力，调动员工的热情和积极性。另外，科学的竞争，能挖掘员工的潜能，提高员工的能力，树立双赢思维，促进团队成员的彼此促进，实现团队与成员的共同发展。

第九，培养团队意识，相信团队的力量。组织的目标是需要组织的每一个成员共同去完成的，但是个人的执行力，只有建立在团队执行力的基础上，才有存在的意义和价值。团队的每个成员，要相信团队的力量，要坚持“团结就是力量”。克服个人主义，培养每个人的团队意识，以团队为核心。

归根结底，组织的发展，领导的成绩，个人的成功，都需要我们树立团队意识，全力打造团队的执行力。个人或者领导的执行力再强，没有强有力的团队执行力，也没有意义，也无法实现成功。而我们打造团队执行力的目标，是每个人都能自觉主动地工作！

（三）提升组织执行力

执行力，就个人而言，就是自己定好目标，自觉有效地实现这个目标的能力。对于一个组织，则是在一个较长的时间里通过实现各个阶段的目标，最后保证总目标得以实现的能力。执行力是一个组织成功的必要条件，组织的成功离不开好的执行力，当组织的战略方向已经或基本确定，这时候如何执行，或者如何执行能够达到好的结果就变得非常关键，而这个过程需要组织和个人互相配合完成，不是只靠个人执行就叫有效执行了，部门也要有行之有效的操作流程。二者结合在一起才能说这个组织的执行力强。说到团队配合，有一个新的木桶理论，现在水能装多少，也不能光看最短的那块木板有多长，如果在所有的木板都很长的情况下，但是板与板之间拼扣得不紧，水同样也装不满。所以不能光看个人的能力，在组织成员个人能力都很强的情况下，就要重视强调成员间的沟通协调与配合。通常强化执行力具体措施有以下几点。

1. 强化目标培训，以确保执行过程准确到位

分析执行力差的原因和对它的理解应考虑两大方面：部门和个人。个人又可以看成管理者和员工。执行的主体是基础的组织成员，在执行过程中，通常存在的问题是执行力不强或执行力不到位，究其原因，有可能是因为执行人员不知道如何去执行，不清楚执行到什么标准。在执行的过程中，往往以为已经执行到位，而实际相去甚远。所以他们能否执行到位的关键在管理者。管理者就应在执行开始之前，就对执行人员进行执行目标和执行标准的强化培训，让执行人员明白自己要做什么？该做什么？做到什么目标？这样才能目标一致，执行到位，各尽其责。通常情况下，领导可以把明确的目标任务用规范的运作流程制度分解给每个组织成员，并落实完成目标的结果。如果这个过程通畅了，执行力就强了。具体可以从以下几个方面入手。

一是部门确定明确的任务目标，并能细分成若干个小任务，分解成很简单的工作，让执行者很容易就能完成，这样才会有兴趣坚持做下去，不会畏难。

二是部门制定规范操作流程和规章制度，让大家按照正确的方法去执行目标任务，不要因为个人行为不规范，而对任务完成打折扣，并且影响其他部门或个人任务的完成。而且不能降低做事的标准，如果每一级降一点标准，最后完成的事情就离标准越来越远。

三是对执行人员进行过程检查和评估。当执行人员明白了如何去执行，清楚执行目标后，然后去执行。但是，执行是一个阶段性的任务，在这个过程中是否执行到位，是否始终能保持与执行目标的一致，就需要有检查和监督。不但要对执行结果检查，而且也要对执行过程进行监督。当然检查小组的成员本身就应该是对组织目标和执行标准非常熟悉的，这样就能在执行过程中发现执行是否正确，与目标是否一致。及时发现偏差并给予纠正，从而使执行人员及时改正。检查评估小组的主要工作包括落实每项工作完成的结果，包括总的目标完成情况和各个阶段的成果检查以及完成工作的时效。

2. 注重组织和成员之间，以及成员内部的协调与配合，建立一个良好的沟通环境

整体执行力的提高核心是有效的沟通。如果每个人的执行力都很强，但不

能有效沟通，在执行的过程中各做各的，或者按照自己对组织目标的理解想当然地去做，其结果往往适得其反，执行结果很差。所以，整体执行力的提高，有效沟通是基础。只有一个良好的工作氛围，执行人员才能有效沟通，这样才能提高整体执行力。增强沟通，也包括了解和提升领导者和组织成员的工作意愿。提高他们的工作积极性，这是工作执行到位的保证和前提。因为没有工作积极性，人就不会创造性地去工作，也谈不上去帮助、协助别人或其他的部门。

沟通是确保良好执行的前提。根据SMART原则：目标必须是具体的（Specific）；目标必须是可以衡量的（Measurable）；目标必须是可以达到的（Attainable）；目标必须和其他目标具有相关性（Relevant）；目标必须具有明确的截止期限（Time-based），通常认为有好的理解力，才会有好的执行力。而好的沟通是成功的一半，通过沟通，组织内部可以统一认识，交流经验，使组织目标和执行标准能够深入人心。

协调好内部资源保证执行的效果。对于任何一个组织来说，资源都是有限的。而为了实现组织的目标往往需要将大部分资源投入其中，集中精力保证执行的效果。

反馈是执行准确的保障。执行的准确要经过反馈来得知。通过及时的反馈就可以知道在执行过程中出现的问题并及时加以纠正。

绩效考核是关键。企业的战略应该通过绩效考核来实现。而不仅仅只是从单纯的道德或者工作纪律来约束。绩效考核能够保证执行有效的完成。HR 中目标协议书利用 KPI 关键绩效指标来管理执行力。该协议书以法律依据明白当事人责任。从主要业绩，行为态度，能力等主客观方面来评价个体执行能力。

C H A P T E R 13

第十三章

领导健康心态

心态影响健康，心态决定命运。发展心理学研究表明，健康积极心态是增力的情绪，带给人的多是欢乐、信心、乐观、自得；消极心态多是减力的，带给人的是难过、懊悔、紧张、烦恼。领导者作为人群中的一分子，也同样饱受心态的纠结烦恼，对领导从政行为乃至心理健康产生重要影响。有的领导者精神饱满，工作状态良好，表现热情积极，周围群众信赖，因为从他的身上人们感受到阳光、亲切、自信、坚强；而有的领导者自怨自艾，精神萎靡，关系紧张，心情沉重，往往给下级或群众带来不安、烦躁和畏惧。为此，培育领导者健康心态，对于树立领导者良好形象，增强领导工作自信心，提高领导工作效能是至关重要的。对于心理快乐健康，中外许多学者都有过比较深入的研究。美国学者坎布斯（A. W. Combs）就认为一个心理健康、人格健全的人应有 4 种特质：一是积极的自我概念；二是恰当地认同他人；三是面对和接受现实；四是阅历经验丰富。美国著名心理学家马斯洛（Maslow）和密特尔曼（Mittelman）也曾提出了心理是否健康的 10 条标准：是否有充分的安全感；是否对自己有较充分的了解，并能恰当地评价自己的能力；自己的生活理想和目标是否切合实际；能否与周围环境保持良好的接触；能否保持自身人格的完整与和谐；是否具备从经验中学习的能力；能否保持适当和良好的人际关系；能否适度地表达和控制自己的情绪；能否在集体允许的前提下，有限度地发挥自己的个性；能否在社会规范的范围内，适度地满足个人的基本需求。由此看来，心理健康快乐是自我认知、情感需要、性格特征以及人际关系等各种心理要素的有机统一，是个体对环境变化的主动适应，是积极心态的充分体现。

一、心态健康的重要意义

（一）心态健康是推进事业发展的基本保障

成功心理学研究表明，目标、智慧、能力、人脉、健康是决定个人成功的“五大因素”。其中，健康是个人生活与事业发展的基本保障。对于领导者而言，心态健康有其更为特殊的意义。领导者的身心健康不但是其职业生涯健康发展的客观需要，更是组织健康、社会健康的基本要求。在个人发展中，目标是第一位的，没有目标就没有前进的方向。一个人拥有拼搏奋斗的精神很可贵，但如果不知道自己努力奋斗的方向，这种拼搏奋斗的激情是短暂的，也会经常陷入迷茫苦闷当中；智慧是知识、经验、阅历、智力的综合体现，一个人虽然有知识和能力，虽然看了许多书，走了许多路，但没有体验和感悟，没有从中领悟到人生的深刻意义，就无法面对现实，也难以真正超越自己，能力是做事兴业的基本要求。一个人如果没有能力，就缺乏认识问题、解决问题的基本素质，也难以在竞争当中立足。“人脉”是人活着拥有重要感和成就感的基本需要。人的发展与人的社会化水平直接相关，一个人对待组织和他人的态度，一个领导者能否拥有追随者和拥护者，反映着领导的德、才、识、能，体现着领导者的威望和威信，决定着领导者的个人影响力。上述“五大要素”中的前四项要素是基本要求，而健康则是本质要求，是前四项要素发挥作用的关键所在。一个人如果没有健康，身心世界处于疾病状态，就难以完成目标使命，智慧水准就会受到限制，能力、人脉等都会随之失去光彩意义。为此，健康是人生的根本保障，是一个人发展成功的重要保障。做有能力、有业绩的人，更要做一个身心健康发展的人，做一个拥有积极心态的人。

（二）心态健康是身心健康的重要保证

中国工程院院士钟南山教授曾经说过：“一个人的情绪如果整天处在低潮，体内抵御肿瘤细胞的能力就会下降 20% 以上，心理的健康与平衡对于生理的健康非常重要。”心理学研究发现：一个人在大发雷霆时，身体产生的压力激素，足以让小鼠致死。因此“压力激素”，又称“毒性激素”。《黄帝内经》也曾说道：“百病生于气也。怒则气上，喜则气缓，悲则气结，惊则气乱，劳则气耗……”所以医病先医“心”。现代医学发现：癌症、动脉硬化、高血压、消化性溃疡、月经不调等，人类50%～80%的疾病与心理的压抑感有关。因此，这类病被称为心身性疾病。如果人整天焦躁不安、发怒、紧张等，令压力激素水平长时间居高不下，人体的免疫系统将受到抑制和摧毁，心血管系统也会由于长期过劳而变得格外脆弱。在现实生活中，人们也经常有所谓“癌症性格”一说，那些具有一些特定性格特质（比如神经质、易怒、悲观或是孤僻）的人群更容易成为癌魔狩猎的对象，而开朗乐观则有助于预防和治疗癌症。因为人在快乐的时候，大脑会分泌多巴胺等“益性激素”。益性激素让人心绪放松，产生快感，这种身心都很舒服的良好状态，可使人体各机能互相协调、平衡，促进疾病康复。

（三）心态健康与否是人生面临的现实课题

人生在世，健康永远是第一位的。从出生到老年，我们每个人都关心着自己的健康问题，拥有健康比拥有财富、地位、名誉更加重要。有专家称人的一生中，有1/4的人会患上不同的精神障碍疾病。尤其在社会变迁发展期，人的精神障碍会随着社会压力的增大而增多，精神疾病发病率会增加并且提速。心理障碍不仅影响人们的生活质量，而且严重的精神障碍会涉及自身和他人的生命安全。特别是中年人的心理健康问题更要引起高度重视。北京易卜斯企业咨询服务中心联合《财富》杂志中文版对1576名企业高级管理人员做了一次健康调查显示，近70%的高级管理人员认为自己承受的压力很大，其中有21%的人认为压力极大。在普通人群中，15%居于不健康人群，其中有60%～70%属于亚健康。在中年领导干部存在的心理健康问题中，最典型的是抑郁倾向，占了1/3；焦虑次之，还有的是既抑郁又焦虑。有关专家提醒，中年领导干部的工作和家庭压力普遍比较大，要格外重视自己的身体健康，一定要保持良好的生活方式和心态，否则会出现自己都意识不到的严重问题。心理学和神经学的最新研究表明，当我们更快乐、更积极时，我们会变得更成功。“具有积极情绪的医生，做出的明智且富有创造性的诊断，几乎是具有中性情绪医生的3倍。而且速度要比后者快19%；乐观销售员的业绩要比悲观的同行高出56%”[①]；在考试前心情愉快的考生成绩要远远高于心情低落的考生。所有结果表明，我们的大脑表现最好的时刻绝不是消极悲观或心静如水的时候，而是被积极情绪包围时。然而具有讽刺意味的是，我们至今还常常牺牲快乐来换取成功，结果反而降低了成功的概率。野心勃勃让我们压力倍增，深陷不惜代价获得成功的泥潭。

二、领导健康心态的主要标准

健康心态的标准是什么？国内外专家学者进行了大量研究。有从人格上谈的，有从智力上谈的，有从行为上谈的，有从人际关系上谈的，有从社会关系上谈的。结合领导工作性质和实际现状，衡量领导者心态健康，主要包括以下几个方面：一是要有良好的情绪情感体验，二是具有健全的个性心理品质，三是具有正常的态度行为反应，四是具有清晰的自我认知，五是具有协调的人际关系。

（一）良好的情绪情感体验

人是理智、有思想、有情感的动物，人的心理活动总是通过人的情感变化而影响内脏器官的活动。积极、愉快的情感对人的生活起着良好的作用，有助于发挥机体的潜能，提高工作效率，增进人体健康。近代医学科学实验研究已肯定消极情感对身心疾病的发生、发展过程起着不良作用。例如，无所依靠和失望的情绪会降低一个人的免疫力。美国心理学界经过长达10年对100多个国家和地区的1万多人进行了详细的调查，发现快乐是人类特有的一种心理感受，具有浓厚的主观色彩，它与种族、年龄、职业、地位、个人拥有的财富没有内在的联系，它就是一种主观感受。有人对中500万大奖的人做过调查，如果中大奖的人是抑郁型的人，起初确实会快乐，但快乐持续的时间最多半年，半年以后又会陷入抑郁之中。幸福心理学研究表明，快乐属于每一个人，也就

① ［美］肖恩·埃科尔：《快乐竞争力》，中国人民大学出版社，2012年4月第1版，第12页。

是说每个人都掌管着令自己快乐的钥匙，当你感到愉快的时候，体内会分泌出内腓肽，免疫力相应增加，当你感到不愉快的时候，免疫力相应下降。如何拥有积极愉快的情绪情感体验，最主要的包括如下几点。

一是保持一颗平常心，拥有一份成就感。良好的情绪情感体验与精神状态直接相关，有的领导干部情绪反复无常，大起大落；有的干部虽然情绪正常，但心理世界比较脆弱，没有一颗平常心，一有风吹草动就做出极端的反应。希望我们的干部都能有颗平常心，实实在在做人，堂堂正正做官，勤勤恳恳做事，认清自己，把握自己，随时调整自己的情绪。再者，从发展的角度看，每个人都需要有一份成就感，自己应该很好地肯定自己，不要因为一点儿小小的事情惊慌失措，因小小的挫折否定自己过去的一切，动不动就情绪失控，垂头丧气，失去信心。

二是心理换位，积极调节。领导干部要学会心理换位，积极调整。当不愉快的时候，面对挫折的时候，想想自己过去是如何一步一步战胜各种各样的困难挫折走到今天，想想如果没有很好的努力，没有一个很好的精神状态是达不到今天的地位的。面对今天的挫折，想想过去一步一步坚强地走到现在也是一个激励。从发展的角度时刻审视自己的努力、奋斗的过程，时刻铭记组织的辛苦培养、学校的教育，时刻积极地面对挫折，避免情绪失控、垂头丧气。在挫折面前时刻给自己激励，在日常生活中站在不同的角度看待问题，那么情绪世界、情感世界会逐渐趋于平静。

三是知足常乐，适度满足。领导干部要学会知足常乐，但实际生活中知足并不见得常乐，只有知足加不知足才能常乐。知足——对状况很满意；不知足——想自豪地发展、自豪地进取，包括工作、学习、关系、健康等方面，都希望能有个新的成绩、有个新的状态。知足加不知足才能常乐，像水一样不要自满，也不要干枯，处在经常流动的状态中。在亏盈的世界里，一方面要知道自己的不足，也不要过度的自满造成傲慢自大；另一方面对自己过去的发展表现满意，肯定自己，同时对生活有新的追求。

四是情绪稳定，心境愉快。心理学研究把心境看得比较重要，我们每天都处在工作、生活、学习带来的心境感受中。有的人心情饱满愉快，说明心境是积极明朗的；有的人心情沉闷忧郁，说明心境比较消极脆弱，因此要经常转换心境，保持良好的状态。研究成功心理学发现，成功有三大心理因素：激情、目标、坚持力。激情、目标、坚持力是一个人成功最重要的心理因素。好的情感体验能让人受益，使人保持平衡不至于狂躁，不至于过分悲观，能够处理好人际关系，使自己在工作、学习中富有积极性。调查发现如果你的情绪不好，过分郁闷，过分压抑，不但影响自己的心理健康，对身体也不利。负面情绪对身体有极为不利的副作用，如果常年处于慢性压抑之中，血液中葡萄糖和脂肪酸都会升高，患糖尿病与心脏病的风险自然也就大了。另外，压力还会使人体胆固醇水平上升，也会更易诱发心血管病；当人处于沮丧、悲痛和冷漠状态时，体内的复合胺都会降低，复合胺能调节人对疼痛的感知能力，这也是为何45%有沮丧倾向的病人会有种种疼痛不适感的原因；嫉妒是害怕、担心和愤怒等情感的混合体，这三种情感会使人一触即发，怒火大发的人通常会血压升高、心跳加快、肾上腺素分泌增多、免疫力变弱、焦虑甚至失眠；如果在对抗中压抑自己的怒气，其死于心脏病、中风的风险会高两倍。怒火爆发之时，由于肾上腺素水平突然大幅增高，血压升高、心率加快，对超过50岁的人来说突发心脏病或中风的概率会高出5倍。对于干部来讲，一方面要很好地投入自己的工作；另一方面应该做情绪控制能力的模范，不但要控制好自己的情绪，而且要教导年轻干部具有很好的情绪体验，防止负面的影响造成身心疾病。

（二）健全的个性心理品质

心理健康的人，其人格结构，包括气质、能力、性格和理想、信念、动机、兴趣、人生观等各方面都能平衡发展；能够完整、协调、和谐地表现出具有自己特色的精神风貌；思考问题的方式是适中的和合理的；待人接物能采取恰当态度，对外界的刺激不会有偏激的情绪和行为反应；能够与社会的步调合拍，能够和集体融为一体。现代心理学研究表明，一个人的非智力因素（性格是其中一个重要方面）在一个人的成才中占有十分重要的作用。一个人具有优良而成熟的性格就能最大限度地发挥自己的精神力量，并能与环境中的其他人建立和谐良好的关系。一个人的性格还是其自身品德、世界观的具体标志，是其精神面貌的综合反映和集中体现。有人对享有盛誉、成就卓著的领导人的性格进行了研究，发现他们共同的性格特征是：实际、客观、求善、创新、坦诚、结交、爱生命、重荣誉、能包容、富有幽默感、悦己信人。这些性格特征是他们造福于人类的信仰的体现，对支持他们始终如一地为实现信仰而奋斗，起了重大作用。美国心理学家 Terman 对 150 名成功人士进行研究，发现性格因素与他们的成功有着密切关系。他们往往具有以下共同性格特征：第一，为取得成功的坚持力；第二，善于积累成果；第三，自信心强；第四，不自卑。Cox 对 1450 年至 1850 年 400 年间所出现的 301 位伟人进行研究，发现他们都有以下优秀性格特征：自信、坚强、进取、百折不挠等。

美国著名的人格心理学家 G. W. 奥尔波特的人格特质理论认为，具有“人格成熟型”人格的人，其主要特点：一是统一的人生观，即健康成人需要为一定的目的而生活；二是有自我扩展的能力，即健康成人参与活动的范围极其广泛；三是博爱宽容的情感，即健康成人能与别人保持亲密关系，没有嫉妒心和占有欲；四是情绪上有安全感，自我接纳，即能够忍受生活中的挫折与冲突，经得起一切不幸遭遇；五是具有现实性知觉，即是“明白人”而不是“糊涂人”；六是专注于事业，献身于工作；七是客观地看待自己，对自己的所长和所短之处都十分清楚。南非前总统曼德拉，在监狱关了 27 年，在狭小的牢房里，他能忍受别人难以忍受的孤独和寂寞，以顽强的毅力战胜各种困难获得成功。这位老人内心世界非常稳定，热爱事业，能忍受非常环境，是生活工作的强者，值得我们去学习。

（三）正常的态度行为反应

正常，不一定是指智力超常（智力活动超常也属于智力活动正常的范畴），而是说注意力、观察力、记忆力、思维力、想象力都是正常的，能较好地胜任自己的工作，头脑清醒，不糊涂，反应敏捷，思维清晰，逻辑性强，该当机立断的时候就当机立断，毫不犹豫。正常的态度行为反应主要有 4 个评价指标：一是观察判断能力，二是信息整合能力，三是应激表现能力，四是环境适应能力。一个健康的人能很好地对环境做出判断，通过各种各样的信息对一些事情的来龙去脉进行整合，及时反应外界的各种刺激，并能够适应环境的变化；不健康的人，稍有风吹草动就惊慌失措，对外界刺激目瞪口呆，无动于衷。心理健康的人能做到审时度势，能够对周围的事物和环境做出客观的认识和评价，并能以积极进取的态度正确对待现实环境，既有高于现实的理想，又不沉湎于不切实际的幻想和奢望中，因而能应付比较复杂的局面，当发现自己处于不利的或困难的境地时，也不惊慌、恐惧，而是冷静地处理，将不利转化为有利，将困境转化为顺境，并且在这个过程中锻炼了自己的聪明才智。以环境适应能力为例，有的环境适应能力很好，有的环境适应能力很差，有的到一个单位往往格格不入，人事关系搞得很紧张，有的到一个单位后马上就能和大家打成一片，人际关系很融洽。

（四）清醒的自我认知

一个人最愉快的是肯定自己，最烦恼的是迷失自己，最痛苦的是否定自己。人都希望得到别人的理解，得到积极的评价，这是自我认知。人都有自我认知的这种需要，积极的自我认知有利于增进人的心理健康。当别人误解了你的时候，有种委屈、不愉快的感受。因而心理学把人分为三个自我：物质的自我、社会的自我、精神的自我。物质的自我是什么？家、孩子、厨房、工资收入、穿着打扮、身体状况等都是物质的自我。社会的自我是什么？是很好的人际关系，被同事朋友接纳，工作有成就，得到领导赏识，得到别人重视，这是社会的自我。精神的自我是什么？人要做一个高尚的人，一个有道德的人，一个有创造性的人，丰富的精神家园可以降低物质自我的要求，不为名利所动，始终保持一种乐观的精神状态。人不是单纯满足物质需要的动物，其幸福感是建立在精神需要上，所以心理学研究证明我们感觉到真正的成功不是权利、职位，而是心理意义上的一种愉快和满足。人如果没有物质的自我就无法生存，但是如果没有精神的自我和社会的自我就没有快乐。

清醒的自我认知需要回答好以下几个问题：自己是谁？从什么地方来的？处于什么位置？究竟能做什么？向什么方向努力？心理健康的人，一般都有“自知之明”，能够正确认识到自己的价值，认识到自己在他人心目中的位置，认识到自己的能力、学识、水平，既不高估自己，不对自己的长处和优势沾沾自喜，也不自卑，过分地贬低自己，不无缘无故地抱怨、自责。有些领导干部心理失衡，主要原因在于自我认知能力弱，不能很好地看待自己，要么过分的自卑，要么过分的狂妄，要么过分的矛盾。尽管大部分人都不同程度地存在这些困惑，但是经常的狂妄、经常的自卑就可能导致自我否定。

（五）协调的人际关系

人际关系犹如空气一样包围着我们，人的一生都离不开人际关系的影响。协调的人际关系包含“四个相互”：一是相互理解。人都有相互理解的需要，相互理解才能经营各种良好的关系。生活中 99% 的矛盾是由于相互不理解、误解产生的，相互理解、相互关心就能有很融洽的人际关系。二是相互尊重。尊重别人的感情，尊重对方的愿望，甚至要尊重对方的各种需求。但在实际工作中，有许多领导者没有尊重下属的情感反应，只要求下属尊重自己，而自己不尊重下属，往往把自己与下属之间的关系搞得很紧张，无形中挫伤了下属的积极性。三是相互关心。融洽协调的人际关系，除了理解、尊重，就是相互关心。真正的关心是关心对方的成长、对方的进步，把对方的发展看作自己的发展，做到这点这个人的心理世界就相当的健康。四是相互激励。不单是领导干部需要激励群众、下属，而且群众、下属也要激励领导干部，激发领导干部做事创业的热情。领导干部要懂得相互激励的重要性，既要重视精神激励，也要重视物质激励。

评判人际关系是否健康有六大观察点：① 总是显示出一种积极的、乐于与人交往的态度；② 懂得如何尊重人、理解人；③ 能够平等、宽容、客观地了解、评价对方；④ 能够注意他人的长处，虚心地向他人学习；⑤ 当他人有困难时，采取真诚的、有效的帮助；⑥ 当与他人产生矛盾时，能进行较好的沟通，并以理智的、合理的方式解决。

三、领导干部主要心理障碍

研究结果显示，在心理问题中，一般的心理问题在现实生活中占了 80%，主要表现在社会适应不良、职业枯竭、人格不健康、认知问题、情绪问题、意志问题、人际关系问题 7 个方面。社会适应不良有环境适应困难、人际关系不和谐、工作适应不良等。认知问题包括认知方式与情绪障碍、自我归因与情绪障碍两个方面。情绪问题表现为长期处于痛苦、沮丧、焦虑、紧张等不良情绪中不能够自拔，影响身体健康和工作学习的效率。意志问题表现为与优良的意志品质如目的性、坚韧性、自制力等相反，表现为盲目性、优柔寡断、见异思迁、冲动、缺乏控制力等。人际关系问题包括自卑、孤僻、嫉妒、猜疑、干涉心理及社交恐怖等。心理障碍大约占 15%，主要表现为神经症、人格障碍症两个方面。严重的心理疾病不超过 5%，这些人需要药物治疗，必要的还要做医学上的观察。

对于领导干部而言，调查发现主要有以下心理障碍，即焦虑、抑郁、嫉妒、攀比、冷漠、迷信、贪婪虚伪。

一是焦虑。每个人面对自然环境和社会环境中的种种负面事件和威胁，以及面对不可预测的未来时，总会产生不安全感，并由此产生紧张焦虑的情绪反应。这种情绪的内容和程度合乎情理并可以被人理解，被称为“生存焦虑”，是人的正常生理机能的反应。如果经常或持续地产生无明确对象或固定内容的恐惧、精神紧张、提心吊胆、惶惶不可终日，并常伴有头晕、胸闷、心悸、口干、尿频、出汗、震颤和运动性不安，这是一种病理性焦虑状态。焦虑是一种烦躁的情绪，希望大家放慢一下工作生活的节奏。工作太累是导致中年管理者心理出现焦虑的重要因素。一些人误以为，做领导者是让人向往的事，可以不用做苦活累活，成天坐在办公室里就能领到很高的薪水，有什么出差考察的好事准会落到他们头上。可是实际上，做领导者并非他们想象中那样惬意，反而如苏轼词中所言“高处不胜寒”。有朋友讲了自己商界朋友的故事。每次遇到这位商界朋友的时候，他总是和一群人打着麻将，游手好闲的样子，他的亲戚都风传他结交了一些重量级人物，做着不花力气就能赚钱的生意。但是朋友还是感叹说，自己这一辈子别看现在外表光鲜，但都是做给子孙后代的，生活并不如意。他原来没有下海之前，还有一些个人爱好，每天晚上喜欢和自己的妻子出去散步，共享天伦，但自从做生意之后，一个星期 21 顿饭，除了 7 顿早饭能保证在家吃，其他 14 顿饭得有 10 顿以上在各种各样的应酬场合。“根本吃不饱，说的都是一些逢场作戏的话，所以你说能不累吗？人自然的时候是最轻松的。但是现在的自己虽然有钱，但真是过着很差的生活，每天都特别忙，以前自己还看点书，现在一回到家，就是要找几个朋友打牌，否则太累，总不能晚上还让我们的脑子继续转着。”一位企业领导者感叹说，搞人际关系是他生意成功的一个很重要保障，但是终年的劳碌让他开始患上严重的失眠。“每年有200天以上我是眼睁睁看着朝阳升起的。”

二是抑郁。抑郁与抑郁症是两个概念。抑郁是人的一种正常情绪，是七情六欲之一，是一种情绪、一种体验，人都有快乐、高兴、痛苦、悲伤、孤独、绝望的时候。比如，这两天郁闷，什么话也不想说，什么人也不想见，觉得委屈，觉得大家都跟我过不去，觉得怎么那么倒霉。抑郁症的症状是缺乏快乐，失眠或睡不醒，饮食不正常，疲倦，有自杀企图，坐立不安，情绪不稳定，注意力无法集中，记忆力减退，优柔寡断。人处在抑郁状态时，人体的各项功能会随之下降，出现头疼、消化不良等生理症状。忧郁是一种很常见的情感成分。当人们遇到精神压力、生活挫折、痛苦的境遇或生老病死的时候，理所当然会产生忧郁情绪。抑郁症可以从心理冲突是常形与变形两个方面来区别。抑郁症严重到能够改变大脑生化结构，导致大脑里主管积极思维的细胞被抑制，消极思维占上风，想什么事情都是悲观的。别人看挺好的，但是自己觉得一塌糊涂。有12种摆脱抑郁情绪的方法供大家参考：①不要为自己寻找借口；②再给自己一点爱；③分散你的注意力，改变你的行为；④了解自己的极限；⑤寻找心灵的绿洲——让身心安宁的放松和冥想；⑥相信自己也相信他人；⑦计划一些积极有益的活动应付枯燥的生活；⑧向朋友诉说自己的烦恼；⑨看到事情的光明面；⑩把复杂问题分解成简单的问题；⑪倾尽全力完成一件事；⑫运动是自救的基础。比如2010年8月5日，智利圣何塞铜矿场发生矿难，33名矿工被困井下，69天后全部获救。奇迹的创造需要许多条件，其中之一是实行严格三班倒清理碎石，以劳动分散矿工的注意力，让矿工相信能够逃生，而不是消极等待，最后导致心理崩溃。33名矿工被分成3班，轮流工作8小时，完成清理碎石等任务，每班有一个班长，白班从早上8点至下午4点，夜班是下午4点持续到午夜，晚班则是半夜至清晨。每班工人除了8小时工作，还有8小时睡觉的时间，另外8小时可以玩游戏，给家人写信或者在隧道里散步。正是这些简单有效的办法，不但缓解了心理压力，克服了心理危机，而且为自救赢得了时间，创造了生存机会。

三是嫉妒。所谓嫉妒，是一种对别人的才能怨恨、对别人的成就恐惧和对别人超过自己而忧虑的思想情绪。黑格尔说，嫉妒是拿别人的成绩来惩罚自己。领导者的嫉妒大多是由于社会对自身的评价产生的，嫉妒的中心往往是对方的地位、名誉、权力和业绩。从积极的方面看，嫉妒可以成为竞争的动力和源泉，但其消极影响远远大于积极影响。极端的嫉妒心理往往使领导者变得偏激，带来一定程度的心理紧张和攻击性意欲，甚至做出违反道德准则和法律法规的事情。

四是攀比。总是和别人的成就进行比较。攀比会使一些干部变得比较焦躁，心理学研究发现人不要盲目的攀比，经常盲目的攀比很容易导致心理失衡。应该纵向看、往前看，从发展的角度看待自己和他人的成败得失，这样心理就容易平衡。中国科学院心理研究所研究员周林认为，现代社会强调竞争，尤其对中年男人来说，更是要建功立业，特别在中国，男性对职务的渴望较女性更强烈一些。因此，与同龄人攀比的心理常常会导致中年领导干部的焦虑倾向。这类中年领导干部极少纵向比较，常常横向比较。如果他开着桑塔纳，那么他看不到开奥拓的人，只看到了有人开着宝马；如果他是处级领导干部，那么他不会去想大学同学中还有普通科员，而成天在心里与当了局级干部的同学较劲。这种攀比心理如果能化为动力，固然可以提升自己的能力，然而一旦走入自怨自艾、怨天尤人的死胡同，则“心魔”由此而生。卫生部北京医院神经内科主任医师吴凯大夫指出，在生理上，中年人已由生长旺盛期进入缓慢衰退期；在心理上，人到中年才拼到一定职务，对是否还能再有升迁机会，没有把握，往往失去上进心，加之感到与现代生活、工作的快节奏脱节，在“内忧外患”的冲击下，心理自然会出现压力。人到中年，更应加强修养，遇事泰然处之，清醒地认识到生命总是由旺盛走向衰老直至死亡，是人类所不能抗拒的自然规律。因此，应养成豁达的个性，平静地接受人到中年生理上出现的种种变化，并随之调整自己的生活和工作节奏，主动地避免因生理变化而对心理造成的冲击。

五是冷漠。麻木或冷漠是个体对挫折的消极反应，是对挫折环境的一种自我保护性或防御性反应。麻木或冷漠是一种综合性的心理障碍。它包括缺乏积极的认识动机，活动意向减退，情感冷漠，情绪低落，意志衰退，思维不活跃等。这种消极反应出现在领导者的心理中，会表现出缺乏关爱同情，没有责任心，失去社会道德义务感，对别人的不幸遭遇麻木不仁，对社会正义呼唤无动于衷，对悲伤事件幸灾乐祸等特征。有些领导对人生失去信心，冷漠自私，对工作、生活缺乏热情投入，充满埋怨嫉恨。克服麻木、冷漠心理障碍的最好办法就是改变生活态度，树立积极生活信念，培育高雅生活情趣，充实内心世界，多学习观察，勤于思考，加强品德修养，塑造高尚行为。

六是迷信。迷信就是执迷于本不应该相信的东西，既反映出人们的错误和迷失，也反映出人们接受知识的一种错误态度和方法。从心理学的角度来看，由畏神信神而达到神经兮兮的痴迷状态，在迷信至极时一般是处于极其狂热的心理状态，亦即最大限度的紧张和强烈深刻的内心体验。这些体验使个体脱离周围现实，并使其心理的强烈表现转向幻想的客体；从行为上则表现出接近、依恋、痴迷，甚至与神融为一体。迷信通常指盲目的信仰和崇拜，特别是信仰鬼神等不存在或不能证实存在的事物。迷信对于党政干部来说可以理解为信仰迷失、错位等表征，迷信现象的泛滥是信仰危机的综合征。迷信心理是领导干部心理失衡的突出反映，是一种扭曲的心理现象。有的领导干部在市场经济和对外开放的环境下，不信马列信迷信，不信科学信风水；有的领导干部台上做科学报告，台下求神拜佛，在缭绕的香火中寻求寄托和心理安慰；有的领导干部迷信数字，有的甚至在换届或人事调整前请求算命先生指点迷津；等等。

七是贪婪虚伪。欲望是一种心理势能，包含生理欲望和心理欲望。欲望的满足受现实生活环境和个人认知能力水平的调节支配。虚伪贪婪心理固然是价值取向、心理扭曲或欲望无限膨胀的心理问题，但从一定程度上却反映出一个人的人格特征。知、情、意、行不能统一，甚至矛盾对立，其实质也是一种病态人格。比如虚伪自私，无端怀疑猜忌，行为举止难以捉摸，强烈的占有欲和控制欲，对物质享受过分迷恋等。

河北省对外贸易经济合作厅原副厅长兼省机电产品进出口办公室主任李友灿在衡水被执行死刑，一个巨贪走完了他的“传奇”人生路……自 2001 年 8 月到 2003 年 4 月期间，李友灿日均受贿 7 万多元，短短一年多时间里疯狂受贿 4744 万余元，相当于一个中等县全年的财政收入，以受贿数额衡量，李友灿堪称中华人民共和国成立以来被查处的“第一贪官”。对金钱的疯狂攫取，对贪欲的肆意放纵，使李友灿在很短的时间内聚集了大量的财富。在金钱改变着他的同时，他对金钱的态度也在发生着改变。“觉得钱越来越不是钱了！”李友灿自己这样说。“每次就像拉几箱苹果那样”，“要弄一提包纸我不知道怎么弄，要弄一提包钱非常容易！”一次他“提取”了800多万元后，把8个提包放到车上，后备箱装不下，又装到后座上。装完钱后，他竟若无其事地上楼去参加一个应酬，直到很晚才回来把放着巨额现金的车开走。办案人员曾问他“你就不担心钱被盗？”李友灿的回答是，那些钱对于他来说都已经不是钱了……这些钱他很少挥霍，只不过偶尔到藏钱的房子，把那些现金一摞摞铺在地上，静静地“欣赏”。李友灿说，他自己也无法说清当时是怎样的一个心理状态，只是觉得“我满足了，我现在终于有钱了”！

四、影响领导心理健康的主要因素

为什么许多干部存在这样或那样的心理问题？这些问题是怎样引起的？影响心理健康的因素到底有哪些？归纳起来很简单，无非是三个因素，第一个是自身主体方面的因素，第二个是社会因素，第三个是相互交织造成的各种因素，比如说环境因素、组织因素、人际关系因素。在这三个因素中，归根结底是心理因素问题。

（一）心理因素

1. 自我认知失调

印度名医特里古纳说：“你的大脑就是控制你生命的枢纽，是健康还是得病，由你自己选择。”在现实生活中，身心问题严重，心理世界灰色、压力大，不但会造成事业上的失败，而且会导致人生悲剧。领导干部如果没有很好地认识自己，没有很好的、清晰的自我意识，就容易造成心理上的问题。比如有的领导干部对维护心理健康的重要性认识不足，对心理健康的知识知之甚少，甚至有个别领导干部讳疾忌医，羞于谈心理问题或故意掩饰自己的心理压力。即使有些干部意识到了心理健康的重要性，也不善于自我调节、自动减压。有了压力以后，上级面前不敢说，同事面前不能说，亲朋面前不愿说。由于缺乏自我心理调适手段，心理压力不能得到及时释放，日积月累，结果产生心身性疾病，如恶性肿瘤、心血管疾病、呼吸系统疾病、糖尿病等。大量的医学成果证实，这些心身性疾病与不良的情绪压力呈正相关。

2. 负面情绪困扰

焦虑、烦躁、悲伤、忧愁、嫉恨、发怒等负面情绪积累太多，终日被各种负面情绪困扰，不良情绪“引爆点”太多，极易产生情绪障碍问题。因此，当烦恼降临的时候，我们既不要怨天尤人，也不要自暴自弃，要学会给心灵松绑，从心理上调适自己，避免无端烦恼变成心病。对此，美国心理学家塞里格曼提出了“积极心理学”的概念。以前的心理学者只关注那些心理疾患病人，其实心理学者更应该关注健康人群，让健康人群的幸福指数提高。塞里格曼对 70 个心脏病人做过测试，17 个被测试为最悲观的病人中有 16 个没有经受住第二次心脏病发作而去世，19 个被测试为最乐观的病人中，只有一个去世。大家知道，癌细胞每个人体内都有，有的人发作，有的人不发作。有的人得癌症后一个月就死掉了，是自己吓的；有的人活得挺好，说明体内的积极因素起了很大的作用。

3. 价值取向扭曲

价值取向则是指当一种价值观经内化而成为人的行为向导时，就被称为“价值取向”（values orientation）；价值取向是稳定价值观的动态表现。社会生活的不同群体，其价值取向都有各自的特点，但其中最受关注的当数领导者的价值取向。因为它表明了领导者对待自我和社会的态度，是领导者在行动中的价值观，它不仅影响着领导者本身，也影响甚至决定着整个社会的价值体系。由于领导者在现实生活中需要不同、经历不同、职务不同，在面临各种关系、选择、冲突时所持的立场态度就会有所不同，这些表现为领导者的各种价值取向：有道德的、政治的、信仰的、审美的、认知的、学习的、职业的、人际的、婚姻的、消费的等，同时还包括了领导者的终极关怀。但是价值取向不能违背社会公德，丧失原则和行为标准，颠倒黑白。然而有的人的价值取向发生了扭曲，理想信仰失落，崇拜权力金钱，贪图物质享受，沉溺于吃喝玩乐，信奉迷信风水。由于价值取向扭曲所造成的人格心理障碍，是诱发个人身心失衡的主要原因。

4. 目标追求失落

一个人走过怎样的路，怎样走过来的，走得完不完整，可以看清楚或预测他以后会走什么路。从一个人的成长经历往往也能看清楚一个人成长的心理。最近流传的“大树理论”给人们许多深刻的启发教育。要成为一棵大树，必须能够经受各种风霜雪雨的考验，具有超凡的忍耐坚持力。“大树理论”特别强调，需要具备以下5个条件：一是时间。没有一棵大树是树苗种下去，马上就变成了大树，一定是岁月刻画着年轮，一圈圈往外铺展成长阅历。二是坚持。成为一棵大树，一定是千百年来经风霜，历雨雪，屹立不动。正是无数次的经风霜，历雨雪，最终成就大树。三是根基。根基深入地底，不停地吸收营养，补充水分能量。绝对没有一棵大树没有根。四是向上长。积极奋进，努力向上，有清晰的目标，具备坚强的意志品质和旺盛的进取心，从不懈怠，主动发展，争取机会。五是向阳光。拥有希望，充满了乐观自豪情绪，春季发芽，夏季开花，秋天结果，冬天披上银装，四季变换，向往春天的美好愿望从不改变。而心态脆弱者，犹如小草弱苗，目标游离不定，根基不深，阅历浅薄，坚持力不强，缺乏积极乐观的情绪，对奋斗历程缺乏恒心，没有专注内功修炼，致使心理脆弱，动辄陷入心理危机当中，难以健康成长。

（二）环境压力因素

不良的工作环境、劳动时间过长、工作不胜任、工作单调以及居住条件、经济收入差等，都会使人产生焦虑、烦躁、愤怒、失望等紧张心理状态从而影响人的心理健康。此外，生活环境的巨大变迁也会使个体产生心理应激反应，由此带来心理的不适。有关研究资料表明，造成领导干部心理不平衡的主要原因有4个方面：一是工作担子重，无力承担；二是社会压力大，不能很好地对待；三是外界诱惑多，自己身陷其中；四是家庭矛盾明显，情感压力大。称为“四座大山”。其实这些都是外在的，真正横在面前难以跨域的山是自己心里的负担太重，排解压力的能力太弱，没有很好地分析这些压力，没有很好地对待现实生活的要求，没有很好地对待外界的诱惑，没有很好地对待事业与家庭。目前，社会上很多人感觉心理压力大，一方面是生存的压力，另一方面是发展的压力，此外，还有许多是认知不协调造成的身心压力。一份研究资料表明，大多数人担忧的事太多了，他们给自我造成压力的东西，大部分是毫无必要的。你可能觉得这难以置信。如果你不信，请看下面关于忧虑的数字：

■ 人们担忧的事情有 40%永远不会发生；

■ 30% 的忧虑涉及过去做出的决定，是无法改变的；

■ 12% 的忧虑集中于别人出于自卑感而做出的批评；

■ 10% 的忧虑与健康有关，而越担忧问题就越严重；

■ 8% 的忧虑可以列入“合理”范围。

压力认知应对方式小测试：

［指导语］找出去年你所经历的压力非常大的个人危机或生活事件。事件越近，测试效果越好。回忆你是如何处理的。阅读下面的话，挑出描述你如何处理事件的句子。在自己认为适用的横线上打“√”。

____1. 努力去看事情的积极面。

____2. 退后一步并客观评估处境。

____3. 用祈祷来寻找指导和力量。

____4. 生气或沮丧时，对他人发泄自己的感情。

____5. 使自己忙于其他事情，以便忘却。

____6. 认为事情会自己找到出路，决定不再担忧这件事。

____7. 尝试每次向前一步。

____8. 寻找解决问题的不同方案。

____9. 回忆自己以前如何对付类似的情况，用这个经验来帮助解决问题。

____10. 与朋友或亲戚商讨解决办法。

____11. 向专业人士求助，比如医生、老师、律师或者长辈。

____12. 通过采取行动来解决问题。

注：前面的 6 道题是情绪导向方式；后面的 6 道题是问题认知导向方式。

五、增进心态健康调适能力

领导干部心理健康调试能力对领导干部的事业发展、生活幸福、人际关系都起到很重要的作用。如何才能增进领导干部心理健康调试能力，主要有以下几个调整办法。

（一）调整自己对现实的心态

心理学家研究成功者的10种心理品质：现实的自我觉察；现实的自我尊重；现实的自我控制；现实的自我动机；现实的自我期望；现实的自我意想；现实的自我觉察调节；现实的自我修炼；现实的自我范围；现实的自我投射。为此，要正确地面对客观现实，承认并接受现实选择。许多人对现实生活的认识是肤浅的，当主观愿望与现实的要求发生冲突时，更多的是埋怨现实，更多的是误解现实。有这样一则印度寓言：两个人面对一杯喝了一半的水，一个人说："我已经喝掉了半杯水。"另一个人说："我还有半杯水没喝。"前者的话语中，透露出的是无奈和苦涩，而后者的话语中则充满了希望。人到中年，恰似那已经喝掉了半杯的水。既然剩下的那半杯水迟早要喝完，是满怀愁绪、恋恋不舍地缅怀已喝掉的那半杯水，还是以快乐的心态去计划该如何享受剩下的半杯水，答案就掌握在自己的手中，可是，有不少中年管理人员在面对自己所处的地位和境遇时，常常是以前者的心态来应对的。2008年北京奥运会唯一外籍火炬手——美籍探险家哈奇，曾是美国一家知名媒体的电视工作者，35岁时身患绝症，便通过骑自行车对抗病魔，目前已实现环球骑行4次。如今70岁的哈奇在骑行中国的4年中，一直致力于一些救助事业和倡导绿色环保的低碳生活。他由青藏线进入西藏全程4800公里，成为世界上第一个骑行到珠峰的高龄骑手。对于一个70岁的老人来说，每天清晨，半躺在沙发上享受美味的苹果派，或坐在铺满阳光的院子里，等待孩子送来一杯牛奶，可谓幸福。"……而我却是个例外，我的幸福在西藏泥泞的土石路上，在头痛欲裂的高原反应中，在藏族孩子的琅琅读书声里，在气喘吁吁地登上海拔5000多米的山口看群山跌宕，风光无限……"老哈奇对待现实的积极态度改变了他的人生。

（二）调整正确对待自我的认知心态

认识自己的能力越强人的自我认知能力越高，能够接受他人评价的人的心胸世界是很宽容的，心境体验是比较明朗的。如果一个人连别人的评价都听不进去，那么这个人就容易自我封闭，造成心理世界得不到有效的互动。在对待自我意识方面，主要有5种类型：一是自我肯定型，评价认识自己很客观，自己肯定自己，自信心很强很乐观，心里世界很完整，这种干部占85%。二是自我否定型，过于被现实所压迫，无限扩大挫折和失败，否定自己的理想，否定自己的工作事业，否定自己的存在。三是自我矛盾型，一会儿觉得很有理想，一会儿又觉得这个理想太远大，在理想和现实中左右徘徊。四是自我混乱型，这种干部要么目标太远大，往往成了不切实际的幻想，总是沉浸在幻想当中，自我安慰、自我陶醉地打发日子，要么就陷入低落情绪当中。五是自我萎缩型，不想做事，害怕出事，不想创造，浑浑噩噩。

（三）调整自己对工作的心态

一是积极面对压力，要能把压力变成动力。对于工作如果能够胜任就很快乐，不能胜任就会感到痛苦。这时，要学会分析原因，学会学习，把压力变成动力，把工作中遇到的难处、不顺心的事情和矛盾变成自己攻克难关的一个新挑战。

二是泰然面对挫折，虽然失意但决不失态。人生百年，要面对很多挫折，在挫折面前虽失意但不能失态，失意表示暂时受到一些冷落，一旦失态的话就说明自己心理上的承受能力需要加强。

三是认真面对责任，能做好就尽量去做好。工作责任心太差往往造成各种各样的挫折，最后导致心里很困惑，因此要认真面对责任，能做好就尽量去做好。尽管不一定非要做得那么尽善尽美，但是一定要做到无愧于心，一定要做到尽心尽力，这样心里就会感觉比较舒坦。

四是自然面对荣誉，拥有一颗宁静平常心。当工作小有成绩得到表彰夸奖时，一颗宁静的平常心更加珍贵，荣誉都是短暂的、都是过去的，平常人生才是久远的，在平常当中才能见到自己的真正的品质，才能清楚自己哪些方面是最宝贵的。

五是冷眼面对诱惑，不属于自己的那份额外都有危险。对于外界的诱惑我们要深刻领悟老子那句话——“五色令人目盲，五音令人耳聋。”要防止自己在五彩斑斓的颜色中不能很好地进行鉴别，可能会看不清真正美好的景色。

（四）调整自己对他人的心态

心理健康的人乐于与人交往，不仅能接受自我，也能接受他人，悦纳他人，能认可别人存在的重要性和作用。人的交往活动能反映人的心理健康状态，人与人之间正常的友好的交往不仅是维持心理健康的必备条件，也是获得心理健康的重要方法。美国著名心理学家马斯洛提出心理健康的人，在对待自己和他人方面，具备 15 个方面的“自我实现型人格”特质：① 对现实有卓越的洞察力并能和现实保持适宜的关系；② 对自己、他人和客观事物表现出最大限度地认可和接纳；③ 行为方式自然真实地流露，表现出朴实、纯真的美德；④ 以问题为中心，而不是以自我为中心，视野宽阔，常常关注各种社会问题；⑤ 具有超然独立的特性和离群独处的需要；⑥ 意志自由，不受文化和环境的制约；⑦ 具有清新不俗的鉴赏力；⑧ 能够产生某种神圣意义上的神秘体验和高峰经验；⑨ 更多地具有全人类的共性，爱人类并认同自己是全人类的一员；⑩ 拥有持久而精粹的人际关系；⑪ 具有民主的性格结构；⑫ 具有强烈的伦理道德观念，绝不为达到某种个人目的而不择手段；⑬ 具有良好的发展性的非敌意的幽默感；⑭ 具有创造革新的思想和能力；⑮ 能够抵抗消极的、适应现存的社会文化类型，具有处世独立的内在品质。

（五）调整自己对待情绪反应的心态

人们在感到痛苦时，常从 3 个方面获得安慰：大自然、社会和朋友。每个人可据自己的个性、爱好或习惯形成自己的保健方法。

心理学家给出了达到个人最佳健康状态的 10 个处方：① 有规律地进行锻炼；② 保持饮食的营养平衡；③ 保持适当的稳定的体重；④ 确保每天 7 ～ 8 小时的睡眠时间；⑤ 每天都要适当休息和进行放松；⑥ 有安全意识，如开车系好安全带；⑦ 烟不沾、酒适量；⑧ 性生活正常；⑨ 定期检查身体和牙齿；⑩ 保持乐观的情绪，发展友谊。一个持久的有效健康促进方法，可以使我们受益终身。比如，对音乐和艺术的追求，既可以陶冶我们的情操，又可以使我们从众多的紧张和压力当中解脱出来。欣赏音乐时，我们能够体验到美的享受，带来心理上的快感。常用的情绪心理保健有如下几个方法，根据自身实际情况能采用就采用。

宣泄。宣泄法不是哭闹打斗，有的人理解为哭闹完了就宣泄完了，宣泄包括内在宣泄和外在宣泄，它主要是对情绪进行疏导，让自己的心理世界逐渐归于平静，内在的宣泄是什么呢？如自我暗示、影响、想象。外在宣泄就是活动，登山、划船、健身、打球、游泳等，这些宣泄与你的体力活动有关，希望领导干部们有时间多去健身房锻炼锻炼身体，闲暇之余登登山、散散步。做任何事情都应该是心情愉快地去做，如果心情烦躁去做这件事情，效果就不一定好了。比如有的人散步登山咬牙切齿、满心怒火，这个山登上去就很难受。再如喝酒，借酒浇愁愁更愁，有些人以为喝酒以后会得到一种宣泄，其实不然。据有关专家研究，当你生气的时候，喝酒对人的身体系统损害更大，所以一定要心情愉快地做自己喜欢做的事情，这样的宣泄才是有益身心健康的。

投射。把不愉快的事情投到、联想到别的事情上去。当你遇到挫折、遇到打击的时候，应该看看生活中还有比你遭受的挫折更多、更重的人，相比之下发现自己遭遇的这些挫折可以忽略不计，那么心理世界就可能得到安慰，这种投射办法比较好。

淡化。不要把任何事情看得太重，生活中我们该做的事情很多，人生经历的风雨也很多。遇到一些重大的问题、重大的挫折时尽量把它淡化，适当地给自己宽宽心，退一步海阔天空，任何事情都是物极必反，生活中有很多事情没有必要那么苛刻，放缓一下，放宽一下。

转移。对不愉快的事情进行转移，转移后会得到一些缓解。比如愤怒，专家研究愤怒一般不能超过 5 分钟，如果超过 5 分钟可能产生不良的结果。有个实验报告发现如果愤怒超过 5 分钟，血液里的化学成分会发生改变。用两组小白鼠做实验，在实验室里小白鼠没有受到外界的干扰，它的心理反应是一样的。这时科学家们就创造了一种情境，一组人放在实验组里边，一组人放在对照组里边，对照组里边的人比较愉快，实验组里提供的是一种生气的环境，然后把两组人领到旷野当中对着雪堆呼气，呼出的气体采集回实验室制成蒸馏水，把在愉快组采集的蒸馏水注射到小白鼠身上，小白鼠没什么反应，把在愤怒组采集的蒸馏水注射到小白鼠身上，小白鼠受不了了，全体生气，有几只特别容易生气的在几分钟之后被气死。人一生气，血液里产生的化学反应确实会对人的身体产生不良影响，所以在这个环节中专家建议生气不要超过 5 分钟，远离生气的环境，实在离不开怎么办？专家给出一个转舌头法，舌头在嘴里转 10 个圈就可以了，这样也会缓解生气。

升华。做有意义的工作、学会社交、学会创作等其实都有升华的作用。通过劳动，通过创造，忘我的工作，做自己感兴趣的事情，会让自己的情绪情感世界得到力量滋润，增强自己的身心健康水平。有关专家研究，增加幸福的 14 条基本原则与我们的心理保健也有关系：① 要活跃起来保持忙碌；② 扩大社交圈；③ 做有意思的工作；④ 条理化；⑤ 不要焦虑；⑥ 降低期望和渴望；⑦ 积极与乐观；⑧ 关注当下；⑨ 培养健康的个性；⑩ 做一个外向爱交往的人；⑪ 做回自己；⑫ 抛弃消极的感情；⑬ 培养亲密的关系；⑭ 幸福优先。

【小测验 1】 测量你自己的健康

请根据自己的实际情况，将下列选项用分级标准进行分级。

6= 十分同意　　5= 比较同意　　4= 有点同意

3= 有点不同意　　2= 不太同意　　1= 十分不同意

1. 我对自己持有积极的态度。
2. 我意识到并且接受自己有优点也有缺点。
3. 我对自己过去的生活方式持肯定态度。
4. 我喜欢与他人建立温暖、满意和信任的关系。
5. 我经常对他人的幸福表示关心。
6. 我对他人能表示强烈的情感，包括很强的移情、爱心和亲密感。
7. 我能抵制很强的社会压力，能独立思考和行动。
8. 我根据自己的标准而不是他人的标准来衡量自己。
9. 我对他人对我的看法和期望不是很在意。
10. 我对有效处理每天的事情的能力很有信心。
11. 我能意识到机会的存在并利用它们。
12. 我感觉自己能控制环境。
13. 我明白生命是有目的的。
14. 我相信自己过去的和现在的生命都有意义。

15. 我相信自己的生命在朝好的方向前进。

16. 我视自己的生命为一个成长和发展的机会。

17. 我感觉到自己在随着时间进步。

18. 在成长中，我对自己的了解会更多。

得分：拥有发展健全的心理健康的个性倾向与上述各项一致。测试得分越高，心理越健康。

【小测验 2】 A 型性格诊断量表

本测验共包含 25 个条目，按各题所问事项在“是”或“否”处画“√”。

1. 说话时会刻意加重关键字的语气吗？　是（　）否（　）
2. 吃饭和走路时都很急促吗？　是（　）否（　）
3. 认为孩子自幼就该养成与人竞争的习惯吗？　是（　）否（　）
4. 当别人慢条斯理做事时会感到不耐烦吗？　是（　）否（　）
5. 别人向你解说事情时你会催他赶快说完吗？　是（　）否（　）
6. 在路上挤车或餐馆排队时会感到激怒吗？　是（　）否（　）
7. 聆听别人谈话时会一直想你自己的问题吗？　是（　）否（　）
8. 会一边吃饭一边记笔记或一边开车一边打电话吗？　是（　）否（　）
9. 会在休假之前先做完预定的一切工作吗？　是（　）否（　）
10. 与别人闲谈时总是提到自己关心的事吗？　是（　）否（　）
11. 让你停下工作休息一会儿时会觉得浪费了时间吗？　是（　）否（　）
12. 是否觉得全心投入工作而无暇欣赏周围的美景？　是（　）否（　）
13. 是否觉得宁可务实而不愿从事冒险的事？　是（　）否（　）
14. 是否尝试在时间限制内做更多的事？　是（　）否（　）
15. 与别人有约时你是否绝对遵守时间？　是（　）否（　）
16. 表达意见时你是否紧握拳头以加强语气？　是（　）否（　）
17. 是否有信心再一次提升你的工作绩效？　是（　）否（　）
18. 是否觉得有些事等着你立刻去完成？　是（　）否（　）
19. 是否觉得对自己的工作效率一直不满意？　是（　）否（　）
20. 是否觉得与人竞争时非赢不可？　是（　）否（　）

21. 是否经常打断别人的话？ 是（ ）否（ ）

22. 看见别人迟到时你是否会生气？ 是（ ）否（ ）

23. 用餐时你是否一吃完就立刻离席？ 是（ ）否（ ）

24. 是否经常有匆匆忙忙的感觉？ 是（ ）否（ ）

25. 是否对自己近来的表现不满意？ 是（ ）否（ ）

答案说明

如果有半数以上条目答“是”的话，希望您改变目前习惯的情况，有意识地放慢一些生活的节奏，这样可以减少患心脏病的概率。

CHAPTER 14

第十四章

领导力

现代领导科学研究表明，领导力首先是一个影响的过程。领导力内涵丰富而深刻，领导力主要包括胜任领导的能力、胜任领导的个性以及制约领导有效性的个人因素等重要层面。从胜任领导的能力上讲，需要具备业务能力、人际关系和战略思维三种不同类型的能力；从胜任领导的个性上讲，需要激发培育领导欲望、领导行为风格、领导积极心态等个性心理品质；从领导有效性的个人因素上来讲，需要领导者具备成就需要、变革创新、教育他人、组织群体及价值取向等基本条件。在此，个体领导力与组织领导力相互包容，高度融合，共同构成了领导力。

一、领导力的本质及其特征

（一）领导力的本质

领导力究竟是什么，以往人们把领导力习惯上聚焦于权力，认为有权就有领导力，这种观点至今还停留在一些人的思维头脑中，这一片面理解认识限制了人们探索的视野。在此，需要强调指出的是，领导力与权力确实有密切关系，但绝不是对等的关系。权力只是领导者可以用来影响他人的手段。有权未必就有领导力，否则就难以解释个别领导“有权无威”甚至“众叛亲离”现象。权力只是领导力的一种重要资源，而不是领导力的全部。

对于领导力的探索研究，始终是社会科学研究的最多的现象之一。美国西澳大利亚大学商学院领导力教授大卫 · V. 戴在《领导力的本质》一书中认为：领导力的定义可以从以下两点来确定：其一，领导者与追随者之间的相互影响过程，以及产生的结果；其二，通过领导者的性格特征与行为、追随者的认知与特质，以及影响过程发生时的情境来解释该过程[①]。由此，对领导力的宽泛定义为："领导者的人性面（性格特征）、领导者的行为、领导者的影响、领导者与追随者之间的互动过程，以及情境的重要性。"[②]领导力的三个层次：微观层次：个体、特质、个性、技能与领导力。中观层次：群体过程、属性与领导力。群体的组合过程反映了思想、情感或行动叠加，进而创造了群体层次的过程。宏观层次：从组织的角度考察领导力。由此认为，领导力首先是一个影响过程，在这一过程中，领导者的性格品质、行为特点以及追随者包括情境等因素都对领导力产生重要影响。领导者如何才能影响被领导者，领导者与追随者之间如何相互影响；领导者如何创设一个具有良好影响力的组织环境，对领导影响力及其作用的发挥至关重要。

（二）领导力的显著特征

领导力是以目标驱动的主动行为，与发展理念、目标愿景、价值功能、情感体验等因素密切相关，呈现出以下显著特征。

1. 目标引领是动力特征

大雁南飞头雁领，这个"头雁"如果比喻为领导者的话，往哪里"飞"，往什么地方"领"至关重要。目标就是方向，信仰就是希望。目标、信仰是领导成功的保证，没有信仰的领导者是失去信任、精神空虚、容易丢失灵魂的人。最重要的是关注以下几点。其一，确保组织拥有坚定正确的领导方向。拥有正确的发展方向是组织能够把握前进方向的必要条件。组织究竟从哪里来，往哪里去，达到什么状态，体现什么功能价值，对于这个问题是领导力始终面临的核心问题。其二，组织领导不是虚幻的，既要从思想、组织、作风、制度上着眼，更要着重领导力的建设。领导力就是把组织目标变成行动的能力，没有领导力的"领导"是虚弱的，这样的领导者最终将会失去追随者；其三，坚持原则，身体力行。领导力体现在对组织原则利益的高度认同

---

① ［美］大卫·V. 戴、约翰·安东纳基斯编，林嵩、徐中译：《领导力的本质》，北京大学出版社，2015 年 4 月版，第 5 页。

② 同上。

和积极维护上。

2. 价值作用是功能特征

领导的价值作用承载着领导力表现特征。价值作用体现在以下几个方面：第一，提高被领导者接受和执行组织目标的积极性和自觉性。被领导者的个人目标与组织目标，存在着正相关：统一程度越高，个体行为的积极性也越高；统一程度越低，甚至发生对抗，个体行为的积极性也越低。领导的功能就在于领导者把组织目标的实现和满足被领导者的需要统一起来，创造出一种环境，使被领导者增强对组织目标的感受性，从而提高被领导者接受和执行组织目标的自觉性。第二，激发被领导者实现组织目标的热情。领导者在领导的动态过程中占主导地位，满足被领导者的各种需要，尤其是心理需要。这是实现激励功能的关键。这里需要领导者对被领导者的心理感染力，要充分了解尊重被领导者。第三，提高被领导者的行为效率。被领导者的行为效率，是指为实现组织目标所做贡献的大小，它是鉴定领导激励功能优劣的直接依据。被领导者接受和执行组织目标的自觉性和实现组织目标的热情，固然是构成被领导者行为效率的因素，但不是有效行为，只是为有效行为提供前提或条件。有效行为还有赖于被领导者的需要结构、知识技能、组织内人际关系、规章制度、领导作风与方式等。领导的功能，就是从各个方面为被领导者创造有利于提高行为效率的物质环境和心理气氛，如采取措施鼓励被领导者自学成才，为被领导者提供表现才能的平等机会等。

3. 动态过程是发展特征

领导力是一个动态的过程，它由领导者、被领导者以及所处环境 3 个因素组成。任何一种因素的变化都将导致领导力状态的变化。

从领导者与追随者的心理互动上看，领导影响力的展现过程其实就是要求通过领导者自己与下属之间的“互动过程”，有效地协调子系统之间的竞争与合作关系，树立领导影响力，促进系统的有序化。而领导力并非领导者个人素质单独决定的结果，而是领导者与下属双方相互作用的结果，是一种群体效应。曾经有人说过，成为优秀领导者的条件是有“一流的追随者”。一个领导者可以拥有很多的下属，但不一定拥有很多追随者。追随者是决定领导绩效高低的重要变量，因为再好的决策都需要追随者去实现，再好的领导意图都需要追随者去贯彻。否则，丧失追随者的领导者就成为中国人讲的“光杆司令”“孤家寡人”。查尔斯·格林（Charles N. Greene）认为，有合理的理论基础可以让人们认为，追随者的工作情况以及追随者的满意程度能使领导者转换自己的领导风格。例如，组织偶然会因为追随者的工作情况而给予领导者一定程度的奖赏，在这样的组织中，领导者可能对工作成就高的追随者表现出更积极的态度。可以预期，当一个人的行为能对他人产生积极的援助作用时，作为回报，他也会得到其他人的报答。另一个更深入的预期是，追随者较差的工作表现会导致领导者为提高追随者的工作表现或者为表达自己的不赞成而对他们更加严格，在领导方式上，这会表现为减少体恤而增加建构。相反，对工作成就高的追随者，可以预料领导者不太需要建构，并因此而减少建构活动。此外，在某种程度上，追随者对工作满意的表达，被认为对领导者具有援助作用，因而可以预期领导者会采取更多的体恤行为。对上述预测，查尔斯·格林进行了实验验证。数据是从103个一线管理者和每一个管理者的两个直接追随者那里收集到的。研究的结果发现，在体恤和追随者的工作表现之间具有很强的相关性，它表明，追随者的工作情况导致领导者看重体恤。领导者可能对工作情况良好的追随者予以积极的增援，表示自己的支持和赞成；而对工作情况差的追随者予以消极的增援，并较少体恤。同时，体恤导致追随者满意程度的相关系数也是很高的，这表明，领导者对体恤的看重构成了追随者满意程度的诸多原因之一。最新的领导学理论认为，领导影响力要充分考虑追随者的类型，采取相应的对策，追随者的类型包括以下5种。

异端型追随者，是指那些喜欢揭伤疤的人，他们往往成为敢于指出组织目标、决策与程序上不恰当之处的斗士。异端型追随者被认为是有能力但有点愤世嫉俗，他们会因此而阻碍自身的发展或者给人留下不好的印象。

顺服型追随者，是那些习惯服从命令的人，他们不带任何怨言积极地执行命令。由于顺服型追随者过于积极，一旦他们执行的命令与组织行为和政策所奉行的规范相抵触，将会变得很危险。

实用型追随者，是那些对组织目标负责但不喜欢兴风作浪的人。他们不喜欢出风头，他们倾向于做二流人物并把自己拴在组织的命脉之中。他们与权力中心保持一定距离，他们给人的印象是在肯定与否定之间模棱两可。

被动型追随者，看领导脸色行事，如果没有鼓动他们不会主动完成某项任务的。由于缺乏积极性和责任感，他们倾向于从领导者那里获得持续不断的指导，而绝不会主动承担额外的任务。

榜样型追随者，是典型的与他人保持密切联系的自我领导者和合作者。在员工看来，榜样型追随者是值得信赖的合作者，在领导看来，榜样型追随者不仅具有独立、革新、创造的品格，还能够经得起考验。

二、领导力从“心”里来

心为万力之本。中国传统儒家文化中的“内圣外王”思想，体现着领导智慧。“内圣”可以是自我修炼的境界，“外王”就是影响力号召力。如果达不到“内圣”就需要修身养性，修身就是修心。只有把内在的品质修炼好了，自然就有了行为感召力，诚所谓“厚德载物”。作为领导者要把“修心”作为必修课，这是提升领导力的根本所在。具体体现在以下几个方面。

（一）崇尚信仰，追求目标

目标就是方向，信仰就是希望。目标信仰是领导成功的保证，没有信仰的领导是精神空虚容易丢失灵魂的人。作为领导者，在领导工作中要时刻维护国家根本利益，以推进组织事业发展为己任。其一，确保拥有坚定正确的目标。拥有正确的发展目标是能够把握前进方向的必要条件。其二，领导不是虚幻的，既要从思想、组织、作风、制度上着眼，更要着重领导力的建设。领导力就是把目标愿景变成实际行动的能力，没有目标的“领导”是虚弱的，这样的领导终将会失去追随者。其三，坚持原则，身体力行。领导者要严于律己，忠于职守，懂规矩，讲政治，尤其当组织利益与个人利益产生矛盾的时候，要顾大局讲原则，以组织利益为重，自觉维护领导影响力，做到令行禁止。

（二）学习积累，丰富阅历

“知识就是力量”，领导不能坐井观天孤陋寡闻，要善于学习，具有丰富的知识素养。知识与专长实际上也是一种资源。谁掌握了知识专长，谁就拥有了影响他人的力量。人们往往会听从某一领域专家的忠告，接受专业人士的意见建议，那些具有专长的人虽不占据某一职位，但他们却拥有专家影响力，这一影响力就是基于知识和专长而形成的专家型权力。同时，领导活动也是运用已有知识去分析、思考、解决问题，并获得新知识的过程。如果没有科学知识，领导影响力就成了无源之水，无本之木。

此外，成长经历、实践活动对于领导影响力至关重要。因为，影响力的发挥过程不可能是一帆风顺的，也有过去许多经验加以总结，需要具有坚强的意志和乐观的心态。而这些需要成长经历和领导实践活动的积累。因为这些经历和实践活动是宝贵的财富，一方面可以培养坚强的意志和乐观豁达的心态，另一方面所经历的挫折可以加以总结形成经验，从而在今后的领导实践中少走弯路，更好地发挥影响力。正如《孟子·告子下》所言："故天将降大任于是人也，必先苦其心志，劳其筋骨，饿其体肤，空乏其身，行拂乱其所为，所以动心忍性，曾益其所不能。人恒过，然后能改；困于心，衡于虑，而后作；征于色，发于声，而后喻。入则无法家拂士，出则无敌国外患者，国恒亡。然后知生于忧患而死于安乐也。"另一方面，领导经历本身也是一种对领导影响力的肯定。特别是在看重资历的国家和组织中，领导经历对于领导作用发挥是必不可少的。日本公司的正式员工，从受雇之日起，每隔几年职务便会提一级，待遇也随之水涨船高。在企业工作的时间越长，资历越深，职务和收入也就越高。因此，日本员工从受雇的那天起，就像是在爬梯子，必须从第一阶登起，越往上攀越有诱惑力，直到"多年的媳妇熬成婆"，才能功成身退颐养天年。在这种制度下，要中途改行是不现实的，因为即使其他的企业容纳了你，还得从头再来，以前下的功夫全是白费。年功序列制不仅使员工对企业忠贞不贰，也免除了员工内部窝里斗。当然，过于重视领导经历和唯领导经历也是不对的。这会造成论资排辈、倚老卖老等现象的出现。目前在日本年青一代看来，年功序列制不利于发挥自己的才干。

（三）注重修养，拥有魅力

领导者有没有影响力，不能仅仅看其职位的高低、职权的大小，而是取决于能否赢得人们发自内心的敬重和信服，取决于行政领导者自身的个性魅力。而个性魅力首要的是高尚的人格。高尚的人格所产生的巨大凝聚力和向心力，其力度、广度是权力性影响力——这是法定的约束力所无法相比和无法代替的。比如在实际生活中，常常会发生这样的事情：同样的事，同样的道理，从一些人嘴里说出来就能取信于人，让人心悦诚服；而另一些人讲出来，却反而会引出不少议论，令人不以为然。究其原因，就在于他们的人格形象不同。正是人格形象的不同，造成了教育效果的不同。领导者的人格力量，首先应表现在廉洁奉公，这是最能打动人、折服人的人格特征。所谓廉洁，指为政者不贪财物，立身清白。中国古代思想家对廉做了多方面的规定，其基本精神就是循礼行法，见利思义；并认为廉洁是"为政之本""为官之宝"，否则，官吏不廉，则危害极大。譬如，班固说："吏不廉平，则治道衰。"王永吉说："大臣不廉，无以率下，则小臣必污；小臣不廉，无以治民，则风俗必败。"行政领导者威信的高低、非权力性影响的大小，首先就取决于其品德的优劣，取决于其廉洁的程度。"其身正，不令则行"；相反，"其身不正，虽令不从"。那些清正廉洁、淡泊名利、严于律己、品德高尚的领导者就能一呼百应；而那些以权谋私、贪赃枉法、鱼肉百姓、品德低劣的领导者，则只会让人唾骂。周恩来总理去世以后联合国为他降半旗，这件事情在联合国是非常少有的，没有想到引起其他国家代表的抗议，他们说，他们元首逝世了，他们的总统和总理逝世了，联合国也没降半旗，怎么中国的周恩来逝世了联合国就降半旗？联合国是这样答复的："各位代表，中国是一个 10 亿人口的大国，他们的总理周先生，掌管这么大的一个资源，听说在世界各地没有他个人一毛钱存款，周恩来先生没有子女，整个中国的孩子们就都是他的子女，你们哪个国家的领袖、元首、总理如果像他一样，联合国也降半旗，这叫作个人魅力。中国的周恩来先生在联合国里被认为是一个很值得尊敬的人，所以他去世时联合国为哀悼这位深受世界人民尊敬的中国伟人而降半旗，这就是个人魅力。"

此外，个性魅力还包含领导风度。风度，从狭义上说，主要是指一个人的仪表、举止、神情、姿态等外在表现。不同的人，具有不同的风度；不同的风度，具有不同的美。纯朴敦厚的风度是一种美；谦和文雅的风度也是一种美，潇洒自如的风度同样是一种美。但是，作为一个领导者，由于所处的特殊地位，其所具有的风度，与常人相比无疑应有更高的要求。比如，文静、淳厚，对一个普通人来说，是一种美的风度，但对于一个需要驱动“千军万马”朝着宏伟目标冲锋陷阵的领导者来说，无疑是不够的；又如，和蔼、谦让对一个普通人来说，也不失为一种美的风度，但对于一个需要妥善地驾驭矛盾、统揽全局、经常处理各种复杂问题并同形形色色的人打交道的领导者来说，也是不够的，领导者在许多情况下，还需要雷厉风行，自信自强。因此，领导者的风度，必须比常人具有更高的层次和更丰富的内涵。

（四）着眼未来，视野开阔

领导活动往往包含着在面临不确定性状态乃至危机状态下的决策，而不确定状态下领导影响力的获得必然需要胆识。“见识”强调远见卓识，在领导核心能力要素中，也可以称为“战略思维能力”。在复杂多变的情况下，决策本身面临诸多的不确定性。在不确定的情况下，由于冒险失败的概率较高，成功者远远少于失败者，因此，社会上大多数人因怯于失败而对冒险活动敬而远之。由于我国传统的管理及用人观念、制度的影响，往往会出现这样的现象：对领导者只允许成功，不允许失败，甚至会因其局部的失误而置其于死地。这种习以为常的现象每每导致我国领导者不求有功，但求无过，导致保守、随波逐流。这是我国经济社会发展的障碍之一，也是我国领导者的领导影响力普遍需要加强的地方。但在冒险时决策要注意两点：其一，在情况不清和基本条件还不成熟前不能匆忙决策，决策必须基于周密考虑的基础之上，否则就是盲动、冒失。其二，当时机一到来，就立即投入力量，坚决果断去实施决策，否则就是犹豫、寡断。这两者是一体两面，犹如硬币的正反两面，缺一不可。而毛泽东的决策胆识值得借鉴，即“战略上藐视敌人，战术上重视敌人”。在危急关头，有胆识的决策会大大提高领导者的威望。1935 年，在国民党各路大军分进合击的危急关头，毛泽东显示了过人的胆识，指挥了四渡赤水战役，这是毛泽东根据情况的变化，指挥中央红军巧妙地穿插于国民党军重兵集团之间，灵活地变换作战方向，调动和迷惑国民党军，创造战机，在运动中歼灭了大量国民党军，牢牢地掌握战场的主动权，取得了战略转移中具有决定意义的胜利，这是中国工农红军战争史上以少胜多变被动为主动的光辉战例。毛泽东曾说，四渡赤水是他一生中的“得意之笔”。

（五）积极进取，坚持不懈

领导力来自领导所具有的开拓创新精神。领导者所具有的敢于迎难而上、坚持不懈开拓创新的进取奋斗精神，这是领导力产生的动力源。每一个领导者在胆识和精神状态上都有很大的不同。有进取精神，思想就解放，思路就开阔，就能够敢于担当，创造性地贯彻党的路线方针政策；缺少进取精神，就会思想保守，怕担风险，怨天尤人，工作迈不开步子。领导者要想不断解决新问题、取得新成绩、开拓新局面，就必须培养过人的战略思维能力，坚持说实话，办实事，求实效。

三、领导“有方”看授权

领导者的授权艺术，是集用权、用人等艺术为一体的艺术，是领导者灵活有效地运用各种权力分配方式的艺术。可以说领导活动的成败，往往不在于领导者本身的才能高低，而在于其是否善于分配权力。是否善于发现人才并授之以权，往往是事业成败的关键。成功的权力分配，要求领导者既不能大权旁落、无所用心，又不能全权独揽、事必躬亲。那么，如何才能不走这两个极端呢？当然领导者在进行权力分配时，一定不能拘泥于定规，僵化固守传统，要善于用人，善于创造性地运用各种人才作为被授权者。

（一）授权给能干的人

能干的人，指的是有才能会办事的人，简称能人。权力是一把利剑，有的领导者注意暂时放手，有的领导者则绝不放手。正确的方法是：让能干者拥有权力！领导者在进行授权的时候，不仅要看重被授权者的知识能力还要看重其能干的素质。在实际工作中常常可以发现，一些工程技术人员虽然学历不高，却往往具有较深厚的专业知识和较强的实际工作能力；相反，一些高学历人员虽然各方面的表现不错，却没有突出的特点，与他们谈话留下的印象不深。一个人实际工作能力的高低，是作为领导者授权与否的评判标准。

能干的人善于独立思考问题并善于发现某些处于萌芽状态的问题；善于处理复杂棘手的问题；善于提供有价值的独特见解。这种能干的人属于实干家、活动家，办事能力强、开拓能力卓越。他们在实际工作中协调组织能力强，具有很强的向心力，而且他们往往办事认真负责，善始善终，敢于坚持原则、坚持真理，对于错误言行和时弊敢于直言不讳。如果大胆地授权给他们，领导者将得到可靠的支持和帮助。如何授权给能干的人，需要把握好以下 3 个条件。

其一，不能鞭打快牛。领导千万不要在心理上形成能干者就应该干，干是他的本分，他也愿意干的认识。我们的工作毕竟有着明确的分工，而且由于这些分工大多是建立在科学合理的基础上的，因而每一份工作、每一个岗位的工作量应是大体相当的。如果领导者对自己的部属了解得够充分的话，应该相信能干者们是能够做到“不用扬鞭自奋蹄”的，用不着“鞭打快牛”。需要“鞭打”的应该是那些“慢牛”。如果对“慢牛”的要求放松尺度，采取宽而忍的态度，对能干者却毫厘不让，别人拉 1 车，他能拉 10 车，就必须拉 10 车，力争拉 11 车，偶尔拉 9 车就判断其藏奸耍滑。在这样衡量标准不一，贡献与回报不一致，又没有充分理解和尊重的情况下，能干者就会感到被愚弄，以致心理失衡，能干者的热情和积极性极易受到影响和挫伤。

其二，不能感情用事。能干者往往是“只顾埋头拉车，不顾抬头看路”的人，但他们不是心中无数，他们中的绝大多数是把工作放在第一位的，心思用在别的上面、瞻前顾后的少。一个单位内部有务实的，也必然有务虚的。当然这里的“务实”与“务虚”是相对而言的，不是绝对的。务实者往往在建立私人感情、协调联络关系上不到位、欠火候，而务虚者却精通此道，所以有时就会形成领导者在工作上对能干者高看一眼，在个人心理和感情上对务虚者别有垂青的状况。面对工作和个人感情具体衡量的时候，如果把个人的私情放在了第一位，把务虚者的花拳绣腿、巧言令色摆上了重要位置，工作向能干者倾斜，好事向务虚者倾斜，一而再再而三地这样，将从根本上动摇和瓦解工作的中坚力量，单位也会形成虚妄不实、搞个人亲亲疏疏的不良风气，必然影响工作的开展和干部的健康成长。

其三，不要顾此失彼。有的领导者认为，能干者只会干实活儿、事务性的工作，一些面子上的事、交际协调的事做得不巧妙，在安排工作时便把苦累无名的活儿交给能干者，把一些名利双收的面上活儿交给务虚者。多数领导对务虚者的评价，都认为这是他们的一大特长。如此一来，不但影响了务实者的全面锻炼和提高，而且造成了事实上的不公正，让能干者吃了亏、受了气，让不干实事的务虚者占了便宜、风光占尽。如果这样，必然带乱队伍，贻误事业。所以，领导者必须把务实者真正摆在自己心中的重要位置上，在对其评价上要真实、公正，在利益上真正向他们倾斜。

因此，领导者授权给负责人，一定要注意，既然他有能力，就让他大胆发挥手中的权力，让他动脑筋当自己的主人；同时，他出现难题时，还要在恰当的时候给予指点。

（二）授权给有责任心的人

《孙子兵法》中论述领导者的素质为："将者，智信仁勇严也。"其中的"勇"就是有勇气，有魄力，敢作敢当，敢冒风险，勇于负责，勇于承担责任。美国管理学家包穆尔教授提出领导者应具备的10种能力，其中第4种就是勇于负责：对上、下级、客户及整个社会抱有高度责任心。Robbins在讲到《管人的真理》时说，在授权的过程中如果有疑虑的话（你不知道授权给谁更好的话），就选那些有责任心的人。他提到一项心理学家的调查，其结果是发现一个人是外向还是内向，严厉还是随和，开放还是保守以及情绪是否稳定，都和一个人做出的业绩无关。唯一有关的个性特征是一个人是否有责任心。

心理学家发现，让人做出成绩的种种特征最后都可以归结到责任心上面：有责任心的人工作认真，有责任心的人细致，有责任心的人擅长计划，有责任心的人有组织性，有责任心的人工作努力，有责任心的人坚韧不拔，有责任心的人成就导向。历史上曾经发生了这样一个故事：为了防备匈奴进犯，汉文帝派几位将军驻扎在都城长安周围。其中，周勃的儿子周亚夫率军驻守细柳，即长安西边渭水北面的地方。为了鼓舞士气，汉文帝决定亲自劳军。他先到了霸上和棘门两个地方，车马都是直入军门，没有人敢来拦阻。但到了周亚夫的细柳营外，只见军旗飞舞，甲士持刀枪列队，戒备森严，文帝先派人进营通报，说皇帝御驾劳军。这时，营门军士依然不动，说："我们是军营，只闻将军令，不闻天子诏。”过了一会儿，周亚夫接见天子来使，才传令开门。大门打开以后，传令长说：“将军有令，军营中不允许纵马。”文帝听说之后走进军营，到了中军帐里，才见周亚夫全副武装，披甲佩剑，过来迎接。他没有像在朝廷上那样下跪，只是鞠躬一下，说：“请陛下原谅，我们是军人，只行军礼。”文帝深受感触，在车上扶着车帮，微微欠身向军士致敬，并且使人宣谕：“皇帝来此敬劳将军。”周亚夫这时带着军士肃立两旁，十分威严。文帝离开的时候，周亚夫也不相送并且立即关上营门，严整如故。有人对文帝说周亚夫对皇上无礼。文帝说：“这样纪律严明，戒备森严，才是真正带兵打仗的将军，你看那霸上、棘门两处的军营，松松垮垮毫无戒备，如果突然遭到敌人的袭击，官兵都可能被抓住，哪有周亚夫会治军啊？”于是封周亚夫为大将军。不久，吴王叛乱，正是周亚夫带领其部下极力抵抗，才击退叛军。

（三）授权给信任的人

只有信任，才有授权。中国人对“信任”这个词的认知应该是源远流长的，《论语》中“信”的出现频次仅次于“仁”和“礼”，“仁”“礼”中也包含着“信”的内涵。中国人的道德评价中非常重要的一个评价因子即是信任。本文所指信任主要指人与人之间建立在相互道德信赖基础上的心理认同，行为支持，强调合作互信，而不把风险与控制作为前置条件。用人不疑，疑人不用。在授权中如果不能做到充分的信任，无论领导者如何地努力，也无论下属如何地耕耘，都难以结出丰硕的果实。聪明的领导者应该敢于放权，不但信任而且要把这种信任传递给被授权的下属。在授权中信任是挖掘下属潜能必不可少的力量。信任授权需要把握好两个方面。

一是领导者信任下属。所谓信任下属，在很大程度上是指信任下属会尽力做事，也会正确地做完，而下属通常不会辜负领导者的期望。但是，在处处指挥、控制、监视的工作环境里，是不太可能激发信任和尊重的。不信任下属是最不实际、最没有效率、最浪费时间的管理方式。在正常的情况下，管理是将工作目标划分成适当的责任范围，使得下属能发挥最大的潜力。但是，许多领导者狂妄自大，他们认为只有自己有能力完成工作，从不信任他人，又对自己有效管理下属的能力没有信心。他们总是事必躬亲，三番两次地检查、做改动，这对生产力大大不利。结果，这种管理作风让他们自食恶果。

二是下属信任领导。信任来源于公正大方，但要想长久维系信任，只有依赖于人们对有能力的上司的崇拜和尊重。要想得到下属的信任，领导者必须做到公平、公正，偏袒、虚伪、错误的观念和行为、不道德的举止，都会极大地破坏信任。

四、情商“呵护”领导力

权变理论代表人物之一佛雷德·卢森斯（Fred Luthans）对成功的管理者（晋升速度快）与有效的管理者（管理绩效高）做过调查，发现两者显著不同之处在于：维护人际网络关系对成功的管理者贡献最大，占48%，而对有效的管理者只占11%。可见，在职场中，要获得较快的成长，仅仅埋头工作是不够的，良好的人际关系是获得成功的重要因素。为此，情商无疑是提升领导力的一个重要因素。

作为一个有影响力、有作为的领导者，需要不断在丰富完善自我中提升情商。具体地讲，应从以下几个方面努力。

一是在日常学习中提升情商。情商的高低，有先天的因素，更与后天的努力有关。学习是获得知识的重要途径，是提高情商的基础方法。领导干部要通过刻苦学习，提高自我的政治素质、科学素质和文化素质，锤炼良好的心理品质，从而有效地改善自己的知识结构，提高自身的综合素质，以求在复杂的环境中，能及时、快速、合理地调整自己的心态和情绪，沉着冷静和果断地洞察、分析、判断、解决工作遇到的各种问题，从而不断提高自我的情商，做到稳重、干练、惜言、达观，树立坚定的信念，展现良好的人格魅力，使同事尊重、上级器重、下级敬重、工作对象佩服。

二是在社会实践中提高情商。社会实践是提高情商的基本途径，领导干部要善于通过实践达到“内修涵养、外塑形象”的目的。任何能力都是在改造客观世界的活动中发展起来的，情商的高低既然是一种能力，那么就应该在实践中历练提高。因此，各级领导干部必须紧密结合自己的本职工作，通过创造性的实践，来提高自我的能力，从而成为别人用得着、靠得住、信得过的人，以实际行动换取对自己的信赖和支持，强化情商内外部基础。内修涵养，就是要有意识地磨合自我的性格，修炼自我的品行，不断提高自我的道德水准。外塑形象，就是要以积极的心态，求真务实的作风，培养良好的言谈举止风度，对思想工作对象不骄不躁，要善于呵护和理解，以实际行动换取他人对自己的信赖和支持，用高情商的工作去促进工作效率的提高。

三是在人际交往中陶冶情商。领导干部能否正确处理和协调人际关系，是衡量其组织领导和驾驭全局能力的重要标志之一，也是衡量领导干部情商高低的关键要素。卡耐基曾说过这样一句话："一个人的成功，只有 15% 靠他的专业知识，而 85% 要靠他良好的人际关系和处世能力。"[①] 这种论述虽然有其局限性，但从另一方面说明了人际关系的重要性。所谓人际关系，实质上在很大程度上就是对自我情绪的管理和对他人情绪管理的一种活动。情绪作为内心体验，是在客观事物是否与人的主观需要相符而产生的。因此，领导干部在通过协调人际关系来提高情商时，应着眼于管理自我情绪。因为人际关系是一种双方的互动行为，别人的情绪产生与控制主要是别人的，但关键是要能够坦诚的感受他人的情绪，能用自己的情绪影响他人的情绪。管理自我情绪，主要包括认识、调适和控制自我情绪等。对领导干部来说，就是要做到盛怒之时不主事，狂喜之下不许诺。只有这样，才能提高自我情商，增强领导干部自身的理智性，使得观察处理问题更客观、更善解人意，从而保持实事求是的工作作风。

四是在实际工作中磨炼情商。领导干部的工作复杂多变，要与方方面面的人打交道，去解开他人思想疙瘩，从而调动全员积极性。因此要善于与人打交道，取得他人的信任，善于学会倾听。对领导干部而言，倾听不仅是做思想工作的一个技术问题，更是一个态度问题；不仅是掌握思想动向获取信息的过程，更是渗透"情志移入"的过程。诚心倾听，做一个忠实的听众，是领导干部提升情商的有效方法。为此，领导干部要注意做到以下几点：其一要态度真诚，表示出听的愿望，并专注于对方所反映的问题和困难，克服漫不经心、漠不关心、敷衍应付等不良习惯，切实感受对方的敏感情绪，体谅其想法和期望。其二要善于调动工作对象讲话的积极性，不时地以和蔼态度发问，以商量的口气交换看法，以默许的方式表示认同，以表情的变化示意理解，不断激发对方讲

① 卡耐基：《卡耐基成功学全书》，商业出版社，1998 年版，第 122 页。

话欲望，使其感到自己正在受到重视和信任。其三要讲究谈话艺术，善于疏导，以理服人，言而有信，掌握分寸，设身处地，正确引导。总之，在实际工作中，领导干部要通过诚心倾听，感受工作对象的心境，触摸其心灵，融解对方的情绪，把握思想脉搏，有的放矢开展工作，使工作达到事半功倍的效果，这样自身的情商系数随之也得到了全面提升。

五是在社会知觉中升华情商。所谓社会知觉主要是对人（包括对他人和对自己）的知觉，包括对人的角色知觉、心理知觉、行为知觉以及情绪知觉等。具有较高情商素质的人，能够从各种细微的信息中觉察他人的需求，破译他人的内心世界，从而有效地调节和改善双方的关系，增强彼此的心理相容能力，并容易从情绪的阴影里走出来，重新站在事业的跑道上。所以，领导者提升情商，必须着眼于树立正确的社会知觉。其一是对他人的知觉要全面。领导者认知他人，除了从他的言论以及外表了解外，更重要的是观察其表情并对这些外在情绪表现背后的动机、需要等做出合理的判断和推测，形成全面的认识，以便摸清其思想，把握其需求，并能据此调节自己的情绪。其二是自我知觉要准确。领导者的自我知觉主要表现在对自我外在的观察和对自我内部意识的认识。领导者在自我认知时，由于受认识因素和自身动机、需要、愿望等其他心理因素的影响，对自己的认识和评价很难做到恰如其分。因此，在自己内省和估价的前提下，还必须通过他人来了解自己，虚心听取群众意见，这样才能使自我知觉有效地指导自己的言行，从而提升自我情商。其三是注意克服社会知觉中的各种偏见。比如第一印象、晕轮效应、定势效应等，都不同程度影响领导者对人的知觉，易造成主客体之间的不和谐，从而影响领导情商的提升。

C H A P T E R 15

第十五章

芬兰、波兰、瑞典三国公务员培训的积极探索

芬兰、波兰、瑞典三个国家地理位置相近，经济发展快速，环境整洁优美，社会和谐稳定，政府廉洁高效，法治社会秩序，公众满意度高。在推进领导力建设上积极探索，重视公务员核心价值塑造和领导力提升，致力于培训师资队伍建设，精心打造培训课程及内容体系，积极开展各层次各领域的交流合作，深入探索培训机制体系，积极拓展国际培训合作业务，在推进国家领导力建设上成效显著，许多方面都值得思考与借鉴。

一、芬兰、波兰、瑞典三国的实践经验

（一）芬兰公共管理学院的价值理念

芬兰共和国（The Republic of Finland，Suomen Tasavalta）。国土面积 33.8 万平方公里。人口 547 万。芬兰族占 93.4%，瑞典族占 5.6%，还有少量萨米人。芬兰语和瑞典语均为官方语言。芬兰国家行政区包括 6 个地区管理署和 15 个经济发展、交通和环境管理中心。国家工作人员数量在 1988—2001 年，从 21.5 万人减少至 11.9 万人，即缩减 45%。芬兰中央政府有 6800 多名管理人员。

芬兰公共管理学院的建院历史可追溯至 1971 年，其前身为国家培训中心，负责芬兰的在职公务员培训。1987 年改名为行政发展署。1995 年，从政府机构转制为芬兰财政部下属国有企业，并正式更名为芬兰公共管理学院。2002 年，该院进一步转制为有限责任公司。2010 年，学院成为政府战略投资对象，芬兰政府拥有其 100% 股份，由财政部负责监督指导学院工作。学院主要提供公务员培训及机构发展支持，以提升政府及其相关机构在公共行政领域的服务水平。

芬兰公共管理学院是提供一体化培训的机构。学院价值观念为“凝聚力、

敏锐力、积极态度、真诚可靠”。长期以来，学院面向芬兰国内外提供公共行政领域的培训、咨询和发展服务。该院可提供长期职业发展课程和短期公共管理领域专题培训。主要领域包括：人力资源管理和开发、预算和审计、公共采购、公共服务组织、法律起草和行政法、欧盟事务、良好治理和公务员伦理、培训者的培训。作为芬兰公共行政培训方面的领先机构，能够满足中央和地方的组织机构对于公共行政领域全面的知识理论需求。学院的主要领域包括：高级管理人员培训、中级管理人员绩效管理、公司治理、战略管理和领导力、变革管理、团队建设。

在国际交流与合作方面，学院旨在提升国际学员能力建设，帮助进行治理结构、制度制定及资源分配等方面的能力建设，同时，注重与相关人员保持良好关系。该院在公共管理领域的培训有以下 4 点竞争优势。一是学院在国际调查研究领域具有领先地位，二是芬兰政府是世界上贪腐最少的，三是芬兰是世界上言论自由化程度相对较高的国家，四是芬兰有着卓越的教育体系。学院非常重视国际交流与合作工作，近年来与多家国外组织建立了友好合作关系，如马其顿财政部、土耳其劳动与社会保障部、立陶宛外交部以及俄罗斯摩尔曼斯克教育委员会等，还与我国广东省政府建立了合作关系。该院国际发展项目专题有：公共行政发展、反腐倡廉、公共采购、战略管理与发展、能力建设、制度建设、公务员培训（包含欧盟工作人员）、绩效管理和绩效预算、公共行政效率以及人力资源管理与发展。

（二）波兰国家行政学院的机制创新

波兰共和国（The Republic of Poland）。国土面积 31 万平方公里。人口 3849 万（2014 年 1 月）。其中波兰族约占 98%，此外还有德意志、白俄罗斯、乌克兰、俄罗斯、立陶宛、犹太等少数民族。公务员是波兰公共行政事业的一部分。2000 年数据：公职人员（包括士兵和警察）95.82 万人；公职人员（不包括士兵和警察）63.63 万人；地方行政人员 25.22 万人。官方语言为波兰语。全国约 90%的居民信奉罗马天主教。

波兰国家行政学院，是波兰公务员培训的核心机构，于 1989 年由波兰第一任民选总理塔德乌什·马佐维耶茨基提议成立。1991 年，波兰议会通过《国家行政学院法案》，当年9月2日，学院正式对外招生，成为中东欧地区首个国家行政学院。学院直属波兰政府，院长由总理任命，经费主要来源于国家预算。学院最高管理机构为学院管理理事会。

波兰国家行政学院旨在培养具有公正、政治中立、专业、有能力及有责任心等方面素质的公务员，致力于提高其责任感、增强其应对公众事件以及在国际大环境中处理各类事件的能力。学院非常重视学员职业道德教育，尤其是对于那些很有潜力的公务员，依据是2011年波兰总理颁布的《波兰公务员条例》，具体要求包括高尚无私、开放客观、诚实可信、领导力等。学院开展全日制研究生教育、公务员继续教育及国际交流与合作。其中学员在完成全日制研究生项目的学习后，可直接在相关政府部门任职。学院聘请相关专家学者授课，并与波兰政府、国内外学术界及相关机构开展合作，积极推进学院职能的实现。波兰行政学院下设发展和继续教育中心，专职负责提供继续教育、发展和创新服务。该中心的培训项目面向社会不同领域的工作者，通过研讨会、公开演讲、专题讲座、定制课程及讲学等多种形式，为国内中央及地方政府公务员、研究机构及非政府组织工作人员、企业高级管理人员等提供培训服务。继续教育项目创立至今，已培训超过5000名公共部门的公务员和管理人员。学院发展和继续教育中心培训内容涵盖6个主题，主要包括：公共管理、法律与行政、软技能培训、公共财经、欧盟和IT技术。这些课程提供了公务员在未来工作中所需的全部技能。学院积极推进师资库建设，从而为学员提供更加全面的培训内容。学院的师资采取专兼职结合的办法，以兼职为主。成员有来自公共部门的经验丰富的实践者，也有来自本国知名大学的专家学者。同时，学院也积极探索与商业培训机构开展合作的培训模式。在推进高级公务员能力建设上，波兰国家行政学院与波兰内务部联手，旨在帮助高级公务员制订个人发展规划，明确培训方式和内容。学院设计了能力模型，对各部委高级公务员进行能力诊断。

在培训类型上，中央层级的培训，由公务员局长组织实施与监督；常规培训由各部门人事主管组织实施与监督；公务员个人发展类培训由各部门人事主管在其个人意见基础上组织实施与监督。此外，还有专门类培训主要由各部门人事主管依据本部门相关工作需要组织实施与监督。比如2014—2015年开展的伦理、反腐能力培训专题培训；公文写作能力培训以及提高公务员为人民服务的意识等专题培训。

（三）瑞典公共行政学院的合作交流

瑞典（Sweden），全称瑞典王国，是一个位于斯堪的纳维亚半岛的国家，总面积约 45 万平方公里，是北欧最大的国家。截至 2013 年 7 月，瑞典总人口为 911.94 万。人口增长率为 0.163%。瑞典是单一制结构形式的国家，由中央、20 个省和 290 个市三级政府组成。瑞典全国公务员约 157 万人（2013 年），其中，中央 24 万人，省级 36 万人，市级 96 万人。

瑞典公共行政学院是一家提供咨询和培训服务的机构，属于公司性质，擅长于转型和发展中国家的能力建设和组织发展。学院共有教职工 90 余人，其中 40 人在瑞典总部，50 人分布在国外项目办公室。学院拥有广阔的国际网络，雇用了经验丰富、资历高的短期专家，并与伙伴单位在公共发展及相关领域建立了合作关系。学院在全世界 20 多个国家建立了分支机构，派遣专家教授到 90 多个国家进行讲学。

1982 年，瑞典组建公共行政管理部的同时，建立了国家公务员培训学院。学院的主要任务是培训和咨询，并就培训的需要、发展、设施，以及公务员制度开展研究。学院的使命是：一是为政府服务，协助政府搞好人力资源开发；二是通过培训服务，提高公务员素质，提高政府工作效率；三是以政府的政策为指导，与其他外局合作开展服务。培训对象主要是中央政府各部、局的各层次公务员，从一般人员到部长都有。学员的选派，由各部、局与工会协商确定，培训时间以短期为主，从几天到数周不等。各种培训机构都是实行有偿服务、市场化运作，学习费用由学员派出单位支付，从单位预算中列支。工作不满 4 年的公务员培训费用自理。公职系统中，每年有 20% 的人参加各种培训。

瑞典在促进国家经济和社会健康发展中，特别注意培养领导力。他们认为，中央和地方政府行政管理工作需要出色的领导者和管理者，领导者和管理者必须具备出色的领导力和执行力。因此，瑞典政府十分重视领导层的培训。瑞典政府人力资源部门注重在实时工作中和培训活动中培养高级公务员，又可称为“行动学习”。政府的人力资源部门经常组织各层面的领导者、管理者参与一些实际工作项目来提高其领导力。行动学习能够帮助潜在的领导者提升自己的能力，为走上更高层级的工作岗位做好准备。例如，针对国务秘书这个层级，每年的行动学习式培训有2～3次，每次2～3天。学员们提前3周得到培训任务，带着问题参加培训，每年有3次专题讨论会，1次专题研究。

瑞典公务员培训在方法上显示出高度的灵活性，很少进行大班次、多人数的集中性培训，多以提高履职能力和专业技能为主。小到早餐会议，大到根据需求定制的专题研讨班，以短班、小班居多。瑞典金融管理署一年有90个培训项目，最短的培训班半天，最长的培训班3天。瑞典的公务员培训非常重视互动和沟通，除传统的课堂讲授、案例教学外，还比较广泛地采用了专题研讨、实习锻炼、现场观摩、角色扮演、情境模拟等方法，强调运用新知识解决实际问题，切实提高学员的实际操作能力。

二、几点重要启发

在推进国家治理能力现代化进程中，领导力建设首当其冲。芬兰、波兰、瑞典3个国家在领导力建设、培训机制、对外交流合作以及人才培养上积极探索，开阔了视野，对提升各级党政干部的领导力具有重要的启发借鉴意义。

（一）领导力建设关键是确立核心价值观

以清晰的价值观和道德标准为基础的培训教育，是国际公务员培训的基本趋势，也是各个国家公务员培训的核心理念。尤其是在全球化不断发展的背景下，必须通过培训强化公共管理人员的价值观，提高其道德标准，才能对国家进行有效服务与管理。芬兰、瑞典以及波兰国家行政机关的基本价值观包括：高效、优质、专业、以服务为宗旨、透明、信任、平等、公正、独立和负责等基本要素。要求各级工作单位的价值观必须建立在共同的基础上。政府机构必须积极参与关于价值观的讨论，达成的共识必须与工作实践相结合。各级单位必须保证，即便在人员流动频繁的时期，都能妥善解决公务员中的道德问题，维持公务员公认的高道德标准。为此，开展国家公务员培训教育，首要问题是解决好职业道德准则与价值观问题，也就是要解决“当官究竟为了谁”的问题。

（二）提升中高级公务员领导力是重心所在

随着国际间政治经济交往的频繁互动，注重对中高级公务员领导力提升已成为提高国家核心竞争力的重要手段。围绕提升公务员能力素质，打造高素质的具有国际视野的公务员队伍，将是未来公务员培训教育的重点。比如在波兰，领导力、变革管理、决策力以及高效执行力已成为高级公务员最受重视和欢迎的课程。瑞典特别注意培养领导力。鉴于中央和地方政府行政管理工作需要出色的领导者和管理者，出色的领导力和执行力是必备素质条件。为此，要研究中国公务员领导力与国际公务员领导力发展水平之间的差异特点，由此开发适合参与国际经济社会发展需要的具有鲜明特性的领导力培训课程，并以此深化与北欧国家包括欧洲其他国家公务员培训机构的交流合作，扩大国家行政学院的国际影响力。

（三）培育和完善培训课程体系是基本途径

经过20多年的发展，在积极推进领导力培训项目中，虽然基本上形成了公共管理、经济学、法学、领导科学、社会文化、应急管理等骨干学科体系，但只有这些学科或专业是不够的，更重要的是培育和完善相应的学科体系。犹如一棵大树，只有树干不能成活，要有树根树枝树叶才能根深叶茂。在此，在相应的重点学科领域，要培育更多的专业科目。瑞典公务员培训课程选择，在主干课程体系就有上千门应用专业课程支撑，这些课程都是培训市场催生的产物，也是专业学科发展的必然结果。因为有了更多更实用的课程选择，培训内容项目才更有活力，对公务员更具有实际应用价值，更具有吸引力。

（四）转变思维，开阔视野是现实选择

随着世界经济全球化浪潮高涨，政府间交往的互动频繁，如何积极参与国际事务，在国际交往中发挥作用与影响力，是任何一个政府或部门需要面对的现实课题。笔者通过对芬兰、波兰、瑞典三国访问，真实感受到公务员培训市场化国际化趋势已成潮流。仅波兰国家行政学院就与埃及、土耳其、阿塞拜疆、

孟加拉、罗马尼亚、保加利亚等 20 多个国家机构建立了相互合作关系，拥有众多培训项目，芬兰、瑞典紧随其后。世界已经变成立体网络化，相互交融彼此关联。要发展首先要积极参与，而且参与比发展更重要，关键是要开阔视野，转变思维模式。为此，要登高望远，视野广阔，积极与世界各国公务员培训机构、大学科研院所展开合作交流，专家学者既要善于与各国同行打交道，宣传自己的经验做法，更要把党和国家的大政方针、目标规划变成对方能理解接受的语言进行宣传指导，通过请进来、走出去，增长见识，提高能力水平，这不仅是国际公务员培训潮流需要的，也是提升领导力，推进国家治理现代化的迫切需要。

（五）整合资源，创新机制是着力点

芬兰、波兰、瑞典 3 个国家培训机构人才济济，培训机制灵活，成本低效益高。比如芬兰公共管理学院专职人员 30 人，兼职教授 400 多人，其中拥有 40 个享誉世界的著名专家。芬兰公共管理学院每年举办 300 多次培训活动，涉及人数 8000 ～ 10000。去年预计收入 500 万欧元。瑞典行政学院员工 90 名，兼职教授 500 名。业务范围涉及全球 20 多个国家，去年收入突破 1400 万欧元。波兰每年设置 110 个开放办学课程，每年设置 60 个专题培训班，每年招收 3000 ～ 3600 名学员。在培训管理机制上，芬兰、瑞典培训采取项目管理制的办法效果明显，波兰在研究生培训教育上采取导师制，还有之前考察中熟悉的意大利在公务员培训中积极探索创新，以实际工作中面临的问题为抓手，要求每个学员在培训之前必须先搜集几个重要问题供大家分享，培训中集体讨论提出最佳解决方案回去检验，通过问题解决提升培训效果，增强培训针对性和有效性。这些做法经验都值得学习、吸收和借鉴。为此，要强化培训针对性，对培训对象、培训规模、培训内容采取分层级、精细化管理的办法。在人才队伍建设上，既要抓紧专业骨干教师的培养塑造，更要抓好兼职教师队伍建设，整合社会优质资源，加大聘请优秀领导干部、成功企业家、优秀专业人士进党校、行政学院授课力度，着力优化师资队伍结构，为提升领导力建设水平提供机制保障。

主要参考文献

1. 习近平,《习近平谈治国理政》，外文出版社，2014 年版。

2. 中共中央组织部干部教育局编写,《领航中国——五大发展理念案例选编》，党建出版社，2016 年版。

3. 苏东水,《东方管理》，山西经济出版社，2003 年版。

4. 刘峰,《新领导观》，北京大学出版社，2009 年版。

5. 刘峰,《新领导力》，北京大学出版社，2016 年版。

6. 刘峰,《简约领导》，国家行政学院出版社，2012 年版

7. 胡月星,《现代领导人才测评》，国家行政学院出版社，2004 年版。

8. 胡月星,《民族地区基层干部队伍整体素质发展调查研究》，民族出版社，2004 年版。

9. 胡月星,《领导干部心理健康读本》，中国人民大学出版社，2005 年版。

10. 胡月星,《现代领导心理学》，山西经济出版社，2006 年版。

11. 胡月星,《领导胜任力》，电子工业出版社，2007 年版。

12. 胡月星,《基层党政领导干部胜任力实证研究》，国家行政学院出版社，2009 年版。

13. 胡月星,《企业领导人员核心胜任能力实证研究》，电子工业出版社，2010 年版。

14. 胡月星,《胜任领导》，国家行政学院出版社，2012 年版。

15. 胡月星,《公务员胜任特征实证研究》，国家行政学院出版社，2015 年版。

16. 胡月星,《快乐领导》，国家行政学院出版社，2016 年版。

17. 时蓉华,《社会心理学》，浙江教育出版社，1998 年版。

18. 加里・尤克尔著，陶文昭译，中国人民大学出版社，2004 年版。

19. Fred Luthans 著，李超平译,《心理资本》，中国轻工业出版社，2008 年版。

20. 大卫・V. 戴、约翰・安东纳基斯编，林嵩、徐中译,《领导力的本质》，北京大学出

版社，2015 年版。

21. 沃伦·本尼斯，徐中、姜文波译，《成为领导者》，浙江人民出版社，2016 年版。

22. Alan Carr，丁丹等译，《积极心理学》（第二版），中国轻工业出版社，2014 年版。

后 记

本书是在作者已出版的《现代领导心理学》《领导胜任力》《快乐领导》等书的基础上，结合领导心理专业学科建设需要，补充新的内容、重新调整章节，倾力打造的又一本新作。书中的许多内容既是对以往研究成果的汇集，更多的是作者近年来在这一领域的思考感悟。领导心理学作为领导力学科体系中的基础学科，承载着追本溯源，承上启下的重要功能。只有深入探索领导心理变化规律及其特征，才能更加深刻认识到领导力的来源，才能更好地发挥领导影响力。光阴荏苒，岁月如梭。多年来，徜徉在领导心理研究领域，既有跋涉的劳累艰辛，也有点滴收获的满足喜悦。犹如在夜色中前行，恍惚间发现繁星闪烁，景象万千，顿觉精神倍增，忘却了路途奔波的困顿。长期的执着坚守，源自对领导科学专业学科的热爱，更培养了对这一学科的浓厚兴趣。正是这种情感力量，遂成为自己不辞辛苦坚持不懈的动因。

《领导心理》阐述了许多话题，其中一个明确的道理就是职场即是心理场。领导者的职业生涯，既是职场发展之路，也是心理体验之路。在领导者的发展成长历程中，心理因素犹如空气环绕左右，是影响领导职业生涯健康发展的关键诱因。诚如没有心理变化就没有心理影响力一样。领导者的喜怒哀乐、所思所盼、所惧所畏等心理现象，都与领导影响力密切相关。领导观念、态度、认知、情感、行为；领导品质、能力以及性格类型，都不是抽象的，而是具体鲜活的，犹如一幅幅充满灵气的山水画，峰回路转，曲折奥妙，使人陶醉，令人神往，“横看成岭侧成峰，远近高低各不同”，由此，探索和研究领导科学，提升领导力，首要的在于认识和把握领导心理行为规律，对领导心理及其行为特征的考察分析，是推进领导科学研究事业发展进程的重要内容。

多年的学习工作经历，回想自己走过的路，更加深深感受到，大千世界，五光十色，原色最纯正也最重要。在此，首先感谢我的导师，陕西师范大学心理学院欧阳仑教授、复旦大学首席教授苏东水先生的悉心培养和教育。正是两位恩师的谆谆教诲和关心提携，才使自己在心理科学、管理科学和领导科学领域未变其志，岁月快速变迁，行程总是匆忙，但始终没有改变对领导心理科学的爱好兴趣，沿途所采集的花朵果实，也多是给原色增加了一些图案色彩而已。滚滚潮流，彩旗飘飘，不变起色，不改其志，这也许是对两位先生最大的回报。

领导力不是单一能力，是一种合力。独木难支，只有“众志”，方可“成城”。本书作为“领导力系列”中的一员，与其他书稿一道共同构成了丛书的主体结构内容。在写作过程中，丛书各位专家学者、各位作者群策群力，互相鞭策激励，共同学习提高，这种团结奋斗精神感染着每一位作者。在繁忙的教学科研工作中，面对时间紧、任务重的写作，大家克服困难，兢兢业业，砥砺前行，表现出良好的专业素质和奉献精神。在此对丛书各位专家学者的关心支持深表感谢。

自 2005 年从江南水乡苏州来到国家行政学院，加入领导科学团队之中，在刘峰教授率领下，奋力前行，先后申报了多项国家重大科研项目，参与了多项中央委托的咨询研究课题，领导科学团队在国内外赢得良好声望。领导科学被国务院颁发的《国家行政学院工作条例》（2009 年 12 月颁布）列为国家行政学院和全国行政学院系统的重点学科，由此奠定了领导科学官方的学科地位。同时，领导科学博士点开始面向全国招生。刘峰教授、范文教授、许耀桐教授、褚松燕教授、李拓教授、邱霈恩教授晋升领导科学专业博士生导师行列。本人所列入的领导心理及胜任力研究方向，在全国更是凤毛麟角，独树一帜，引起各级各类领导干部培训教育机构的积极重视，《领导胜任力提升》《积极心态与心理调适》《领导力与领导智慧》等核心课程几乎讲遍了所有的中央国家机关干部培训班次，在干部群体中获得广泛赞誉。

一个人的成长离不开环境的熏陶培育，专家学者的成长也不例外。在个人的专业学习生涯里，陕西师范大学、宁夏大学、苏州大学、复旦大学都留下过自己学习工作的足迹。在这些著名院校里研读学习，教书育人，奠定了良好的专业学科基础。此外，学习研究经历是一个方面，现实生活锻炼更显珍贵。在宁夏回族自治区党委组织部工作期间，承担了多项中组部下达的重要课题，丰富了知识结构，提升了研究能力。课题成果连续三年荣获中组部全国优秀调研成果一等奖。先后被中组部研究室、干部监督局、领导干部考试与测评中心帮助工作，得到中组部领导同志们更多的关心厚爱，增强了自己从事领导科学专业探索的信心；2009 年 12 月—2011 年 12 月被国家行政学院党委推荐到云南省昭通市挂职担任人民政府副市长，两年中与政府班子成员相互关心帮助，与当地基层干部群众积极交往，建立了深厚的情谊，增长了实践经验，增加了工作智慧，提高了实际工作能力。党政机关和基层部门的挂职锻炼经历，开阔了视野，厚实了学科基础，为领导心理及胜任力研究方向增加了储备能量。人生历程风景无限好，回首以往，不胜感慨。流失的岁月，获得了智慧，接触的人和事历历在目，就像电影画面一样，赏心悦目，让人留恋激动。在此，感谢陕西师范大学、宁夏大学、苏州大学、复旦大学母校的老师和朋友；感谢宁夏组织部、中组部熟悉的各位领导同事，感谢挂职锻炼岁月里结下深厚情谊的昭通各级领导干部和父老乡亲。恕不一一列出姓名，早已驻足心底，视同血脉手足。

在本丛书的编写当中，得到了国家行政学院、地方行政学院以及中国人才研究会、中国领导科学研究会有关部门的领导、专家学者的积极支持和热情关怀。人力资源和社会保障部原副部长、中国人才研究会何宪会长；国家行政学院原副院长、国家行政学院公务员培训中心主任周文彰教授担任丛书顾问，对丛书的研究出版悉心关怀、寄予厚望。中国人事科学院原院长、中国人才研究会领导人才专业委员会会长吴江教授；中国领导科学研究会副会长、国家行政学院领导科学研究中心主任刘峰教授两位学界前辈担纲本丛书编委会主任，对丛书的编写给予有力的支持指导。在此首先表示衷心的感谢。

教育部部长陈宝生（原任国家行政学院党委书记）、国家行政学院常务副院长马建堂和国家行政学院杨克勤副院长、陈立副院长、李季副院长对领导科学专业发展寄予厚望，并给予我们支持激励。国家行政学院教务长陆林祥教授、教务部主任丁文锋教授、科研部主任樊秀萍研究员、培训部主任安令裕、国际部主任董青、政治学教研部主任范文教授、经济学教研部主任张占斌教授、法学教研部主任胡建森教授等部门领导以及中国领导科学研究中心各位同事朋友给予热情关心，厚爱支持；国家行政学院出版社原总编辑乔兵、政治学教研部教授胡冶岩大姐牵线搭桥。参与丛书研究的教授有陶建平、孙立樵、鄯爱红、张素玲、李军、赵福生、来丽梅、周敏、杨国庆，作为国内有影响力的业界领军人物，他们积极支持配合，为本书提供诸多咨询帮助。郑传贵博士后，江文博士、王文新博士、曾荣博士、贺海峰博士、袁书杰博士等几位年轻学子，他们风华正茂，思维敏捷，勤奋热情，出手不凡，令人欣喜。在此一并表示深深的谢意！

诚如本书一再强调的，领导力的实质，归根到底是领导心理作用力。只有身心俱佳，才能担当领导重任，才能真正发挥领导影响力。开展领导心理研究是时代发展的客观需要，是推进国家政治生态文明建设和实现国家治理现代化事业的必然要求。今后，这方面的研究领域将更加宽广，涉及的内容更加重要。学科发展之路漫长，推进专业发展的任务更加繁重。在撰写修改当中，参考引用了国内外许多专家学者的最新研究成果，也吸纳保留了许多以往出版的领导心理学中的一些重要成果，许多弟子朋友都为本书奉献了智慧能力，感激之际，恕不逐一列出。由于作者学识水平有限，书中浅陋不当之处，恳望各位给予指正。

胡月星

2016 年 11 月于北京